서 문

　권리분석의 실패는 입찰자에게 회복할 수 없는 손실을 입히지만 반대로 권리분석을 잘하며 큰 수익이 날 수 있다. 보통 물건분석과 지역분석 그리고 수익률 분석을 해야 성공적인 재테크를 할 수 있다고 하지만 그렇지 않다. 가장 기본적인 권리분석이 수익률과 직결된다. 왜냐하면 올바른 권리분석을 통해서 응찰가를 자신 있게 정할 수 있고 낙찰 받은 후에도 명도 등 사후처리를 잘 할 수 있기 때문이다. 기본적인 권리분석을 파악하고 반복적인 학습을 통해서 성공적인 투자가 완성될 수 있다.

　요즘 인터넷 글과 동영상의 수많은 글들이 있지만 올바른 권리분석 내용을 찾기가 쉽지 않다. 저자는 "권리분석의 정석"이란 책을 기술하고 강의하면서 좀 더 보안하여 촘촘하게 정리한 것이 이번에 쓴 "실전경매 권리분석 해결사"이다. 이야기형식의 사례위주로 책을 쓰면 독자들이 재미있게 읽을 수는 있으나 실제 본인이 권리분석하고 입찰에 참가하는 것은 매우 어렵다는 것을 보아왔다. 따라서 기본적인 내용들을 통해 권리를 분석하여 법원경매에 자신있게 입찰할 수 있도록 심혈을 기울였다.

　이 책을 접하는 독자들에게 간결하면서도 가능한 이해할 수 있는 문체로 쓰려고 하였지만 부동산경매 용어 자체가 어려운 부분은 어쩔 수 없었다. 경매를 처음 접하는 분들이나 권리분석이 어려운 분들에게 반복적으로 읽고 모르는 부분은 체크하여 다시 읽어보시기를 권한다. 꼼꼼한 권리분석의 기본서의 필요성을 느끼게 되어 평소 강의하던 내용으로 집필하였으니 새로운 교재와 함께 현재 진행되고 있는 다양한 경매사건에 대해서 자신 있게 입찰할 수 있기를 고대해 본다.

2023. 2.1.

친절한 경매강사 이석균

목 차

Chapter 1. 경매절차 7

Chapter 2. 경매용어의 이해 19
    1. 자주 쓰는 경매 용어 19
    2. 무잉여경매(남을 가망이 없을 경우) 24
    3. 차순위 매수신고 26
    4. 공유자우선매수신고 26

Chapter 3. 권리분석 29
 Part 1. 권리분석의 이해 29
    1. 권리분석의 의의 29
    2. 물권 29
    3. 채권 30
 Part 2. 물권의 종류 30
    1. 점유권 30
    2. 소유권 31
    3. 담보물권 31
    4. 용익물권 32
 Part 3. 가등기 41
    1. 가등기 및 가등기 종류 41
    2. 보전가등기 42
    3. 담보가등기 42
    4. 담보목적가등기 44
    5. 대물반환의 예약 44
    6. 환매특약등기 44
 Part 4. 보전처분 46
    1. 가압류 46
    2. 가처분 47

경매아재가 알려주는

촘촘한 실전경매 권리분석 노하우

이석균 지음
(블루문경매학원 원장)

이 책 한 권 만으로 권리분석완성!
대한민국에서 가장 체계적으로 완벽하게 정리한
권리분석 바이블!

도서출판 베스트에듀

Part 5. 부동산등기사항 전부증명서 48
   1. 말소기준권리 48
   2. 민사집행법 제91조 1항~5항에 따른 말소기준권리 49

Chapter 4. 주택임대차보호법 주요내용 51
   1. 대항력 51
   2. 우선변제권 53
   3. 소액임차인의 최우선변제권 54

Chapter 5. 임대차보호법분석과 주요판례 56
   1. 주택임대차보호법의 적용여부 56
   2. 대항력에 있어서 중요사항 58
   3. 우선변제권에서의 중요사항 59
   4. 최우선변제에서의 중요사항 61
   5. 임차권등기명령 62
   6. 기타 임대차관련 판례 64

Chapter 6. 상가건물임대차 보호법 66
   1. 상가건물임대차 보호법 적용 66
   2. 상가건물임대차보호법 중요사항 67

Chapter 7. 배당과 배당순서 70
   1. 배당 70
   2. 배당순위 71
   3. 실전배당 75

Chapter 8. 명도 78
   1. 명도를 위한 효과적인 단계 78
   2. 인도명령 81
   3. 점유 이전금지 가처분 신청 76
   4. 명도소송 83

    5. 송달　　83
    6. 강제집행　　85
    7. 유체동산 경매절차　　87

Chapter 9. 사후관리　　89
    1. 매각허가 불복체계　　89
    2. 낙찰 후 사후관리　　94

Chapter 10. 경매의 함정　　101
    1. 대지권과 관련된 사항　　101
    2. 제시외 건물　　110
    3. 대위변제　　115

Chapter 11. 선순위 임차인(가장 임차인)　　120

Chapter 12. 공유지분경매　　122
    1. 공유의 의미　　122
    2. 공유자우선매수신고　　124
    3. 공유물분할　　125
    4. 공유지분 임차인　　126
    5. 지분경매 명도방법　　127
    6. 구분소유적 공유관계　　127

Chapter 13. 유치권 경매　　129
    1. 유치권의 성립요건　　129
    2. 채권의 소멸시효　　132
    3. 유치권관련 형법조항　　132

[유치권 주요판례]　　133
    1. 타인의 물건　　133

2. 점유 134

   3. 견련성 151

   4. 변제기 156

   5. 유치권의 소멸 158

   6. 소멸시효 161

   7. 임차인의 필요비.유익비 163

   8. 유치권에 의한 경매 164

Chapter 14. 법정지상권 경매 166

   1. 법정지상권 166

   2. 법정지상권 성립요건 166

   3. 민법 제366조 법정지상권 166

   4. 관습법상 법정지상권 170

   5. 법정지상권의 소멸 172

   6. 집합건물에서 법정지상권이 성립하지 않는 경우 173

   7. 법정지상권 문제에 대한 해결방안 174

   8. 법정지상권과 유치권 해결방법 175

   9. 구분소유적 공유관계에서의 법정지상권 175

   10. 입찰에서 제외되는 수목이 존재하는 경우 176

Chapter 15. 분묘기지권 177

   1. 분묘기지권의 성립 가능성이 있는 물건 177

   2. 분묘기지권의 효력 177

   3. 무연고 묘 처리방법 178

   4. 양도형 분묘기지권의 지료 178

   5. 취득시효형 분묘기지권 지료 179

Chapter 16. 선순위 가등기 소멸방법 180

   1. 혼동으로 소멸 180

   2. 제척기간 만료로 소멸 181

   3. 소멸시효 경과로 소멸 181

Chapter 17. 선순위 가처분 … 183
1. 가처분이란 … 183
2. 가처분의 소멸 … 184
3. 후순위 가처분이 말소되지 않는 경우 … 186
4. 가처분의 종류 … 187

Chapter 18. NPL(부실채권) … 188
1. NPL은 무엇인가 … 188
2. 금융기관에서 부실 채권을 매각하는 이유 … 189
3. NPL투자 장점 … 190
4. NPL 계약방식 … 191
5. NPL 투자 사례 … 194
6. NPL부실채권 매입방법 … 195
7. NPL 가격협상 … 197
8. NPL 구입시 유의사항 … 197

부록
주택임대차보호법 … 200
주택임대차보호법 시행령 … 211
상가건물 임대차보호법 … 216
상가건물 임대차보호법 시행령 … 227

Chapter1. 경매절차

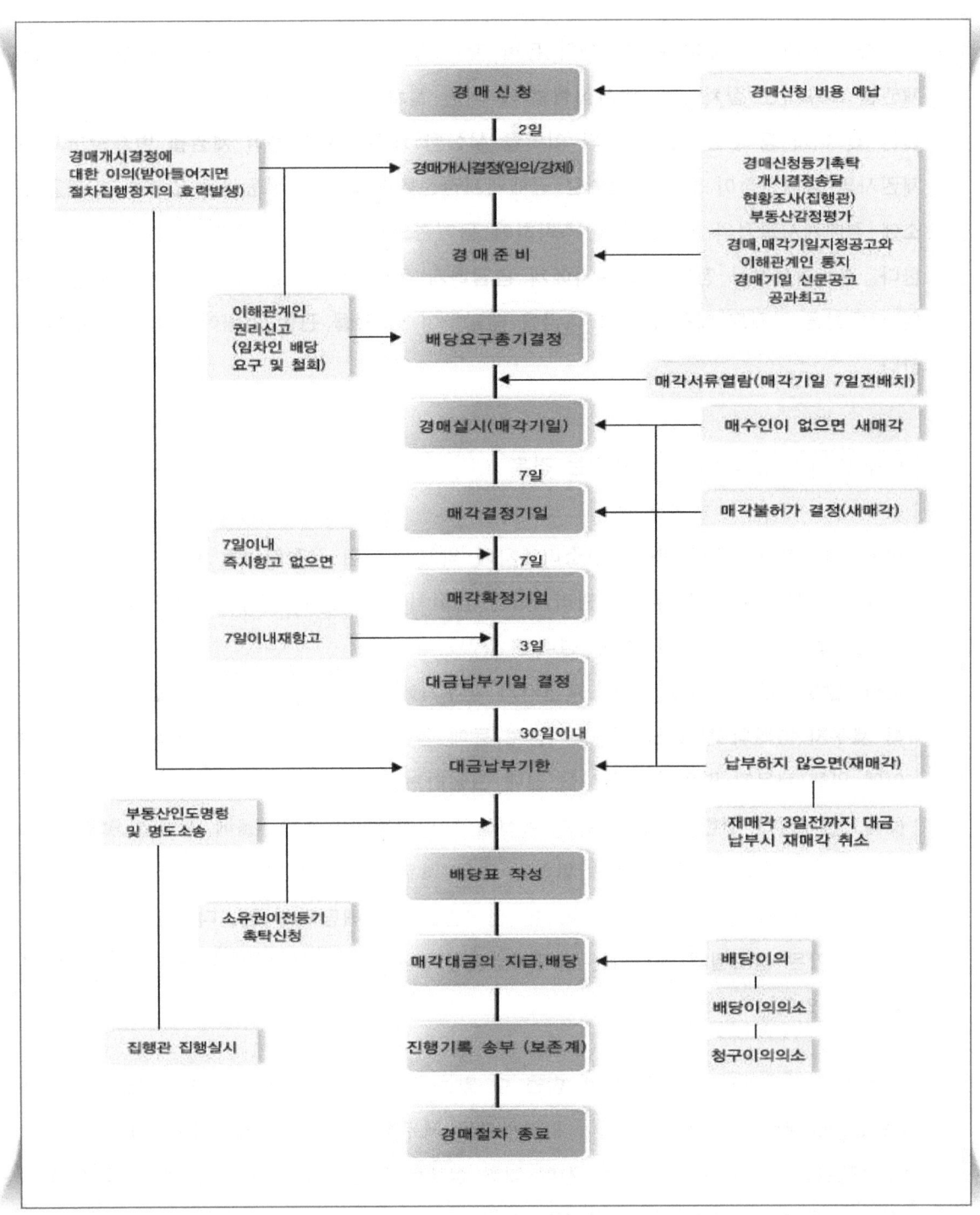

1. 경매신청 및 경매개시결정

    부동산경매는 채무자가 채권자의 돈을 갚지 못할 경우 채권자가 법의 도움으로 강제로 채권을 회수하는 절차이며 "민사집행법"에 의해 절차를 진행한다. 변제기 도래 혹은 약정한 원금 및 이자 등의 연체로 기한의 이익을 상실한 채무자에 대하여 채권을 변제받고자 하는 채권자의 경매신청이 있으면 법원은 경매개시결정을 하여 목적부동산을 압류하고 관할 등기소에 경매개시결정의 기입등기를 촉탁하여 등기관으로 하여금 등기부에 기입등기를 하도록 한다. 경매개시결정 정본은 **채무자에게 송달**하게 된다. 채권자는 채무자 또는 보증인 소유의 부동산을 강제로 매각하여 그 대금을 배당하여 줄 것을 관할 법원에 요청하는 것을 의미한다.

Key Point!   임의경매가 진행되는 경우

첫째, 저당권에 의한 경매: 금전소비대차에 의해 발생된 금전채권을 채무자 명의의 부동산에 (근)저당권을 설정한 후 원리금상환이 되지 않을 경우 (근)저당권의 담보물권자가 그 담보물건에 기하여 신청하는 경매를 일컫는다.

둘째, 담보가등기에 의한 경매: 채권자가 채무자에게 돈을 빌려주면서 이를 담보하기 위해 채무자 명의의 부동산에 "가등기담보 등에 관한 법률"에 의해 담보가등기를 설정한후 이에 의해 채무자 명의의 부동산을 경매 신청하는 것을 일컫는다.

셋째, 전세권에 위한 경매: 전세권 목적물이 아파트 등 집합건물에 전세권 설정기간이 만료된 후 소유자가 전세금을 반환하지 않을 경우 전세권에 의한 경매를 신청하는 것을 일컫는다. 이때 단독건물의 일부에 한 전세권등기는 해당되지 않는다. 강제경매와는 다르게 등기된 담보권의 권리자는 별도의소송절차나 판결문 등의 채무명의없이 경매를 신청할 수 있다.

---

* 강제경매: 채권자가 채무자에게 받을 수 있는 금전채권을 가지고 반환청구소송을 제기하여 법원으로부터 판결문을 받고 이 판결문으로 채무자(소유자)의 일반재산에 대하여 강제적으로 채권을 회수할 수 있다. 채무자에 대한 집행력 있는 공정증서, 확정 판결. 집행력 있는 공정증서 등 집행권원에 기하여 신청하는 경매이다.

2. 배당요구의 종기결정 및 공고

 구 민사소송법에서는 낙찰기일까지 배당요구를 할 수 있었으나, 새로운 민사집행법에서는 법원이 정한 배당요구의 종기까지만 배당요구를 할 수 있도록 하고 있다. 배당요구의 종기결정은 경매개시결정에 따른 압류의 효력이 생긴 때부터 1주일 이내에 하여야 한다. 그리고 경매개시결정을 한 취지 및 배당요구의 종기를 공고하여야 한다.

● 배당요구종기내역

목록번호	소재지	배당요구종기일
1	경기 부천시 원미구 옥산로 155-7, 5층 520호 (도당동,신한아파트)	2021.7.1

3. 감정평가서

 집행법원은 경매개시결정을 한 후 바로 집행 부동산의 현상, 점유관계, 임차인의 차임 또는 보증금의 액수,그 외에 기타 현황에 관하여 조사한다. 또한 최저매각가격을 결정하기 위하여 감정평가서를 감정인을 선정하여 매각부동산을 평가토록 한다.

4. 현황조사서 및 점유관계조사서

 집행법원은 경매개시결정을 한 후 부동산의 점유자와 점유의 권원, 점유할 수 있는 기간, 차임 또는 보증금에 관한 관계인의 진술 및 임차인이 있는 경우에는 임차인의 배당요구 여부와 그 일자, 전입신고일자 또는 사업자등록신청일자와 확정일자의 유무와 그 일자를 기록한다.

1) 부동산 임대차 정보

번호	소재지	임대차관계
1	경기도 부천시 원미구 옥산로 123-4 3층 302호(도당동, 신한아파트)	1명

2) 부동산의 점유관계

소재지	1 경기도 부천시 원미구 옥산로 123-4, 3층302호(도당동,신한아파트)
점유관계	임차인(별지)점유
기타	현장에 방문하였으나 아무도 만나지 못하여(폐문부재) 안내문을 문틈에 끼워 두었으며, 덧붙임 전입세대열람내역서와 주민등록등본에 나오는 전입세대주 김길동을 임차인으로 등재함. 점유관계 및 임대차관계 등은 별도 확인을 요함

3) 부동산의 현황: 주거용 건물임

4) 매각물건명세서

집행법원은 현황 조사 및 감정평가서 내용 그리고 배당요구종기전에 신고한 내용을 정리하여 매각물건명세서를 작성하고 매각기일 1주일 전에 정보를 제공한다. 이 매각물건명세서에 중대한 하자가 있을 경우에는 매각허가에 대한 이의 및 매각결정 허가에 대한 즉시항고의 이유가 된다. 부동산의 점유자와 점유의 권원, 점유할 수 있는 기간, 차임 또는 보증금에 관한 관계인의 진술 및 임차인이 있는 경우 배당요구 여부와 그 일자, 전입신고일자 또는 사업자등록신청일자와 확정일자의 유무와 그 일자를 기록한다. 최선순위 설정일자보다 대항요건을 먼저 갖춘 주택, 상가건물 임차인의 임차보증금은 매수인에게 인수되는 경우가 발생할 수 있고, 대항력과 우선변제권이 있는 주택,상가건물 임차인이 배당 요구를 하였으나 보증금 전액에 관하여 배당을 받지 아니한 경우에는 배당받지 못한 잔액이 매수인이 인수 한다.

의정부지방법원 고양지원

2022타경61617

매각물건명세서

사건	2022타경61617 부동산임의경매 2022타경66148(중복)	매각 물건번호	1	작성 일자	2022.10.25	담임법관 (사법보좌관)	문	
부동산 및 감정평가액 최저매각가격의 표시	별지기재와 같음	최선순위 설정		2015. 2. 2. 근저당권		배당요구종기	2022.05.17	

부동산의 점유자와 점유의 권원, 점유할 수 있는 기간, 차임 또는 보증금에 관한 관계인의 진술 및 임차인이 있는 경우 배당요구 여부와 그 일자, 전입신고일자 또는 사업자등록신청일자와 확정일자의 유무와 그 일자

점유자의 성명	점유부분	정보출처 구분	점유의 권원	임대차기간 (점유기간)	보증금	차임	전입신고일자,사업 자등록 신청일자	확정일자	배당요구여부 (배당요구일자)
				조사된 임차내역없음					

※ 최선순위 설정일자보다 대항요건을 먼저 갖춘 주택·상가건물 임차인의 임차보증금은 매수인에게 인수되는 경우가 발생 할 수 있고, 대항력과 우선변제권이 있는 주택·상가건물 임차인이 배당요구를 하였으나 보증금 전액에 관하여 배당을 받지 아니한 경우에는 배당받지 못한 잔액이 매수인에게 인수되게 됨을 주의하시기 바랍니다.

등기된 부동산에 관한 권리 또는 가처분으로 매각으로 그 효력이 소멸되지 아니하는 것

매각에 따라 설정된 것으로 보는 지상권의 개요

비고란

주1 : 매각목적물에서 제외되는 미등기건물 등이 있을 경우에는 그 취지를 명확히 기재한다.
　2 : 매각으로 소멸되는 가등기담보권, 가압류, 전세권의 등기일자가 최선순위 저당권등기일자보다 빠른 경우에는 그 등기일자를 기재한다.

5. 매각 및 매각결정기일의 지정, 공고, 통지

집행법원은 매각기일을 지정하여 매각기일 14일 전에 일간신문, 관보.공보, 법원 게시판 게재, 전자통신 매체 중 하나의 방법을 선택하여 공고 한다.

6. 매각의 실시(입찰)

  매각기일에는 집행관이 집행보조기관으로서 미리 지정된 장소에서 매각을 실시하여 최고가매수신고인 및 차순위매수신고인을 정한다.

7. 매각결정절차

  매각허가 결정에 대하여 이해관계인은 이의 및 이에 대한 반대 진술을 할 수 있으며, 법원은 매각결정기일에 이해관계인의 의견을 들은 후 매각허부 결정을 한다. 또한 이러한 매각허부의 결정에 대하여 이해관계인은 즉시 항고할 수 있다.

 1) 매각허가에 대한 이의 사유는 다음과 같다.

-강제집행을 허가할 수 없거나 계속하여 진행할 수 없을 때
-낙찰자가 매수 능력이나 자격이 없을 때
-자격이 없는 사람이 낙찰자를 내세워 낙찰자가 된 때
-최저매각의 결정,일괄매각의 결정 또는 매각물건명세서의 작성에 중대한 하자가 있는 때
-천재지변 등 자기가 책임질 수 없는 이유가 원인이 되어 부동산이 심하게 훼손되거나 부동산에 관하여 중요한 권리관계가 변경된 사실이 밝혀진 때
-위 사유 외에 기타 중대한 잘못이 있는 때

 2) 매각불허가 결정을 하여야 할 경우

-이해관계인의 이의가 정당하다고 인정된 경우
-수개의 부동산을 매각할 때에 한 개의 부동산 매각대금으로도 충분한 경우
-집행정지결정 정본이 제출된 경우
-낙찰자가 될 수 없는 채무자가 낙찰자가 된 경우
-재경매시 이전의 낙찰자가 또다시 낙찰자가 된 경우
-매각부동산이 농지일때 농지취득자격 증명을 제출하지 못한 경우

-공고사항의 기재누락, 기재착오 등이 있을 경우
-매각물건명세서에 중대한 흠결이 있는 경우
-선순위 임차인이 누락된 경우
-경매신청 채권자에게 배당액이 없을 경우(무잉여)
-채무자에게 송달이 적법하게 되지 않았을 경우
-입찰표 기재에 하자가 있는 경우(특별 매각 조건이 지켜지지 않았을 때)
-주무관청의 허가가 선행되는 부동산일때 그 허가가 없는 경우

8. 매각(낙찰)대금의 납부

　매각허가결정이 확정되었을 때에는 법원은 대금지급기한을 정하여 낙찰자에게 낙찰대금의 납부를 명한다(정해진 대금지급기한내에는 언제든지 대금을 납부할 수 있다).

9. 소유권이전등기 등의 촉탁, 부동산 인도명령

　매수인은 대금을 납부하면 부동산의 소유권을 취득하며, 법원은 관할등기소에 매수인 명의의 소유권이전등기와 부동산의 제 권리에 대하여 말소등기를 촉탁하게 된다. 또한 매수인은 대금을 모두 납부한 후에는 부동산의 인도명령을 신청할 수 있다.

10. 배당 순위배정방식

> Key Point!　미리 알아보는 배당순위 결정방식
>
> 첫째, 물권(전세권, 저당권, 담보가등기 등) 상호 간에는 등기설정일(접수번호) 선후에 따라 결정된다.
>
> 둘째, 물권과 채권이 동시에 있을 경우에는 물권우선주의 원칙에 따라 물권이 우선적으로 배당받게 된다.
>
> 셋째, 임차인은 확정일자일로 우선적으로 배당받는다.
>
> 넷째, 채권 상호간에는 채권자 평등의 원칙에 따라 안분(평등)배당 된다.

(앞면)

기 일 입 찰 표

지방법원 집행관 귀하　　　　　　　　입찰기일 : 　년　월　일

사건번호	타 경 　　　　호	물건번호	※물건번호가 여러개 있는 경우에는 꼭 기재

입찰자	본인	성 명		전화번호	
		주민(사업자)등록번호		법인등록번호	
		주 소			
	대리인	성 명		본인과의 관계	
		주민등록번호		전화번호	-
		주 소			

입찰가격	천억	백억	십억	억	천만	백만	십만	만	천	백	십	일	원	보증금액	백억	십억	억	천만	백만	십만	만	천	백	십	일	원

보증의 제공방법	☐ 현금·자기앞수표 ☐ 보증서	보증을 반환 받았습니다. 　　　　입찰자

1. 입찰표는 물건마다 별도의 용지를 사용하십시오, 다만, 일괄입찰시에는 1매 용지를 사용하십시오.
2. 한 사건에서 입찰물건이 여러개 있고 그 물건들이 개별적으로 입찰에 부쳐진 경우에는 사건번호 외에 물건번호를 기재하십시오.
3. 입찰자가 법인인 경우에는 본인의 성명란에 법인의 명칭과 대표자의 지위 및 성명을, 주민등록란에는 입찰자가 개인인 경우에는 주민등록번호를, 법인인 경우에는 사업자등록번호를 기재하고, 대표자의 자격을 증명하는 서면(법인의 등기부 등·초본)을 제출하여야 합니다.
4. 주소는 주민등록상의 주소를, 법인은 등기부상의 본점소재지를 기재하시고, 신분확인상 필요하오니 주민등록증을 꼭 지참하십시오.
5. 입찰가격은 수정할 수 없으므로, 수정을 요하는 때에는 새 용지를 사용하십시오.
6. 대리인이 입찰하는 때에는 입찰자란에 본인과 대리인의 인적사항 및 본인과의 관계 등을 모두 기재하는 외에 본인의 위임장(입찰표 뒷면을 사용)과 인감증명을 제출하십시오.
7. 위임장, 인감증명 및 자격증명서는 이 입찰표에 첨부하십시오.
8. 일단 제출된 입찰표는 취소, 변경이나 교환이 불가능합니다.
9. 공동으로 입찰하는 경우에는 공동입찰신고서를 입찰표와 함께 제출하되, 입찰표의 본인란에는 "별첨 공동입찰자목록 기재와 같음"이라고 기재한 다음, 입찰표와 공동입찰신고서 사이에는 공동입찰자 전원이 간인 하십시오.
10. 입찰자 본인 또는 대리인 누구나 보증을 반환 받을 수 있습니다.

(뒷면)

위 임 장

대리인	성 명		직업	
	주민등록번호	-	전화번호	
	주 소			

위 사람을 대리인으로 정하고 다음 사항을 위임함.

다 음

지방법원   타경   호 부동산

경매사건에 관한 입찰행위 일체

본인 1	성 명	(인감인)	직 업	
	주민등록번호	-	전화번호	
	주 소			
본인 2	성 명	(인감인)	직 업	
	주민등록번호	-	전화번호	
	주 소			
본인 3	성 명	(인감인)	직 업	
	주민등록번호	-	전화번호	
	주 소			

* 본인의 인감 증명서 첨부
* 본인이 법인인 경우에는 주민등록번호란에 사업자등록번호를 기재

지방법원 귀중

공 동 입 찰 신 고 서

법원 집행관   귀하

사건번호   20 타경   호
물건번호
공동입찰자   별지 목록과 같음

위 사건에 관하여 공동입찰을 신고합니다.

20 년   월   일

신청인   외   인(별지목록 기재와 같음)

※ 1. 공동입찰을 하는 때에는 입찰표에 각자의 지분을 분명하게 표시하여야 합니다.
   2. 별지 공동입찰자 목록과 사이에 공동입찰자 전원이 간인하십시오.

용지규격 210mm×297mm(A4용지)

공 동 입 찰 자 목 록

번호	성 명	주 소		지분
		주민등록번호	전화번호	
	(인)			
		-		
	(인)			
		-		
	(인)			
		-		
	(인)			
		-		
	(인)			
		-		
	(인)			
		-		
	(인)			
		-		
	(인)			
		-		
	(인)			
		-		
	(인)			
		-		

용지규격 210mm×297mm(A4용지)

법원경매 입찰시 준비해야 하는 서류

☞ 본인이 입찰에 참가할 경우

개 인	① 주민등록증 또는 신분을 증명하는 서면 　(운전면허증 등) ② 도장 ③ 입찰보증금
법 인	① 법인등기부등본(또는 대표자자격 증명하는 문서) ② 법인도장 ③ 주민등록증(대표자) ④ 입찰보증금
법인아닌 사단·재단 (종중, 사찰, 교회 등)	① 주민등록증(대표자 또는 관리인) ② 정관(또는 규약) ③ 사원총회 결의서 ④ 대표자(또는 관리인)임을 증명하는 서면 ⑤ 입찰보증금

☞ 대리인이 참석하거나 공동입찰을 할 경우

대 리 인 (개인)	① 주민등록증(대리인) ② 도장 ③ 위임장 (본인의 인감도장 날인) ④ 본인의 인감증명서 ⑤ 입찰보증금
대 리 인 (법인)	① 법인등기부등본 ② 법인도장 ③ 위임장 (법인 인감도장 날인) ④ 법인 인감증명서 ⑤ 주민등록증(대리인) ⑥ 입찰보증금
공 동 입 찰	① 주민등록증(공동입찰자 전원) ② 도장 (공동입찰자 전원) ③ 공동입찰신청서 ④ 공동입찰자목록 ⑤ 입찰보증금

chapter 2. 경매 용어의 이해

1. 자주 쓰는 경매 용어

① 법원경매: 대법원 법원경매정보사이트 www.courtauction.go.kr에 접속하면 전국의 경매 입찰에 관한 정보를 얻을 수 있다.

② 경매계: "입찰 후부터 경매가 끝날 때까지" 제반업무를 총괄한다.
 . 이해관계인으로서(매수신고인) 입찰서류 열람
 . 매각허가에 대한 이의신청(매각불허가신청)
 . 매각허가여부에 대한 즉시항고, 매각허가결정의 취소신청
 . 매각대금 납부신청, 소유권이전등기의 촉탁
 . 인도명령신청,
 . 매각대금과 배당액의 상계신청, 배당이의소송, 부당이득금 반환청구소송
 . 재매각절차 취소신청, 집행에 관한 이의신청, 부동산 관리명령신청

③ 사건번호.
 . 맨 앞부분의 숫자: 사건이 접수된 연도표시
 . 타경: 부동산 등 경매사건 부호(경공매부자카페 서식자료실 참조)
 . 맨 뒤의 숫자: 해당법원 접수번호의 성격을 지님

④ 물건번호
 물건번호는 한 사건에서 2개 이상의 물건을 개별적으로 입찰에 부치는 경우에 각 물건을 특정하는 번호이다. 따라서 입찰 사건목록 또는 입찰공고에 물건번호가 기재되어 있는 경우에는 입찰표에 사건번호 외에 응찰하고자 하는 물건의 번호도 반드시 기재하여야 한다.

⑤ 입찰방식

경매부동산을 매수하고자 하는 신고인이 각각 봉함한 서면(입찰표등)에 매수가격을 기입한 뒤 보증금을 같이 넣어 신청하면 집행관이 개봉하고 그 신고가격을 비교하여 그 중 최고가격을 제시한 신고인를 낙찰자(경락인)로 정하는 경매방식이다.

⑥ 개별경매(분할경매)

수개의 부동산에 관하여 동시에 경매신청이 있는 경우에는 각 부동산별로 최저경매가격을 정하여 경매절차를 진행하는 것이 원칙이다. 다만 법원이 수개의 부동산의 위치, 형태, 이용관계등을 고려하여 이를 동일인에게 일괄매수시킴이 상당하다고 인정한 때에는 자유재량에 의하여 일괄경매를 정할 수 있다.

⑦ 공동경매

여러 채권자가 동시에 경매신청을 하거나 아직 경매개시결정을 하지 아니한 동안에 같은 부동산에 대하여 다른 채권자로부터 경매신청이 있으면 여러개의 경매신청을 병합하여 1개의 경매개시결정을 하며, 그 수인은 공동의 압류채권자가 되고 경매의 진행은 단독으로 경매신청을 한 경우와 같이 실시되는 절차이다.

⑧ 신건

최초로 경매되는 물건을 말한다.

⑨ 새매각

지정된 입찰기일에 적법한 경매를 실시하였으나 매수인이 결정되지 않아 다시 새로운 기일을 정하여 실시하는 경매를 말한다. 아래와 같을 경우 새매각을 실시 한다.
. 허가할 매수신고가 없어 유찰된 경우
. 입찰기일에 이해관계인의 이의에 의하여 매각불허가난 경우
. 매각허가결정이 있었으나 항고에 의하여 취소된 경우
. 경매목적물 훼손에 의한 매각불허가.매각취소된 경우

⑩ 재매각

　매수신고인이 대금지급기일까지 그 대금을 납부하지 않고, 차순위 매수신고 또한 없는 경우에 집행법원의 직권으로 다시 실시하게 되는 경매를 말한다. 이때에는 최저경매가격이나 기타 매각조건은 전 경매의 것과 동일하다. 다만 입찰보증금은 법원에 따라 20%~30%로 변경된다.

⑪ 특별매각조건: 법원이 "특별한 조건"을 붙여서 매각결정을 하게 되는 것을 말한다.
　. 보증금이 10분의 2의 제공하거나 농지취득자격증명원을 매각 허가일까지 집행법원에 제출하는 것, 토지와 건물의 별도 입찰(대지권 미등기) 등이 있다.

⑫ 유찰

　경매에서 매수희망자가 없거나 매수희망자가 있어도 경매참가 자격이 없거나 경매진행상의 하자(흠결)로 인하여 입찰이 무효로 되어 통상 최저매각금액의 20%~30% 저감한 가격으로 다음 경매일로 미루어지는 것을 유찰이라고 한다.

⑬ 변경

　매각조건 등이 바뀌어 예정된 날짜에 그대로 진행 시키는데에 무리가 있다고 법원이 판단하는 경우 직권으로 정해진 입찰기일을 바꾸는 것을 말한다.

⑭ 연기

　경매대상 부동산의 소유자, 채무자, 이해관계인 등이 보다 유리한 해결을 도모하기 위하여 경매를 신청한 경매신청인의 동의를 받아 지정된 입찰기일을 연기하는 것을 말한다.

⑮ 차순위매수신고인

　최고가 매수신고인 이외의 입찰자 중 최고가 매수신고액에서 보증금을 공제한 액수보다 높은 가격으로 응찰한 사람은 차순위 매수신고를 할 수 있다. 낙찰자가 잔대금을 납부하지 못할 경우에 다시 매각을 실시하지 않고 차순위 매수신고인이 집행법원으로부터 매각허부의 결정을 받아 낙찰자가 되어 잔대금을 납부한다. 차순위매수신고를 하게 되면 매수인은 매각대금을 납부하기 전까지는 보증금을 반환받지 못한다.

⑯ 매각허가결정

 집행법원이 최고가매수인에 대하여 매각부동산의 소유권을 취득시키고자 집행하는 일종의 처분(재판)행위이다. 이 재판은 결정의 형식을 취한다.

⑰ 대금지급기한

 매각허가결정이 확정되면 법원은 대금의 지급기한을 정하여 매수인과 차순위매수신고인에게 통지하게 된다. 그 기한 내에는 언제든지 대금을 납부할 수 있다.

⑱ 감정평가액

 집행법원은 감정인으로 하여금 부동산을 평가하게 하고 그 평가액을 참작하여 최저매각가격을 정한다. 감정평가서에는 감정가격을 산출한 근거를 밝히고 평가요항, 위치도, 지적도, 사진 등을 첨부하여 매각기일 1주일 전부터 매각물건명세서에 첨부하여 일반인의 열람이 가능하도록 비치한다.

⑲ 제시외물건

 경매에 나온 부동산에 포함은 되어 있지만 미등기된 채무자 소유의 부동산을 제시외 물건이라 한다. 통상 사용검사(준공)을 받은후 창고 등을 달아 붙이게 되는데 이러한 제시외 물건도 감정평가에 포함되는 것이 일반적이어서 매각이 되면 매수인의 소유가 된다.

⑳ 대지사용권

 전유부분에 속하는 1동의 건물이 소재하는 토지를 건물의 대지라 하며, 구분소유자가 전유부분을 소유하기 위하여 건물의 대지에 대하여 가지는 권리를 대지사용권이라 한다.

㉑ 대지권미등기(또는 대지권 없음)

 신규 집합건물(아파트등)의 경우 사용검사를 마치면 곧바로 건물등기가 나오지만 토지는 지적정리 등으로 인하여 짧게는 1~2년에서 길게는 그 이상 지나야 등기가 된다. 이때 토지에 대한 등기가 나기 이전에 경매진행이 되는 경우이다. 대지권에 대한 표시가 등기되지 않는 이유는 보통 대지권 미등기 관할 지역의 특성상 토지구획정리 사업지구나 재개발 계획사업지구로서 토지의 분할사업계획이 완료될 때까지 토지에 대한 지번이 보류되기 때문이다.

㉒ 토지별도등기

　집합건물은 토지와 건물이 일체가 되어 거래되도록 되어 있어 토지에는 "대지권"이라는 표시만 있고 모든 권리관계는 각자의 '전유부분의 등기부'에만 기재하게 되어 있다. 전체토지에 별도등기가 되어 있다는 것은 "경매로 소멸되지 않는 권리"가 있거나 "토지지분의 등기이전이 되어있지 않을 수" 있다는 의미이다.

㉓ 대위변제

　이해관계에 있는 제3자 또는 공동채무자의 한사람이 채무자를 위하여 변제하는 때에는 그 변제자는 채무자 또는 다른 공동채무자에 대하여 구상권(변상을 받을 권리)을 취득 한다. 또한 구상권의 범위 내에서 원래 채권자가 가지고 있던 채권에 관한 권리가 법률상 당연히 변제자에게 이전 한다.

㉔ 촉탁등기

　관공서가 등기권리자를 위하여 등기를 촉탁하게 되는 등기를 말하며 경매에서 매수인이 잔금을 납부하게 되면 법원은 소유권이전등기를 촉탁하게 된다.

㉕ 이해관계인(경매기록의 열람과 복사)
☞ 민사집행법 90조(경매절차의 이해관계인은 다음 각 호의 사람으로 한다)

1. 압류채권자와 집행력 있는 정본에 의하여 배당을 요구한 채권자
2. 채무자 및 소유자
3. 등기부에 기입된 부동산 위의 권리자
4. 부동산 위의 권리자로서 그 권리를 증명한 사람

☞ 그 밖의 이해관계인
1. 매수신고인(다만, 매각허부결정이 선고된 이후에는 최고가매수신고인 및 차 순위매수신고인에 한정한다)
2. 민법, 상법 그 밖의 법률에 의하여 우선변제권이 있는 배당요구채권자

3. 대항요건을 구비하지 못한 임차인으로서 현황조사보고서에 표기되어 있는자

4. 건물을 매각하는 경우의 그 대지 소유자, 대지를 매각하는 경우의 그 지상 건물소유자

5. 가압류 채권자, 가처분 채권자(점유이전금지가처분 채권자포함)

6. 파산 관재인이 집행 당사자가 된 경우의 파산자인 채무자와 소유자

> Check Point!   이해관계인의 권리
> * 배당요구신청 또는 이중경매신청이 있음을 통지받을 권리(민사집행법 제89조)
> * 매각기일과 매각결정기일을 통지받을 권리(민사집행법 104조)
> * 매각기일에 출석할 수 있는 권리
> * 매각결정기일에 매각 허부에 대하여 진술할 수 있는 권리
> * 매각허부 결정에 대하여 즉시 항고할 수 있는 권리(동법 제129조)
> * 배당기일을 통지받을 권리(동법 제146조)
> * 배당기일에 출석하여 배당표에 관한 의견을 진술할 수 있는 권리

2. 무잉여 경매(남을 가망이 없을 경우)

법원이 정한 최저매각가격으로 경매신청채권자(압류)의 채권에 우선하는 부동산상의 모든 부담과 절차비용을 변제하면 남는 것이 없다고 인정한 때에는 이를 압류채권자에게 통지하여, 압류채권자가 우선채권을 넘는 가격으로 매수하는 자가 없을 경우에는 스스로 매수할 것을 신청하고 충분한 보증을 제공하지 않는 한 경매절차를 취소하여야 한다(법102조)

(1) 남을 가망이 없다는 취지의 통지

법원경매계에서 최저매각가격을 정한 이후에는 언제든지 남을 가망이 없게 된 때에는 경매신청채권자에게 그 취지를 통지하여야 한다. 실무상 통지서에는 남을 가망이 없다는 취지와 함께 1주 안에 압류채권자의 매수신청 및 보증제공이 없는 경우 결매 절차를 취소한다는 취지도 기재하여 송달한다. 경매신청권자가 그 통지를 받은 날부터 1주일이 경과하면 경매절차를 취소하는 결정을 하는데 그 결정에 대하여는 즉시항고를 할 수 있고, 그 결정은 확정되어야 효력이 생기므로 항고심에서 남을 가망이 있음을 입증한 때에는 취소결정을 취소하고 경매절차를 속행 한다.

(2) 보증의 제공

　보증제공이 얼마인지에 관한 법문이 구체적으로 정하지는 않았지만 실무에서는 "저감된 최저매각가격"과 "매수신청액"의 차액을 보증액으로 하고 있다. 다만 경매신청채권자가 제공한 보증액이 최저매각가격의 10분의 1에 미달하는 경우는 경매신청채권자에게 추가보증의 제공을 명할 수 있고 이에 응하지 않으면 경매절차를 취소한다.

(3) 경매절차의 속행

　경매신청채권자가 남을 가망이 있음을 증명하거나 매수신청 및 보증제공이 있으면 경매계에서는 경매절차를 속행하게 된다. 경매신청채권자가 신고한 매수신청가격은 최저매각가격의 성질을 가지므로 경매신청채권자로부터 매수신청이 있었다는 취지 및 그 매수신청가격을 매각물건명세서 및 매각기일공고에 기재한다.

(4) 최고가매수신고인의 결정방법

　매각기일에 매수신청희망자의 입찰가격이 경매신청채권자의 매수신청가격(입찰가격) 미만이면 경매신청채권자가 최고가매수인으로 결정되나, 매수신청가격이 그 이상이면 입찰자가 최고가매수신고인으로 결정된다. 만약 매수신청가격이 동액인 때에는 매각기일에서의 입찰희망자를 최고가매수신고인으로 정한다. 이때 매수신청한 경매신청채권자는 입찰자보다 고가의 매수신고를 할 수 있다. 최고가매수신고인이 된 경우에는 최저매각가격의 10분의 1의 보증을 제공해야 한다.

(5) 하자의 치유여부

　남을 가망이 없음에도 이를 간과하고 경매절차를 진행한 경우 매각불허가결정을 하여야 하는데 이를 간과한 채 그대로 경매가 진행되어 매각허가결정이 확정되면 그 하자는 치유되고, 매수인이 대금지급 후에는 하자를 이유로 매수인의 소유권취득을 부정할 수 없다.

3. 차순위매수신고

(1)차순위매수신고는 최고가매수신고인이 대금납부를 하지 않은 경우 재매각절차를 거치지 아니하고 바로 차순위 매수신고인에게 매각을 허가하여 절차지연과 비용낭비를 초래하는 결과를 방지하기 위한 제도이다(법 114조)

(2)차순위 매수신고는 그 신고액이 최고가 매수신고액에서 보증액을 뺀 금액 이상일 경우에만 할 수 있다(법 114조 2항).

(3)차순위 매수신고를 한 사람이 2인 이상인 때에는 신고한 매수가격이 높은 사람을 차순위 매수신고인으로 정하고 신고한 매수가격이 같은 때에는 추첨으로 차순위매 수신고인을 정한다.

(4)최고가매수신고인이 대금지급기한까지 매각대금을 납부하지 아니할 경우에는 바로 차순위매수신고인에게 매각허가결정을 한다. 다시 재매각을 실시하지 않는다.

(5)매각허가를 받은 차순위 매수신고인도 매각대금을 납부하지 않아 재매각절차가 진행될 경우에는 재매각기일 3일 전까지 최고가매수신고인과 차순위 매수신고인 중 먼저 매각대금을 납부한 매수인이 매각목적물의 소유권을 취득한다(법138조3항).

4. 공유자 우선매수 신고

공유물지분경매에서 공유자는 매각기일까지 매수신청의 보증을 제공하고 최고가매수신고인과 같은 가격으로 채무자의 지분을 우선매수하겠다는 신고를 할 수있다. 이 경우 법원은 최고가매수신고가 있더라도 그 공유자에게 매각을 허가하여야 한다(법 140조)

<공유자 우선매수신고서>

사　건　　　20○○타경○○○○○ 부동산강제(임의)경매
채권자
채무자 (소유자)
공유자

▣ 매각기일　20○○. ○. ○. 00:00

부동산의 표시 : 별지와 같음

　공유자는 민사집행법 제140조 제1항의 규정에 의하여 매각기일까지(집행관이 민사집행법 제115조 제1항에 따라 최고가매수신고인의 성명과 가격을 부르고 매각기일을 종결한다고 고지하기 전까지) **민사집행법 제113조에 따른 매수신청보증을 제공하고** 최고매수신고가격과 같은 가격으로 채무자의 지분을 우선매수하겠다는 신고를 합니다.

첨부서류
1. 공유자의 주민등록표 등본 또는 초본 1통
2. 기타(　　　　　　　　　)

201 . . .
우선매수신고인(공유자)　　　　㊞
(연락처 :　　　　　　　　　　)

○○지방법원 경매○계 귀중

<임대주택법에 따른 임차인 우선매수신고서>

사 건   20○○타경○○○○○ 부동산강제(임의)경매
채권자
채무자(소유자)

▣ 매각기일   20○○. ○. ○. 00:00

부동산의 표시 : 별지와 같음

 임차인은 임대주택법 제15조의2 제1항의 규정에 의하여 매각기일까지(집행관이 민사집행법 제115조 제1항에 따라 최고가매수신고인의 성명과 가격을 부르고 매각기일을 종결한다고 고지하기 전까지) **민사집행법 제113조에 따른 매수신청보증을 제공하고** 최고매수신고가격과 같은 가격으로 채무자인 임대사업자의 임대주택을 우선매수하겠다는 신고를 합니다.

첨부서류

1. 임차인의 주민등록표 등본 또는 초본 1통
2. 기타(   )

200 .   .   .

우선매수신고인(임차인)   ㊞
(연락처 :   )

○○지방법원 경매○계 귀중

Chapter 3. 권리분석

Part 1. 권리분석의 이해

1. 권리분석의 의의

권리분석이란 대상 부동산에 걸려있는 제 권리 등에 대하여 우선순위를 분석하는 것이다. 목적부동산의 입찰 전에 권원에 따른 하자와 법률적, 경제적 부담 없이 안전하게 취득할 수 있도록 하기 위해 인수되는 권리와 말소되는 권리를 정확히 판단하는데 그 의의가 있다. 이러한 권리 간에 우선순위를 정하는 이유는 낙찰받는 사람이 인수할 권리와 말소되는 권리가 있는지를 분석하기 위함이며, 경매를 통하여 말소되는 각 권리에 대하여 배당순서를 정하기 위한 것이며, 인도명령의 대상여부를 결정짓는 것이다. 기본적인 권리분석 파악은 물론 훈련된 권리분석을 통해 성공적인 투자가 되어야 할 것이다.

2. 물권(物權)

물권은 특정물건을 직접 지배하여 이익을 향유하는 배타적 권리를 말한다. 즉 점유, 사용, 수익, 처분 등 직접 지배할 수 있는 권리로서 누구에게나 주장할 수 있는 재산권이다. 물권에서 중요한 개념은 물권의 우선주의와 일물일권의 원칙이 있다. 물권우선주의는 물권과 채권 간의 다툼에서 물권이 우선한다는 것이며, 일물일권 원칙은 동일한 물건 위에 동일한 물건이 동시에 양립할 수 없다는 것이다. 즉 시간이 빠르면 권리가 앞선다는 의미로 해석할 수 있다. 물권은 법률 또는 관습법에 의하는 외에는 임의로 창설하지 못한다(민법 제185조). 부동산에 관한 법률행위로 인한 **물권의 득실변경은 등기하여야** 그 효력이 생긴며(민법 제186조 부동산물권변동의 효력), **등기를 요하지 아니하는 부동산물권취득은 상속, 공용징수, 판결, 경매 기타 법률의 규정에 의한 부동산에 관한 물권의 취득**이다. 다만 등기를 하지 아니하면 이를 처분하지 못한다.(민법 제187조)

3. 채권(債權)

　　계약자유의 원칙에 따라 당사자 사이의 계약에 의해 성립하며, 채권관계의 당사자 일방이 상대방에 대하여 가지는 급부청구권을 말한다. 계약상 채무자인 특정한 사람에게 채무이행에 대한 청구를 할 수 있는 권리이다. 즉 채무자에게만 청구권이 있는 상대권이다. 채권은 재산권이며, 전형적인 청구권이라 하겠다. 채권은 공시가 필요 없으며 채권자평등의 원칙에 따라 안분배당 한다.

Part 2. 물권의 종류

본권	소유권	등기	법정지상권
	점유권	점유	인도명령. 명도소송
용익권(사용수익군)	지상권	등기	토지
	지역권	등기	토지(요역지. 승역지)
	전세권	등기	주로 건물
담보권	저당권	등기	부동산.지상권,전세권
	질권	점유	동산
		등기	권리
	유치권	점유	부동산.유가증권

1. 점유권(占有權)

　　물건을 지배할 수 있는 법률상의 권원의 유무를 묻지 않고서 물건을 사실상 지배하고 있는 상태 그 자체를 보호하는 것을 목적으로 하는 것으로 물건에 대한 사실상의 지배라고 하는 법적 지위를 말한다. 사회질서유지 등의 목적에서 점유라는 사실상의 지배를 보호하기 위해 점유권을 인정하고 있다. 물건을 사실상 지배하는 자는 점유권이 있으며, 점유자가 물건에 대한 사실상의 지배를 상실한 때에는 점유권이 소멸한다(민법 제192조).

2. 소유권(所有權)

　법률의 범위 내에서 그 소유물을 사용.수익.처분 할 수 있는 권리를 말한다(민법 제211조). 여기에서 사용이란 물체의 용도에 따라 쓰는 것을 말하고, 수익이란 물건으로부터 과실을 수취하는 것이며, 처분이란 물질적 처분 및 거래상의 처분을 의미한다.

3. 담보 물권

　담보 물권은 채무변제의 불이행 시에 그 손해를 보상하기 위한 채권의 담보를 위하여 물건이 가지는 교환가치의 지배를 목적으로 제공된 권리이다. 담보물권의 종류로는 저당권(약정담보물권), 질권(약정담보물권), 유치권(법정담보물권)이 있으며, 전세권은 전세보증금 반환을 담보하기 위한 담보물권적 성격이 있다

1) 저당권(抵當權)(금전소비대차=피담보채권)

　채무자 또는 제3자가 점유를 이전하지 아니하고 채무의 담보로 제공한 부동산에 대하여 다른 채권자보다 자기채권의 우선변제를 받을 권리를 말한다(민법 제356조). 저당권은 저당 부동산에 관하여 저당권설정등기를 할 뿐 점유의 이전을 받지 않는다는 점에서는 질권과 다르다. 저당권은 부동산을 담보로 하여 저당권을 설정하고 돈을 빌려 준 후 채무자가 변제 기일에 돈을 갚지 않을 경우 채권자는 저당권을 설정한 부동산에 대하여 담보권실행에 의한 임의경매를 신청하여 자기 채권을 우선변제를 받는 권리이다(민법 제356조).

2) 근저당권

　근저당권(마니너스통장개념)은 장래의 증감, 변동하는 불특정 채권을 담보하는 것으로서, 그 담보할 채무의 최고액만을 정하고 채무의 확정을 장래에 보류하여 이를 설정할 수 있다(민법 제357조). 근저당권의 피담보채권액이 확정되어야 배당을 받을 수 있다. 근저당권자가 경매신청을 한 경우에는 경매신청 시, 그렇지 않을 경우에는 매각대금납부 시 이

다. 피담보채권이 확정되면 근저당권은 보통 저당권으로 전환되어 더 이상 채권의 증감변동은 일어나지 않는다. 확정된 채권액이 최고액을 초과하지 않는 경우에는 그 확정 총액이 근저당권에 의해 담보되고, 최고액을 초과하는 경우에는 그 최고액까지만 담보된다.

3) 유치권(留置權)

타인의 물건 또는 유가증권을 점유한 자는 그 물건이나 유가증권에 관하여 생긴 채권이 변제기에 있는 경우에는 변제를 받을 때까지 그 물건 또는 유가증권을 유치 할 권리를 말한다(민법 제320조 제1항). 보통은 공사가 진행 중인 건물이나 신축건물에서 소유자와 공사업자와의 채권.채무관계에서 발생하며, 임차인의 유익비 상환청구권에 기한 유치권 행사도 자주 발생하고 있다.

4) 질권(質權): 동산질권 / 권리질권

채권자가 채무의 변제를 받을 때까지 그 채권의 담보로서 채무자 또는 제3자로부터 받은 물건을 유치하고, 채무변제를 간접적으로 강제하다가 채무를 변제하지 않을 경우 물건을 현금화하여 우선 변제를 받을 수 있는 담보물권이다. 참고로 동산 질권자는 채권의 담보로 채무자 또는 제3자가 제공한 동산을 점유하고 그 동산에 대하여 다른 채권자보다 자기채권의 우선변제를 받을 수 있다(민법 제329조)

4. 용익물권

1) 지상권(地上權)

타인의 토지에 건물 기타 공작물이나 수목을 소유하기 위하여 그 토지를 사용하는 권리를 말한다(민법 제279조). 타인의 토지에 대한 사용 권리로 지상은 물론 지하를 사용대상으로 할 수 있으며(민법289조의2 구분지상권), 건물, 공작물, 수목의 소유를 위해 설정한다. 농작물인 벼. 보리, 야채, 과수 등은 지상권을 설정할 수 없다. 지상권에는 최장기한의 제한은 없고 최단기간의 제한만은 있다.

가. 지상권의 내용

지상권이란 건물이나 수목 등을 소유하기 위해서 타인의 토지를 사용할 수 있는 권리를 말하며 1필지 일부에도 설정이 가능하다. "지상권자는 타인의 토지에 건물 기타 공작물이나 수목을 소유하기 위하여 그 토지를 사용하는 권리가 있다."(민법 제279조)

나. 지상권의 소멸

① 지상권은 존속기간의 만료로 소멸
지상권자는 계약의 갱신을 청구할 수 있고 지상권설정자가 지상권자의 갱신 청구를 거절하는 경우 지상권자는 상당한 가액으로 지상물의 매수를 청구할 수 있다.

② 지상권자가 2년 이상의 지료를 지급하지 아니한 때
지상권설정자는 지상권의 소멸을 청구할 수 있고, 지상권이 소멸한 때에 지상권자는 건물 기타 공작물이나 수목을 수거하여 토지를 원상회복하여야 한다. 다만 지상권설정자가 상당한 가액을 제공하여 그 공작물이나 수목의 매수를 청구할 때에는 지상권자는 정당한 이유없이 이를 거절하지 못한다.

다. 지상권의 존속기간(민법 제280조)

① 계약으로 지상권의 존속기간을 정하는 경우에는 그 기간은 다음 연한보다 단축하지 못한다.
　1) 석조, 석회조, 연와조 또는 이와 유사한 견고한 건물이나 수목의 소유를 목적으로 하는 때에는 30년
　2) 전호 이외의 건물의 소유를 목적으로 하는 때에는 15년
　3) 건물 이외의 공작물의 소유를 목적으로 하는 때에는 5년

② 전항의 기간보다 단축한 기간을 정한 때에는 전항의 기간까지 연장한다.
♣ 지상권의 존속기간을 영구로 약정하는 것은 가능하다.

라. 존속기간을 약정하지 아니한 지상권(민법 제281조)
① 계약으로 지상권의 존속기간을 정하지 아니한 때에는 전조의 존속기간으로 한다.
② 지상권설정당시에 공작물의 종류와 구조를 정하지 아니한 때에는 지상권은 전조 2호의 건물의 소유를 목적으로 한 것으로 본다.

마. 지상권의 양도, 임대(민법 제282조)
지상권자는 타인에게 그 권리를 양도하거나 그 권리의 존속기간 내에서 그 토지를 임대할 수 있다.

바. 지상권자의 갱신청구권, 매수청구권(민법 제283조)
① 지상권이 소멸한 경우에 건물 기타 공작물이나 수목이 현존한 때에는 지상권자는 계약의 갱신을 청구할 수 있다.(계약갱신청구권).
② 지상권설정자가 계약의 갱신을 원하지 아니하는 때에는 지상권자는 상당한 가액으로 전항의 공작물이나 수목의 매수를 청구할 수 있다.(지상물 매수청구권)

2) 지역권(地役權)

가. 지역권 의의

지역권이란 토지의 소유자(타인 소유 토지의 지상권자, 임차권자, 전세권자)가 설정계약에서 정한 일정한 목적(통행,인수, 망)을 위하여 타인의 토지를 자기토지의 편익에 이용하는 용익물권을 말한다. 편익을 받는 토지를 요역지, 편익을 제공하는 토지를 승역지라 하는데 일정한 목적을 위하여 타인의 토지(승역지)를 자기 토지(요역지)의 편익에 이용 하는 권리를 말한다. 승역지 물건이 경매에 나오면 말소기준권리보다 앞서는 지역권은 낙찰자가 인수하게 되어 낙찰자의 토지는 요역지 지역권자 토지의 편익에 제공되게 된다. 그러나 말소기준권리보다 후순위인 지역권은 매각으로 소멸하게 된다. 반면 요역지 물건이 경매에 나오면 선순위든 후순위든 승역지 토지를 이용할 수 있는 지역권도 함께 취득하게 된다.

지역권은 일반적으로 요역지권리자가 등기권리자가 되고 승역지 권리자가 등기의무자가 되어 공동 신청하여야 한다. 이때 요역지나 승역지 모두 토지의 소유권자임을 요하지는 않는다.(소유권자일 경우 지역권 설정등기는 주등기로, 소유권 이외의 자는 부기등기로 한다.

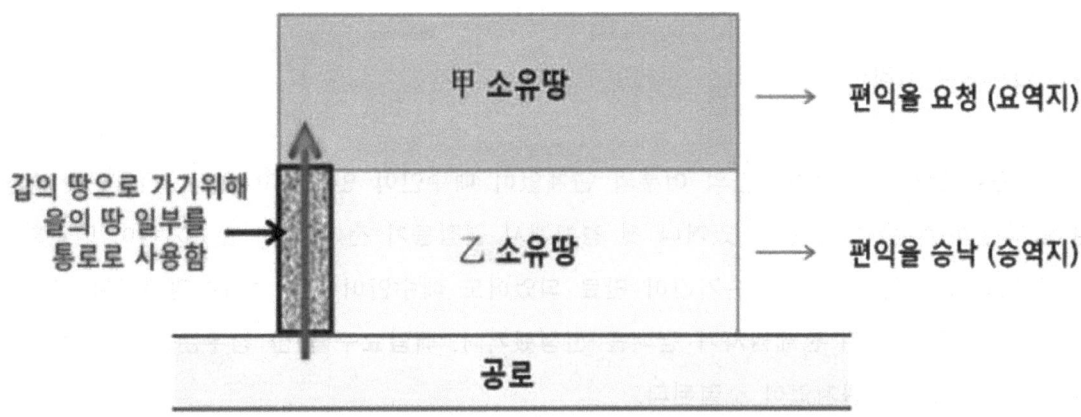

나. 지역권의 설정

토지사용승락을 득한 후에 안정적 권리를 확보하기 위해서 지역권을 설정코자 할 경우에 승역지 토지소유자와 요역지 토지소유자간 지역권설정 계약서를 작성하고 이를 등기하면 승역지 등기부에 그 내용이 기재된다. 이때 승역지가 큰 땅의 일부일 경우에는 실제 도로로 사용할 부분을 분할해서 설정하면 좋지만 그렇지 않을때는 해당부분을 도면으로 그려서 지역권설정계약서에 첨부하는 것이 좋다. 지역권을 설정하는 목적은 토지소유자의 변경여부에 관계없이 안정적으로 통행권을 확보하는데 목적이 있음으로 통행로부분이 이미 도로로 지목 변경된 경우는 불필요하고 잠시 동안 이용하기 위해서 설정할 필요까지는 없다. 지역권 설정을 등기하면 승역지의 소유자가 바뀌어도 지역권을 주장할 수 있다. 또한 요역지의 토지를 분할하여도 분할된 각 필지에도 동일한 효력이 유지된다.

3) 전세권

전세권자가 전세금을 지급하고 타인의 부동산을 점유하여 그 부동산의 용도에 따라 사용. 수익하기 위하여 쌍방이 계약에 의하여 체결한 담보형 용익물권이다. 전세권자는 그 부동산 전부에 대하여 후순위권리자나 기타 채권자보다 전세금의 우선변제를 받을 수 있는 권리가 있다(민법 제303조제1항). 또한 경매신청권이 있으며 유익비상환청구권이 있다. 다만 농경지는 전세권의 목적이 안된다.

가. 전세권의 권리분석

① 선순위 전세권은 존속기간의 여부와 관계없이 매수인이 인수해야 한다. 전세권이 설정된 임차인의 존속기간이 남아 있거나 첫 경매개시 결정등기 전에 이미 존속기간이 만료되었거나, 매각절차 진행 중에 존속기간이 만료 되었어도 매수인이 인수 하는 권리이다. 단, 건물전체에 대한 선순위 전세권자가 경매를 신청했거나, 배당요구를 한 경우는 배당에 참여한 후 못 받은 금액과 관계없이 소멸된다.

② 전세권설정등기에는 주택임대차등기와 같이 '주민등록일자', '점유개시일자' 및 '확정일자'를 등기사항으로 기재하여 대항요건을 공시하는 기능이 없다. 따라서 주택임차인이 전세권설정등기를 마친 경우라도 대항요건을 상실하면 이미 취득한 주택임대차보호법상의 대항력 및 우선변제권을 상실하게 된다.

나. 전세권배당요구에 따른 인수여부

주택임차인이 그 지위를 강화하고자 별도로 전세권설정등기를 마치더라도 주택임대차보호법상 주택임차인으로서의 우선변제를 받을 수 있는 권리와 전세권자로서 우선변제를 받을 수 있는 권리는 근거 규정 및 성립요건을 달리하는 별개의 것이다. 따라서 임차인으로서 배당요구를 했느냐 전세권자로서 배당요구를 했느냐가 중요하다. 만약 선순위전세권자가 전세권에 기한 배당요구 한 것이 아닌 후순위임차인으로 배당요구를 하였을 경우 전세권을 인수 할 수 있다. 또한 전세권설정 등기를 하여 경매 신청한 경우 건물 가격에서만 보상해 주기 때문에 보증금의 일부 또는 전부를 보상받지 못하는 경우가 발생할 수 있다. 이때는 보증금반환청구소송을 통해 승소판결문을 받아 토지까지 강제로 경매를 신청할 수 있다.

다. 집합건물에 전세권을 설정한 경우

전세권 설정기간이 만료된 후 소유자가 전세금을 반환하지 않을 경우 전세권에 기한 경매를 신청할 수 있다(임의경매). 이때 아파트 등 집합건물인 공동주택의 전유부분에 설정된 전세권의 효력은 대지권에까지 미친다.

라. 건물일부에 설정된 전세권

건물일부에 설정된 전세권이 말료된 후 소유자가 전세금을 반환하지 않을 경우에는 전세금반환청구의 소를 제기한 후 판결문으로 전세목적물 및 토지까지 강제경매를 신청하여 순위에 의해 배당 받을 수 있다. 이때는 건물 가격에서만 보상해 주기 때문에 보증금의 일부 또는 전부를 보상받지 못하는 경우가 발생할 수 있다. 한편 보증금반환청구소송을 통해 승소판결문을 받아 토지까지 강제로 경매를 신청할 수 있다.

마. 전전세

전전세란 전세권자가 그 전세권의 범위 내에서 전세 목적물의 전부 또는 일부에 대하여 제3자에게 다시 전세권을 설정해 주는 것을 말한다. 전전세를 금지하는 특약이 있으면 전세목적물을 타인에게 전전세할 수 없다(민법 제306조).
민법 제186조에 의해 원전세권자와 전전세권자의 물권적 합의와 등기가 있어야 하는데 원전세목적물의 일부를 목적으로 하는 전전세권설정도 유효하다. 전전세권의 당사자가 원전세권의 존속기간을 넘는 기간을 약정하면 원전세권의 존속기간으로 단축되며 전전세권은 원전세권을 기초로 하여 성립하므로 원전세금을 초과할 수 없는 것이 통설이다.

바. 전세권의 권리분석 사례

유형1)
1. A 전입신고
2. A 전세권(아파트)
3. B 근저당권
4. A 전세권 임의경매

◐ A 전세권에 의한 임의경매 시에는 전세권이 소멸기준권리가 되어 A 전입신고인은 대항력이 있다.

유형2)
1. A 전입신고
2. A 전세권(다가구주택)
3. B 가압류
4. B 가압류 강제경매

◐ B 가압류의 강제경매시 소멸기준은 B 가압류가 된다. 다가구주택에서의 전세권자가 배당을 신청하였을 경우 자신만 배당받고 소멸하며 A 전입신고인은 대항력이 있다.

유형3)
1. A 전세권(다가구주택)
2. A 전입신고
3. B 가압류 * 말소기준권리
4. A 전세권 강제경매

◐ A 전세권의 강제경매시 소멸기준권리는 B 가압류가 되며 A 전입신고인은 대항력이 있다. A 전세권자가 배당요구 하였다면 배당 받지 못한 보증금은 낙찰자가 인수해야 한다.

유형4)
1. A 전세권(다세대주택)
2. B 가압류
3. A 전입신고
4. B 가압류 강제경매

◐ A 전세권자가 배당요구하면 A 전세권이 소멸기준권리가 되며 전세권자가 전액 배당받지 못하더라도 전세권은 말소된다. 만약 A가 임차인으로 배당요구 할 경우 소멸기준권리는 B 가압류가 되며 A 전입신고한 임차인의 권리는 소멸되나 A 전세권자로서 전세권은 낙찰자가 인수 한다.

유형5)
1. A 전세권(집합건물)
2. B 근저당권
3. A 전입신고
4. A 전세권 임의경매

◐ A 전세권이 배당요구시 전세권이 소멸기준권리가 되며 A 전입신고도 소멸 된다(대법원 2008마212 결정).

유형6)
1. A 전세권
2. A 전입신고
3. B 가압류
4. B 가압류 강제경매

◐ A 전세권자의 배당요구시 A 전세권은 말소되나 A는 임차인으로서 대항력이 발생 한다(대법원 2010마900 결정).

☞ **주택임차와 전세권이 동시에 설정되어 있는 경우 대항력여부(대법2010.7.26 2010마900 결정)** 대구지법 2007타경11477(임의) 부산지법2008타경41054-1(강제)

대구지법은 임차인은 대항력이 없다고 결정을 하였고 임차인이 이 결정에 불복하여 대법원에 재항고하였으나 사건번호 대법2008마212결정 사건에서 심리불속행으로 기각되어 결국 임차인은 대항력이 없어 못받은 보증금을 포기하고 인도되었으나 부산지법 2008타경41054(1) 강제경매사건에서 임차인 황OO은 전세권 설정과 함께 주민등록 전입을 하고 임차계약을 하였고 이후 해당 주택이 경매가 되어 전세권으로 배당신청 하였으나 대법원판례는 우선변제권과 함께 대항력을 각각 인정하여 임차인이 전세권에 의해 배당을 받고 못 받은 차액은 낙찰자가 물어주어야 하는 것으로 결론이 났다. 이는 주택에 관하여 최선순위로 전세권설정등기를 마치고 등기부상 새로운 이해관계인이 없는 상태에서 전세권설정계약과 계약당사자, 계약목적물 및 보증금(전세금액) 등에 있어서 동일성이 인정되는 임대차계약을 체결하여 주택임대차보호법상 대항요건을 갖추었다면, 전세권자로서의 지위와 주택임대차보호법상 대항력을 갖춘 임차인으로서의 지위를 함께 가지게 된다. 이러한 경우 전세권과 더불어 주택임대차보호법상의 대항력을 갖추는 것은 자신의 지위를 강화하기 위한 것이지 원래 가졌던 권리를 포기하고 다른 권리로 대체하려는 것은 아니라는 점, 자신의 지위를 강화하기 위하여 설정한 전세권으로 인하여 오히려 주택임대차보호법상의 대항력이 소멸된다는 것은 부당하다는 점, 동일인이 같은 주택에 대하여 전세권과 대항력을 함께 가지므로 대항력으로 인하여 전세권 설정 당시 확보한 담보가치가 훼손되는 문제는 발생하지 않는다는 점 등을 고려하면, 최선순위 전세권자로서 배당요구를 하여 전세권이 매각으로 소멸되었다 하더라도 변제받지 못한 나머지 보증금에 기하여 대항력을 행사할 수 있고, 그 범위 내에서 임차주택의 매수인은 임대인의 지위를 승계한 것으로 보아야 한다.

Part 3. 가등기

　가등기는 물권의 설정이나 소유권의 설정. 이전.변경.소멸의 청구권을 보전하기 위하여 장차 행할 본등기의 준비로서 하는 예비적인 등기이다. 본등기에 필요한 실체법상 또는 절차법상 요건이 구비되지 아니한 경우에 장래 필요한 조건이 구비될 때 본등기를 하기 위하여 우선적으로 가등기를 하여 사전에 그 순위를 확보해 두는 등기이며 가등기 자체만으로는 어떤 효력도 발생하지 않는다. 즉, 가등기에 의한 본등기를 하면 본등기의 순위는 가등기의 순위로 바뀌는 것이다. 부동산에 관한 물권인 소유권, 지상권, 지역권, 전세권, 저당권, 권리질권과 임차권등기 등이 아직 계약체결의 상태에 이르지는 못했지만, 장래에 체결될 것으로 미리 예약하는 등기인 것이다.

1. 가등기 및 가등기 종류

　매매계약과 동시에 소유권이전등기의 시점을 미리 확보하기 위해 예비로 등기하는 것이 소유권이전청구권 가등기이다. 또한 매매계약을 체결하기 전에 장래에 체결할 매매계약을 예약하기 위해서도 소유권이전청구권 가등기를 설정할 수 있다. 가등기는 소유권이전등기 뿐만이 아니라 근저당권설정등기, 전세권설정등기 등 모든 등기가 가등기의 대상이 된다. 또한 설정. 이전 등기뿐만 아니라 변경이나 말소 등기도 가등기를 할 수 있다. 소유권가등기가 되어 있는 부동산에 대해 경매개시결정이 내려지면 법원은 가등기 권리자에게 그 내용을 법원에 신고하도록 최고한다(가등기담보 등에 관한 법률 제16조). 이에 따라 가등기 권리자는 담보가등기라면 그 내용과 채권의 존부, 원인 및 금액을 신고해야 하고, 소유권이전청구권 보전가등기라면 해당 내용을 신고해야 한다(부동산등기법 제3조).

　소유권가등기는 매매계약과 동시에 소유권이전등기의 시점을 미리 확보하기 위해 예비로 등기하는 경우도 있으며, 매매계약을 체결하기 전에 장래에 체결할 매매계약을 예약하기 위해서도 소유권가등기를 설정할 수 있다. 매매계약에 의한 소유권가등기는 장래에 부동산의 소유권을 이전 받기로 약정(매매예약)하고, 그 약정 내용을 보전하기 위해 설정하며, 매매예약은 아직 계약체결의 상태에 이르지는 못했지만 장래에 체결될 것으로 미리 약정하는 개념으로서 매매계약이 체결된 경우와 달리 매수인은 매도인에 대해 소유권이전등기청구권은 갖지 못하지만, 추후 매매계약을 완성할 수 있는 권리인 예약완결권이 행사되면 매매계약의 효력이 발생하면서 매도인은 소유권이전등기의무를, 매수인은 대금지급의무를 부담하는 등 매매계약의 이행단계에 돌입하는 것이다.

2. 보전가등기: 매매예약을 원인으로 한 소유권이전청구권가등기

소유권이전청구권 가등기(소유권가등기)는 '소유권을 이전해 달라고 청구하는 권리를 미리 등기하는 것'을 말한다. 매매예약은 아직 계약체결의 상태에 이르지는 못했지만 장래에 체결될 것으로 미리 예정하는 개념으로서 매매계약이 체결된 경우와 달리 매수인은 매도인에 대해 당장은 이전등기청구권을 가지지 못하지만, 추후 매매계약을 완성할 수 있는 권리인 예약완결권이 행사되면 완전히 매매계약의 효력이 발생하면서 매도인은 소유권이전등기의무를, 매수인은 대금지급의무를 부담하는 등 매매계약의 이행단계에 돌입하는 것이다. 실무상으로는 매매계약보다는 매매예약이 등기부상의 등기원인으로 표시된 경우가 훨씬 많은데, 이는 매매예약이 매매계약을 체결하기 전 단계에서 "예약"을 하기 위한 차원에서 뿐 아니라, 금전대여에 따른 채권담보의 목적으로 활용되는 경우도 많기 때문이다. 예를 들어, 1억원을 빌리고 만약 일정기한 동안 변제하지 못하면 채무자 소유의 부동산으로 대신 갚는다는 취지로 채무자 소유의 부동산에 매매예약을 원인으로 채권자가 가등기를 하는 것이다.

3. 담보가등기

경매에 참가하여 우선 변제를 받을 권리로 그 효력이 미치는 범위에 있어서 저당권과 유사한 실체법상의 효력을 가지고 있는 것이 담보가등기이다. 저당권과 동일하게 보지만 등기상에는 소유권가등기로 표시 한다. 원래의 소유권가등기는 금전채권이 아닌 청구권을 보전하기 위해 설정한 등기인데 채권자가 돈을 빌려주면서 그 부동산의 소유권을 이전받는 방법으로 소유권가등기를 설정하여 부당하게 소유권을 이전하는 사례가 많아지자 이를 방지하기 위해서 제정한 것이 "가등기담보등에 관한 법률"이다.

선순위 담보가등기 권리자가 그 선택에 따라 경매개시결정 기입등기 전에 본등기를 위한 절차(청산절차)를 모두 마친 경우에는(담보권 실행), 소유권이전청구권 보전가등기의 효력을 가지므로 소멸되지 않는다. 그렇지 않고 가등기권자가 경매를 신청하거나, 제3자에 의해 경매가 신청되어 가등기권자가 배당요구를 하였다면 이러한 담보가등기 권리는 저당권으로 본다. 이 경우에 담보가등기 권리자는 다른 채권자보다 자기 채권을 우선변제 받을 권리가 있다.

담보가등기의 인지 여부는 등기부상의 형식이 아니라 거래의 실질과 당사자의 의사해석에 따라 결정되며 신고 된 내용은 매각물건명세서에 기재되는데, 그 내용을 보면 해당 가등기가 소유권가등기인지, 담보가등기인지 파악할 수 있다(최고를 받은 가등기 권리자가 법원에 아무런 신고도 하지 않는다면 소유권가등기로 취급한다).

▣ 민법제13조(우선변제청구권)

"담보가등기를 마친 부동산에 대하여 강제경매 등이 개시된 경우에 담보가등기 권리자는 다른 채권자보다 자기 채권을 우선변제 받을 권리가 있다. 이 경우 그 순위에 관하여는 그 담보가등기 권리를 저당권으로 보고 그 담보가등기를 마친 때에 그 저당권의 설정 등기가 행하여진 것으로 본다."

Check Point ! 소유권가등기와 담보가등기의 구별

* 등기상 소유권가등기로 표시된 가등기가 사실상 소유권가등기인지, 담보가등기인지 구별하는 것은 권리분석에서 매우 중요하다. 가등기권자가 배당요구종기일 전에 담보가등기라는 취지로 신고한 가등기권자만 배당에 참여할 수 있으나 만약 가등기 권리자가 법원의 통지에도 불구하고 신고하지 않는다면 소유권이전청구권보전가등기로 보아 배당에서 제외하고 있다. 이에 따라 가등기 권리자가 가등기의 내용과 채권의 존부, 원인 및 금액을 배당요구 종기 내에 채권신고 하였다면 담보가등기로 보아 그 부동산의 매각에 의하여 소멸 한다(매각물건명세서에 기재). 만약 선순위 담보가등기권자가 경매개시결정 기입등기 전에 본등기를 위한 절차를 모두 마친 경우에는 소유권이전청구권 보전가등기의 효력을 가지므로 소멸되지 않는다.

4. 담보목적가등기

담보목적가등기는 차용물이 아닌 매매대금, 물품대금, 공사대금, 손해배상채권을 담보하는 가등기이다. 따라서 '가등기담보등에 관한 법률' 적용을 받지 않는다. 경매를 신청할 수 없으며 경매절차에서 배당에 참여할 수 없다. 담보목적가등기권자가 채권을 변제받는 유일한 방법은 가등기에 의한 본등기로 가등기목적물의 소유권을 취득하는 경우뿐이다.

5. 대물반환의 예약

실제거래에 있어서는 대물변제의 예약이 가등기와 함께 빈번히 쓰이고 있기 때문에 대물변제의 예약시 등기목적에 담보가등기로 표시 한다(등기사항전부증명서 등기목적 "담보가등기", 등기원인 "대물반환예약"으로 표시). 대물반환의 예약은 차입금이나 외상 매입금을 기한 내에 갚지 못할 경우 대물 변제를 한다고 미리 약속하는 것이다. 이는 통상 채권의 담보로 미리 정한 물건을 대물 변제 계약용으로 특정하고, 장차 채권의 회수가 지체될 경우 그 물건의 소유권을 채권자에게 이전함으로써 채무를 변제한다는 약속의 형식으로 이루어진다.

6. 환매특약등기

환매특약등기란 나중에 환매 할 것을 약속한 특별한 약속 및 계약을 말한다. 일정 기간이 경과한 후 매도 물건을 다시 사들일 것을 약속한 계약을 뜻한다.목적물이 부동산일 경우는 매매등기와 동시에 등기하여야 한다. 동시에 하지 않은 등기는 무효이다. 따라서 **동일한 접수번호로 소유권이전등기의 부기등기 등기로 접수된다.** 환매특약등기를 하면 제3자에 대하여 효력이 미쳐 환매기간 중에 제3자가 목적물을 취득하더라도 그 제3자에 대해서는 환매권을 실행할 수 있다. 환매기간은 부동산은 5년 동산은 3년을 넘지 못한다. 장래에 있을 매매를 예약한다는 점에서는 소유권이전청구권 가등기와 같지만, 가등기가 단순히 장래에 있을 매매를 예약하는 등기라면, 매매와 동시에 매도자가 장차 그 부동산을 다시 매수할 것을 예약하는 등기라는 점에서 차이점이 있다.

매 매 예 약 서

예약당사자의 표시

    매도예약자 (갑)
    매수예약자 (을)

부동산의 표시

매도예약자 ○ ○ ○를 (갑)이라 하고, 매수예약자 ○ ○ ○를 (을)이라 하며, 아래와 같이 매매예약을 체결한다.

- 아 래 -

제1조 (갑)은 (을)에게 (갑)소유인 위 부동산을 <u>금   원</u>에 매도할 것을 예약하며 (을)은 이를 승낙한다.
제2조 (을)은 (갑)에게 이 예약의 증거금으로 <u>금   원</u>을 지급하고, (갑)은 이를 정히 영수한다.
제3조 이 매매예약의 예약권리자는 (을)이고 매매완결일자는 20○○. ○. ○.로 하되, 위 완결일자가 경과하였을 경우에는 (을)의 매매완결의 의사표시가 없어도 당연히 매매가 완결된 것으로 본다.

제4조 제3조에 의하여 매매가 완결되었을 때에는 (갑), (을)간에 위 부동산에 대한 매매계약이 성립되고, (갑)은 (을)로부터 제1조의 대금 중 제2조의 증거금을 공제한 나머지 대금을 수령함과 동시에 (을)에게 위 부동산에 관하여 매매로 인한 소유권이전등기절차를 이행하며, 위 부동산을 인도하여야 한다.
제5조 (갑)은 예약체결과 동시에 위 부동산에 대하여 (을)에게 소유권이전등기청구권 보전을 위한 가등기절차를 이행하며, 등기신청에 따른 제반 비용은 (을)이 부담한다.
제6조 (기타사항)

  이 예약을 증명하기 위하여 계약서 2통을 작성하고 (갑), (을) 쌍방이 기명날인한 후 각자 1통씩 보관한다.

20○○년   ○월   ○일

매도예약자 (갑) ○ ○ ○ ㊞
매수예약자 (을) ○ ○ ○ ㊞

Part 4. 보전처분

1. 가압류

가압류는 채권자가 장래 회수할 금전채권이나 금전으로 환산할 수 있는 채권에 대하여 그 담보가 되는 채무자의 재산에 대하여 판결의 집행을 할 수 없거나, 판결의 집행이 현저하게 곤란한 염려가 있는 경우 그 집행보전의 목적으로 행해지는 잠정적이고 긴급한 처분으로, 동산 또는 부동산에 대한 강제집행을 보전하기 위하여 이를 할 수 있다(민사집행법 제276조). 통상 소송을 진행하는 데에는 상당한 시간이 걸리므로 그 기간 중에 채무자가 고의, 또는 불가피한 사유로 인해 채무자의 재산이 감소하는 것을 막기 위한 보전 조치이다. 만약 가압류 조치를 하지 않은 채 채무자를 상대로 소송을 제기할 경우, 채무자가 재산을 은폐하기 위한 목적으로 타인에게 명의를 변경하는 등 변경될 우려가 있을 경우에 채권을 회수하기 위하여 부동산을 임시로 확보하는 조치이다. 따라서 채권자가 장래 회수할 금전채권의 보전을 위해서 강제경매신청 전에 채무자 명의의 부동산이 있다면 그 부동산에 대한 처분을 제한하기 위하여 가압류 조치를 해야 한다. 가압류는 부동산 가압류 외에 유체동산가압류, 채권가압류 등이 있다. 또한 가압류는 기간이 도래하지 아니한 채권에 대하여도 할 수 있다

가압류는 채권자가 채무자에 대하여 채권확보를 하기 위한 조치로서 일반채권에 불과하지만 경매에 있어 가압류는 말소기준권리가 되기 때문에 선순위도 낙찰과 동시에 말소되는 것이 원칙이다. 선순위 가압류인 경우 이후의 채권뿐만이 아니라 우선 변제받는 물권과도 채권자 평등주의에 의해 동순위로서 채권액 비율대로 안분 배당한다. 가압류가 경매개시결정등기 전에 집행되었다면 배당요구를 하지 않아도 배당받을 수 있지만 경매개시결정등기 이후에 집행된 가압류는 반드시 배당요구를 하여야 배당에 참여할 수 있다.

▣ 전소유자에 대한 가압류

전소유자에 대한 가압류는 원칙적으로 말소되나 경매법원에서 가압류가 말소되지 않는 것을 전제로 경매를 진행한 경우에만 말소되지 않고 낙찰자에게 인수 된다.

2. 가처분

　가처분은 가압류와 함께 장차 있을 본안소송에 대비하여 확정판결을 받을 때까지 임시적으로 하는 보전처분으로서 채권자의 요청에 의해서 한다. 가압류가 금전채권에 기인하여 집행의 대상이 될 수 있는 재산을 미리 압류해두는 것이라면, 가처분은 금전채권 이외의 권리에 대한 집행보전 조치이다. 가처분등기를 하면 등기사항전부증명서에 "양도, 담보권설정 기타 일체의 처분 행위 금지"와 같은 금지조항이 기입되며, 가처분에 의한 본안소송에서 가처분권리자가 승소하게 되면 매수인은 소유권을 상실하게 되고, 경매절차는 무효가 되므로 주의해야 한다. 부동산 가처분의 종류로는 부동산 소유권과 관련하여 분쟁이 발생하였을 경우에 하는 "처분금지가처분"과 경매.공매로 부동산을 낙찰 받은 후 점유대상자에 대하여 명도 집행을 하기 전에 하는 "점유이전금지 가처분"과 "건물철거 및 토지인도청구권 보전을 위한 처분금지가처분" 등이 있다.

▶ 가처분 권리분석

　매각으로 소멸하는 담보권·가압류, 압류 등 말소기준권리 등기 이후에 된 처분금지가처분등기는 매수인에게 대항할 수 없으므로 낙찰 이후에 말소촉탁의 대상이 되는 것이 일반적이지만 경우에 따라서 매각 후에 가처분채권자가 본안소송에서 승소하게 되면 가처분의 효력에 의해서 강제집행인 매각의 효력마저 부인될 수 있어 매수인은 소유권을 상실하게 되므로 주의해야 한다.
　해당 선순위 처분금지가처분은 경매법원이 직권으로 말소촉탁 할 수 없으며 매각 받은 이후에 민사법원을 통해 말소해야한다. 선순위가처분등기 이후에 가처분권자가 가처분채무자로부터 해당 부동산에 대한 이전등기를 넘겨받은 상태에서 가처분등기가 말소되지 않고 존치되는 경우 법원실무상으로는 매각물건명세서에 "말소되지 않는 선순위 가처분 있음"이라고 기재한 후 경매를 진행하는 경우가 많지만 경매법원에 따라서는 가처분등기가 말소될 수 있는 가처분재판이나 본안재판의 결과를 기다렸다가 그 결과에 따라 경매진행을 하기도 한다. 만약 경매개시결정 후 경매개시결정등기를 촉탁한 다음에 경매채권자에게 가처분등기의 원인과 유효 여부에 대한 석명을 구한 다음 여전히 가처분등기가 유효할 수 있다는 가능성이 있다는 판단이 들면 경매진행을 사실상 중지하고 있다.

Part 5. 부동산 등기사항전부증명서

　부동산등기는 해당 부동산에 대한 권리관계를 일반인에게 알리기 위해 국가에서 작성하는 공적장부이다. 우리나라는 서류상 요건만 갖추면 등기가 이루어지는 형식적 심사주의로 공신력은 인정하지 않고 있다. 등기사항전부열람서는 표제부, 갑구, 을구 요약부 등 4부분으로 되어 있다.

표제부	토지나 건물의 소재지, 용도, 구조 등이 기재
갑구	소유권에 관한 사항이 접수된 날자순으로 기재
을구	소유권 이외의 권리에 관한 사항 접수된 날자순으로 기재
요약부	갑구.을구의 권리순서를 요약하여 정리

　토지와 건물은 별개의 독립된 부동산으로 각각 등기부등본을 두지만, 집합건물인 경우 표제부가 2개 이다. 구분등기된 집합건물의 경우에는 토지면적은 건물전체 표재부에 기재되며, 전유부분(개별호수)에 대한 토지 지분은 전용부분 표제부에 소유권 대지권으로 같이 표시된다.

1. 말소기준권리

　부동산경매시장에 참여하고자 할 때 가장 두려워하는 점은 해당 경매부동산을 낙찰받고도 떠안게 될 등기상의 권리들이나 임차인의 보증금 등일 것이다. 돈 벌려고 했다가 자칫 잘못 낙찰받았다가 일반 부동산시장에서 보다 더 비싸게 매수하는 결과가 생길 수 있기 때문이다. 그러나 해당 경매부동산을 제대로 알면 굳이 두려워할 필요도 없고 피할 이유도 없다. 경매법원은 소멸기준권리(말소기준권리)를 정하여 이를 알리고 있고 해당 경매부동산의 매수인이 낙찰을 받아 소유권을 이전받을 때, 등기사항증명서에 말소기준권리를 포함하여 뒤늦게 설정된 권리들은 모두 소멸시켜 주기 때문이다. 물론, 말소기준권리보다 앞서는 권리들은 말소되지 않고 매수인에게 인수되므로 이를 주의하면 된다. 소멸주의에 해당되는 권리는 경매의 실행(낙찰)으로 인하여 모두 소멸되며 이들 권리는 경매부동산의 낙찰대금에서 법률이 정하는 변제순위에 따라 배당 받는다. 배당을 받지 못하는 권리는 무담보채권으로 남아서 채무자의 다른 재산이 있는 경우 그 곳에서 해결해야 한다. 즉 소멸되는 권리는 배당을 받든 못 받든 낙찰자와는 전혀 상관없다. 그렇다면, 소멸기준권리가 될 수 있는 권리들은 무엇일까? 부동산경매관련 서적들에서 수없이 언급된 바와 같이, 소멸기준권리들에는 5가지가 있다. 등기사항증명서에 등기된 (근)저당권, 가압류등기, 담보가등기, 경매개시결정등기, 압류등기가 그것이며 이외에 등기된 전세권은 제한적으로 소멸기준권리가 될 수 있다(전세권이 건물전체에 걸쳐 설정된 상태에서 전세권자가 배당요구를 한 경우이거나 경매신청을 한 경우에는 소멸기준기준권리가 될 수 있다).

Check Point ! 말소기준등기의 역할은 무엇일까?

1, 등기의 소멸기준 역할: 등기사항증명서에서 말소기준등기(권리) 이후에 설정된 모든 등기들은 소멸기준권리를 포함하여 소멸된다.

2, 임대차보증금의 인수기준 역할: 임차인이 소멸기준권리보다 먼저 대항요건(점유와 주민등록/사업자등록)을 갖추면 대항력이 발생하여 임대차보증금을 배당받거나 매수인에게 부담을 전가시킬 수 있다.

3. 인도명령의 기준 역할: 소멸기준권리 이후에 대항요건을 갖추어 대항력이 없는 후순위 임차인이나 정당한 권원이 없는 점유자들은 매수인의 인도명령에 의해 강제집행을 할 수 있다.

이러한 소멸기준권리 파악하는 방법은 해당 경매부동산에 대해 등기사항증명서를 발급받아 분석하거나 법원의 해당 경매부동산의 매각물건명세서를 통해서 분석할 수 있다.

---

2. 민사집행법 제91조 1항-5항에 따른 소멸기준

① 압류채권자의 채권에 우선하는 채권에 관한 부동산의 부담을 매수인에게 인수하게 하거나, 매각대금으로 그 부담을 변제하는 데 부족하지 아니하다는 것이 인정된 경우가 아니면 그 부동산을 매각하지 못한다.

② 매각부동산 위의 모든 저당권은 매각으로 소멸된다.

③ 지상권·지역권·전세권 및 등기된 임차권은 저당권·압류채권·가압류채권에 대항할 수 없는 경우에는 매각으로 소멸된다.

④ 제3항의 경우 외의 지상권· 지역권· 전세권 및 등기된 임차권은 매수인이 인수한다. 그중 전세권의 경우에는 전세권자가 제88조에 따라 배당요구를 하면 매각으로 소멸된다.

⑤ 매수인은 유치권자에게 그 유치권으로 담보하는 채권을 변제할 책임이 있다.

2) 담보가등기(가등기담보등에 관한 법률 12조 1)

3) 경매개시결정등기(민사집행법 제144조)

▣ 말소기준권리보다 늦은 다음의 권리는 소멸된다.

① 제91조 3항: 지상권, 지역권, 전세권, 임차권등기

② 말소기준권리이후에 등기된 가등기, 가처분, 임차권, 환매등기

③ 말소기준권리이후에 주민등록과 주택의 인도를 마친 주택임차인

④ 말소기준권리이후에 사업자등록과 건물의 인도를 마친 상가건물임차인

▣ 말소기준권리보다 빠른 다음의 사항들은 인수 된다.(인수주의)

① 말소기준권리이전에 등기된(선순위라 함) 지상권,지역권, 등기된 임차권(제91조 4항)

② 말소기준권리이전에 소유권이전 청구권가등기, 가처분, 환매등기

③ 말소기준권리이전에 주민등록과 주택의 인도를 마친 주택임차인

④ 말소기준권리이전에 사업자등록과 건물의 인도를 마친 상가건물임차인

⑤ 유치권

⑥ 법정지상권, 분묘기지권

Chapter 4. 주택임대차 보호법 주요내용

1. 대항력

　대항력에 관한 부분은 판례도 가장 많거니와 대금을 미납시키게 만드는 주범이기도 하다. 대항력이 있다는 것은 임대인이 제3자에게 소유권을 이전하여 준 경우에도 임차인이 제3자에게 보증금의 인수와 존속기간을 주장할 수 있다는 의미이다. 매매등(증여, 교환)에서는 대항력이 새로운 소유자에게 변동없이 승계되는 것이지만, 경매. 공매의 경우에는 대항력 있는 권리만 낙찰자에게 승계된다. 따라서 경매에서 중요한 것은 대항력유무의 판단일 것이다.　실무에서는 소멸기준권리보다 앞서 전입한 임차인이 있다면 대항력이 있다고 기록하지만 가족관계나 사용대차인 경우도 많다 보니 이를 악용하는 사례도 종종 있다. 따라서 임차인으로서 대항력을 주장하려면 반드시 권리신고를 하게끔 제도를 수정할 필요가 있다.

1) 대항력이란

　주택임대차보호법 제3조 제1항에 의하면, 임대차는 그 등기가 없는 경우에도 임차인이 주택의 인도와 주민등록을 마친 경우에는 그 익일부터 제3자에 대하여 대항력이 발생한다고 규정을 하고 있다. 즉, 주거용 건물의 임대차는 그 등기가 없는 경우에도 임차인이 주택의 인도와 임차주택의 양도나 경매 등에서 주택 소유권의 변동이 생기더라도 **존속기간의 보장**을 받으며 **보증금도 보호** 받을 수 있는 권리를 말한다.

2) 임차인의 대항력 발생시점

　일반매매는 임차인이 주택의 인도(입주)와 주민등록을 마친 때(전입)에는 **대항력을 주장할 수 있다.** 즉, 그 다음 날부터 곧 대항력이 생겨 임대차기간을 보장받고 임대차기간 만료 후에는 임차보증금을 전액 돌려받지만 경매, 공매에서는 대항력 기산일이 소멸기준권리의 등기일보다 빨라야 대항력을 주장할 수 있다.

3) 대항력의 존속기간

대항력이 낙찰자에게 대항하기 위해서는 주택소유권이 양수인에게 이전되는 시점까지 대항요건을 갖추고 있어야 한다. 즉 낙찰자가 매각대금 납부 시까지 전입과 인도를 유지해야 한다.

4) 무상임대차계약서

무상거주 확인서를 제출받은 채권자가 경매절차에서 그 확인서를 법원에 제출한 경우에는 대항력이 인정되지 않는다. 저당권 설정 당시 임차인으로부터 무상거주확인서를 받은 다음 그것을 법원에 제출하여 법원이 매각물건명세서에 그 취지를 기재하였다면 설령 대항력 있는 임차인이 존재한다는 취지로 매각물건명세서가 작성되었더라도 입찰자의 신뢰와 이익을 보호하기 위해 임차인의 대항력은 인정되지 않으며 우선변제권도 인정되지 않는다. 따라서 무상거주 확인서가 있다하여도 채권자가 경매절차에서 법원에 제출하지 않았다면 그 확인서는 소용이 없다.

"근저당권자가 담보로 제공된 건물에 대한 담보가치를 조사할 당시 대항력을 갖춘 임차인이 그 임대차 사실을 부인하고 임차보증금에 대한 권리주장을 않겠다는 내용의 확인서를 작성해 준 경우, 그 후 그 건물에 대한 경매절차에서 이를 번복하여 대항력 있는 임대차의 존재를 주장함과 아울러 근저당권자보다 우선적 지위를 가지는 확정일자부 임차인임을 주장하여 그 임차보증금반환채권에 대한 배당요구를 하는 것은 특별한 사정이 없는 한 금반언 및 신의칙에 위반되어 허용될 수 없다고 본 사례."[대법원 1997. 6. 27. 선고 97다12211 판결]

5) 실제 이사하고 주민등록을 이전하지 않았으나 직권 말소된 경우 제3자에 대한 대항력은 상실되지 아니한다고 봄이 상당하다(대구지법 98가합4501, 대법원확정)

2. 우선변제권

"대항요건과 임대차계약증서상의 확정일자를 갖춘 임차인은 「민사집행법」에 따른 경매 또는 「국세징수법」에 따른 공매를 할 때에 임차주택의 환가대금(대지 포함)에서 후순위권리자, 그밖의 채권자보다 우선하여 보증금을 변제받을 권리가 있다."(법제3조의2)

1) 우선변제권의 요건

① 대항력 요건을 갖출 것
우선변제권의 발생시점은 대항력 요건의 기준시점과 확정일자 중 늦은 날이다.

② 확정일자를 받을 것
주택이 경락되어 배당될 때 확정일자는 저당권이나 전세권 등과 같이 우선변제권인 효력이 있기 때문에 확정일자를 받은 임차인은 후에 설정된 담보물권보다는 우선순위로 배당 받을 수 있다. 이러한 확정일자의 요건을 규정한 것은 임대인과 임차인 사이의 담합으로 임차보증금의 액수를 사후에 변경하는 것을 방지하고자 하는 취지이다. 보증금의 증액부분에 확정일자가 있는 경우 증액부분도 우선변제가 가능하지만 경매개시결정등기이후에 받은 확정일자는 일반채권과 같이 안분배당 한다.

☞ 확정일자 받는 방법
　　☞ 임대차계약서를 가지고 주민자치센터(구,동사무소), 구청, 등기소, 법원,
　　☞ 공증기관(공증인사무소, 법무법인 또는 공증인가 합동법률사무소 등) 공증증서로
　　　　작성하거나 위 공증기관에서 확정일자 받음
　　☞ 전세권설정계약서를 작성하고 전세권설정등기를 한 경우 전세권설정계약서가 첨부된
　　　　등기필증에 찍힌 접수인
　　☞ 상가건물임차인은 관할 세무서장으로부터만 받는다

③ 임차주택이 경매 또는 공매로 매각되었을 것

④ 배당요구를 할 것

"주택임대차보호법상의 대항요건을 갖춘 임차인이라고 하더라도 배당요구종기일 이전에 경매법원에 스스로 그 권리를 증명하여 신고하지 않는 한 집행관의 현황조사결과 임차인으로 조사·보고되어 있는지 여부와 관계없이 이해관계인이 될 수 없다.

대법원 예규에 따른 경매절차 진행사실의 주택임차인에 대한 통지는 법률상 규정된 의무가 아니라 당사자의 편의를 위하여 경매절차와 배당제도에 관한 내용을 안내하여 주는 것에 불과하므로, 이해관계인 아닌 임차인은 위와 같은 통지를 받지 못하였다고 하여 경매절차가 위법하다고 다툴 수 없다."[대법원 2008.11.13. 선고 2008다43976]

3. 소액임차인의 최우선변제권

임대차관계가 지속되는 동안 임대차보증금의 증감·변동이 있는 경우, 보증금이 소액임차인에 해당하는지 여부의 판단시점은 원칙적으로 배당 시로 봄이 상당하고, 따라서 처음 임대차계약을 체결할 당시 임대차보증금의 액수가 적어서 소액임차인에 해당한다고 하더라도 그 후 갱신과정에서 증액되어 그 한도를 초과하면 더 이상 소액임차인에 해당하지 않게 되고, 반대로 처음에는 임대차보증금의 액수가 많아 소액임차인에 해당하지 않는다 하더라도 그 후 갱신과정에서 감액되어 한도 이하로 되었다면 소액임차인에 해당한다.(대구지법 2004.3.31.선고 2003가단134010판결)

제8조(보증금 중 일정액의 보호)

① 임차인은 보증금 중 일정액을 다른 담보물권자보다 우선하여 변제받을 권리가 있다. 이 경우 임차인은 주택에 대한 경매신청의 등기 전에 제3조제1항의 요건을 갖추어야 한다.
③ 보증금 중 일정액의 범위와 기준은 **주택가액(대지의 가액을 포함한다)의 2분의 1을** 넘지 못한다. <개정 2009.5.8.>

☞ 지역별 소액임차인의 보증금범위와 최우선변제액

담보물권설정일	지역	보증금범위	최우선변제액
2010.7.26 ~2013.12.31까지	서울특별시	7,500만원 이하	2,500만원 까지
	수도권.과밀억제권역	6,500만원 이하	2,200만원 까지
	광역시,안산시, 용인시,김포시,광주시	5,500만원 이하	1,900만원 까지
	그 밖의 지역	4,000만원 이하	1,400만원 까지
2014.01.01 ~2016.03.30	서울특별시	9,500만원 이하	3,200만원 까지
	수도권.과밀억제권역	8,000만원 이하	2,700만원 까지
	광역시,안산시, 용인시,김포시,광주시	6,000만원 이하	2,000만원 까지
	그 밖의 지역	4,500만원 이하	1,500만원 까지
2016.03.31. ~2018.09.17	서울특별시	1억 원 이하	3,400만원 까지
	수도권.과밀억제권역	8,000만원 이하	2,700만원 까지
	광역시**(세종시포함)**	6,000만원 이하	2,000만원 까지
	그 밖의 지역	5,000만원 이하	1,700만원 까지
2018.09.18. ~2021.05.10.	서울특별시	1억1천 이하	3,700만원 까지
	수도권.과밀억제권역 용인.세종.화성	1억 원 이하	3,400만원 까지
	광역시(군 제외) 안산.김포.광주.파주	6,000만원 이하	2,000만원 까지
	그 밖의 지역	5,000만원 이하	1,700만원 까지
2021.05.11. ~현재까지	서울특별시	1억5천만원 이하	5,000만원 까지
	수도권.과밀억제권역 용인.화성.세종.김포	1억3천만원 이하	4,3000만원 까지
	광역시(군제외).안산 .광주.파주.이천.평택	7,000만원 이하	2,300만원 까지
	그 밖의 지역	6,000만원 이하	2,000만원 까지

※ 2023년도 부터는 각 권역별로 소액임차인 범위를 일괄 1500만원 상향 조정했고, 최우선변제금액도 500만원 올렸다. 예를 들어 서울에서 전세보증금은 1억 5000만원 이하에서 1억 6500만원 이하로 확대되며, 최우선변제금도 5000만원에서 5500만원으로 올라 갔다.

Chapter 5. 임대차보호법 분석과 주요 판례

주택임대차보호법을 받는 적용범위는 제2조에 있다. "이 법은 주거용 건물(이하 "주택"이라 한다)의 전부 또는 일부의 임대차에 관하여 적용한다." 여기서 말하는 주거용과 비주거용의 구분은 임차건물이 일상생활을 하는데 사용되느냐 하는 사실상의 용도를 기준으로 판단된다. 다시 말해 건물의 등기나 건축허가 등의 내용과는 무관하다. 판례는 "주택임대차보호법 제2조 소정의 주거용 건물에 해당하는지 여부는 공부상의 표시만을 기준으로 할 것이 아니라, 그 실지용도에 따라서 정하여야 하고, 주거용과 비주거용이 겸용되는 경우에는 임대차목적물의 이용관계, 임차인이 그곳에서 일상생활을 영위하는지 여부 등을 고려하여 합목적적으로 결정해야 한다(대판1988.12.27., 87다카2024)."고 하고 있다. 주거용건물인지의 판단시점은 임대차계약체결시를 기준이며 사례를 통해 확인해 본다.

1. 주택임대차 보호법의 적용여부

1) 주택임대차보호법의 적용을 받는 임차인

① 임대차 목적물상에 공부상의 표시만을 기준으로 할 것이 아니라, 실질 용도로 검토하여야 한다.

건물의 일부가 임대차의 목적이 되어 주거용과 비주거용으로 겸용되는 경우에는 임대차의 목적, 건물의 구조, 이용관계 그리고 일상생활 여부를 참작하여 결정해야 한다. 비주거용 건물의 일부가 주거용으로 사용하고 있는 경우에는 주거용으로 보지 않는다(교회건물 안에 거실과 부엌이 설치되어 있어 주거가 가능한 경우 등). 그러나 임대차계약 당시에 비주거용 건물이라도 나중에 다른 선순위의 저당권 설정이 없는 경우, 임대인의 승낙하에 주거용으로 개조한 경우에는 이 법상의 '주거용 건물'로 본다. 또한 "주택으로서의 구조가 불법적인 용도변경에 의한 것이라고 하더라도 건물은 주택임대차보호법의 적용대상에 포함된다."[광주지방법원 2008. 6. 4. 선고 2007가단92273]

② 주택임차인이 외국인인 경우

외국인 등록증번호 또는 외국국적동포 국내거소 신고증으로 체류지 변경신고를 한 경우 주택임대차보호법의 적용을 받는다(여권번호만 가지고 계약할 경우 주택임대차보호법 적용 대상이 아니다). 만약 외국인이 주택을 임차하여 출입국관리법에 의한 체류지 변경신고를 하였다면 거래의 안전을 위하여 임차권의 존재를 제3자가 명백히 인식할 수 있는 공시의 방법으로 주민등록을 마쳤다고 보아야 한다.(서울민사지법 선고 93가합73367)

③ 대항력이 인정되는 법인
LH공사, 지방공기업법에 따라 설립된 서울특별시 SH공사, 경기지방공사 등.
"국민주택기금을 재원으로 하여 저소득층 무주택자에게 주거생활 안정을 목적으로 전세임대주택을 지원하는 법인이 주택을 임차한 후 지방자치단체의 장 또는 그 법인이 선정한 입주자가 그 주택을 인도받고 주민등록을 마쳤을 때에는 대항력을 취득한다".(법 제3조2항)

④ 적법한 임대 권한을 가진 명의신탁자와의 사이에 임대차계약을 체결한 임차인

⑤ 대지를 실질적으로 매수한 건축주가 대지대금의 담보를 위해 건축허가 및 등기를 대지 소유자의 명의로 한 경우(실질적인 건축주로부터 건물을 임차한 임차인은 대항력이 있다).

2) 주택임대차 보호법의 적용을 받지 못하는 임차인

① 일시사용을 위한 임대차는 주택임대차보호법의 적용을 받지 못한다.

② 채권담보의 목적을 임대차계약 형식으로 주택 인도와 주민등록을 마친 임차인
"임대차계약의 주된 목적이 주택을 사용·수익하려는 것이 아니고 대항력 있는 임차인으로 보호받아 기존 채권을 회수하려는 것에 있는 경우, 주택임대차보호법상의 대항력은 없다."(대법원 2001.5.8.선고 2001다14733 판결). 다만, 채권액을 보증금으로 전환하여 임대차계약을 체결하고 실질적으로 생활하며 전입신고를 하였다면 대항력 요건을 갖춘 것으로 본다.

③ 임차주택의 양도담보권자(양도담보권자는 채권자일 뿐이다)

"주택의 양도담보의 경우는 채권담보를 위하여 신탁적으로 양도담보권자에게 주택의 소유권이 이전될 뿐이어서 특별한 사정이 없는 한, 양도담보권자가 주택의 사용수익권을 갖게 되는 것이 아니고 또 주택의 소유권이 양도담보권자에게 확정적, 종국적으로 이전되는 것도 아니므로 양도담보권자는 이 법 조항에서 말하는 '양수인'에 해당되지 아니한다고 보는 것이 상당하다."[대법원 선고 93다4083 판결]

2. 대항력에 있어서 중요사항

① 대항력 있는 임차인여부는 건물등기부를 기준으로 판단한다.

② 임차인의 주민등록지 주소와 임대차계약서상의 주소가 다른 경우 **주민등록지 주소를 기준으로 대항력 유무를 판단**한다.

☞ 임대차계약서는 임대차사실을 입증하는 증거서류에 불과하며 대항력 취득요건이 아니다. 따라서 임대차계약서에 임대차목적물을 표시하면서 아파트의 명칭과 동.호수가 누락되었다 하더라도 주민등록과 실제 거주하는 주택이 일치하면 대항력발생에 영향을 미치지 않는다.

③ 주민등록 의무자인 임차인이 잘못된 신고에 의한 정정인 경우 특수주소변경에 의해 올바르게 주민등록이 됐을 때 대항력이 발생한다.

☞ 특수주소변경이란 주택법 규정에 의한 공동주택의 호수를 표기할 때 지번 다음에 명칭. 동. 호수를 표기하는 것을 말한다. 주민등록법상으로는 거주지 이동 없이 명칭. 동. 호수가 변경된 것을 말한다.

④ 다가구주택은 건축법상 단독주택에 해당되므로 주민등록은 지번만 기재하면 된다.(집합건축물관리대장이 작성되지 않은 경우도 포함)

"다가구용 단독주택에 관하여 집합건물의소유및관리에 관한 법률에 의하여 구분건물로의 구분등기가 경료되었으나 집합건축물관리대장이 작성되지 않은 경우, 그 건물의 일부나 전부의 임차인이 전유부분의 표시 없이 지번만 기재하여 한 전입신고는 그 임대차의 유효한 공시방법이다."(대법원2002.3.15.선고2001다80204판결)

⑤ 분양계약자인 소유자 앞으로 소유권이전등기가 되기 전에 전입한 임차인은 소유권이전등기를 마치는 즉시 또는 건물보존등기와 동시에 대항력을 취득한다.

⑥ 상가임차인은 주택임차인과 달리 **임대차계약서와 사업자등록**이 기준이 된다.

상가건물임대차에 있어서는 임대차계약서가 사업자등록의 첨부 서류로서 공시되므로 임대차계약서의 목적물의 표시가 건축물관리대장이나 등기부등본의 표시와 일치하지 않으면 대항력은 상실한다.

⑦ **처분금지가처분 이후 전입한 임차인은 가처분권자가 승소시 보호 받지 못한다.**

가처분이후에 설정된 임차인의 경우 가처분권자가 본안소송에서 승소한다면 그 임차권은 가처분에 위배되는 처분행위가 되므로 주택임대차보호법상의 소액임차인이라 하더라도 최우선변제권을 행사할 수 없다. 단 이전 소유자와 임대차계약을 체결한 경우에 임차인의 대항력은 인정 된다.

3. 우선변제권에서의 중요사항

① 대항력과 우선변제권 있는 임차인이 배당요구를 하였으나 일부만 배달 받은 후 임차목적물을 계속하여 사용·수익하는 경우, 매수인은 임차인에게 배당받은 보증금에 대해 부당이득반환청구를 할 수 있다.

"주택임대차보호법상 대항력과 우선변제권의 두 가지 권리를 겸유하고 있는 임차인이 우선변제권 선택하여 임차주택에 대하여 진행되고 있는 경매절차에서 보증금에 대하여 배당요구를 한 경우 즉, 임차인에 대한 배당표가 확정될 때까지는 경락인에 대하여 임차주택의 명도를 거절할 수 있다 할 것이므로, 그 때까지 임차인의 점유는 법률상 원인 없는 점유라고 할 수 없어 그 점유로 인한 부당이득반환의무를 지지 않으나, 배당표 확정 이후의 점유는 경락인에 대하여 법률상 원인 없는 점유로 된다 할 것이므로, 그 점유 사용으로 인한 부당이득반환의무를 부담하게 된다."(서울지방법원 1999.1.01.선고 98나18178)

② 주택임차인은 주택뿐만이 아니라 대지만의 환가대금에 대하여도 우선변제권을 행사할 수 있다.

"대항요건 및 확정일자를 갖춘 임차인과 소액임차인은 임차주택과 그 대지가 함께 경매될 경우뿐만 아니라 임차주택과 별도로 그 대지만이 경매될 경우에도 그 대지의 환가대금에 대하여 우선변제권을 행사할 수 있다. [대법원 2007. 6.21. 선고 2004다26133] 단, 법정지상권이 성립되지 않는 주택의 소액임차인은 최우선변제권을 행사할 수 없다.

③ 대항력있는 임차인이 제1경매절차에서 보증금을 전액 못 받은(또는 일부만 받은) 경우에 제2경매 절차에서 나머지 보증금에 대해서는 우선변제권을 주장할 수 없다. 소액임차인의 최우선변제권도 마찬가지다.

"주택임대차보호법상의 대항력과 우선변제권의 두 가지 권리를 함께 가지고 있는 임차인이 우선변제권을 선택하여 제1경매절차에서 보증금 전액에 대하여 배당요구를 하였으나 보증금 전액을 배당받을 수 없었던 때에는 경락인에게 대항하여 이를 반환받을 때까지 임대차관계의 존속을 주장할 수 있을 뿐이고, 임차인의 우선변제권은 경락으로 인하여 소멸하는 것이므로 제2경매절차에서 우선변제권에 의한 배당을 받을 수 없다."[대법원 2006. 2.10. 선고 2005다21166]

④ 가등기 후 보증금을 증액한 경우 증액분에 대해서 우선변제가 가능하다. 가등기 후 본등기가 이루어진 경우 가등기의 순위보전 효력에 의해 대항하지 못한다.

4. 최우선변제에서의 중요사항

① 임대인이 토지와 주택에 대해 근저당권을 설정하였다가 주택을 멸실시키고 신축 후 임대한 경우 최우선변제권이 인정된다.

"토지에 대한 근저당권의 실행으로 주택이 일괄 매각될 경우 주택임차인은 토지부분에 대해서도 최우선변제를 받을 수 있다."(서울서부지법 1998.7.22. 선고97가단37992 판결)

즉, 이는 이미 주택에 대해 최우선변제권이 인정될 소액임차인이 존재하리라는 것을 근저당권자가 근저당권을 설정하였을 당시 감안하였다는 것을 명시한 판결문이기도 하다.

② 나대지에 저당권이 설정된 후 주택을 신축 후 임대하였다면 이때는 최우선변제를 받을 수 없다.

우선변제의 경우 나대지의 저당권자는 우선변제 받는 확정일자임차인보다 순위가 앞서기 때문에 불이익이 없어 배당에 참여하지만 최우선변제의 경우 소액임차인에게 최우선변제를 인정하면 저당권자가 예측할 수 없는 손해를 입게되는 범위가 지나치게 확대되어 부당하기 때문이다.

③ 전대인이 소액임차인에 해당되면 전대인으로부터 적법하게 전차한 소액 전차인도 최우선변제권을 행사할 수 있다. 그러나 전차인이나 양수인 자신은 우선변제권을 주장할 수 없다. 다만 임차인이 보증금을 반환 받을 때까지 주택을 적법하게 점유. 사용할 수 있을 뿐이다(대법원 1988.4.25. 선고87다카2509판결).

④ 공유지분경매시 공동임대인의 보증금반환채무는 불가분채무이다. 따라서 임차보증금은 전액을 가지고 판단해야 할 사항이다.

5. 임차권등기명령

1) 임차권등기명령의 특징

① 임차권등기명령은 주민등록 전입이 요건이 아니기 때문에 건축물관리대장상 주거용이 아니어도 가능하며, 임차인은 임차권등기명령의 집행에 따른 임차권등기를 마치면 대항력과 우선변제권을 취득한다.

② 임차인이 임차권등기 이전에 이미 대항력이나 우선변제권을 취득한 경우에는 그 대항력이나 우선변제권은 그대로 유지되며, 임차권등기이후에는 대항요건을 상실하더라도 이미 취득한 대항력이나 우선변제권을 상실하지 아니한다. [개정2007.8.3.]

③ 임차권등기명령의 집행에 따른 임차권등기가 끝난 주택을 그 이후에 임차한 임차인은 소액이더라도 최우선변제권은 없고 순위에 따른 우선변제권만 있다.(법 제3조의3)

④ 임차권등기명령에 의한 등기를 한 임차인은 이미 집을 비우고 이사를 하였기 때문에 매수인의 명도확인서가 필요없다.

2) 판례에서의 임차권등기권자의 의무

① 임차권등기권자는 당연 배당권자이다.

"임차권등기명령에 의하여 임차권등기를 한 임차인은 우선변제권을 가지며, 위 임차권등기는 임차인으로 하여금 기왕의 대항력이나 우선변제권을 유지하도록 해 주는 담보적 기능을 주목적으로 하고 있으므로, 위 임차권등기가 첫 경매개시결정등기 전에 등기된 경우, 배당받을 채권자의 범위에 관하여 규정하고 있는 민사집행법 제148조 제4호의 "저당권·전세권, 그 밖의 우선변제청구권으로서 첫 경매개시결정 등기 전에 등기되었고 매각으로 소멸하는 것을 가진 채권자"에 준하여, 그 임차인은 별도로 배당요구를 하지 않아도 당연히 배당받을 채권자에 속하는 것으로 보아야 한다."[대법원 2005. 9.15. 선고 2005다33039]

② 임차권등기권자의 대항력은 임차권등기가 된 때가 아닌 본래의 대항력을 취득한 때를 기준으로 매수인에 대항할 수 있는지를 판단한다.

"대항력을 취득하지 못한 임차인의 경우에는 임차권등기명령에 의한 등기가 된 때에 비로소 대항력이 생기므로 등기된 때를 기준으로 매수인에 대항할 수 있는지를 판단하지만, 임차권등기 이전에 대항력을 갖춘 임차인의 경우에는 임차권등기명령에 의한 등기가 됨으로써 그 후 대항요건을 갖추지 아니하여도 이미 취득한 대항력 취득의 효력이 계속 유지되므로, 이 경우에는 임차권등기가 된 때가 아닌 본래의 대항력을 취득한 때를 기준으로 매수인에 대항할 수 있는지를 판단하여야 한다." [부산고등법원 2006.5.3. 선고 2005나17600]

③ 임차권등기의 말소에도 불구하고 임차인이 이미 취득한 대항력은 유지된다.

"주택임차권등기는 임차인으로 하여금 기왕의 대항력을 유지하도록 해 주는 담보적 기능을 주목적으로 하고 있으므로, 임차인이 경매절차에서 임차보증금 전액을 배당받지 못하였음에도 경매법원의 잘못된 촉탁에 의하여 임차권등기가 원인 없이 말소되었고, 그에 대하여 임차인에게 책임을 물을 만한 사유도 없는 이상, 임차권등기의 말소에도 불구하고 임차인이 이미 취득한 대항력은 그대로 유지된다." [부산고등법원 2006. 5. 3. 선고 2005나17600]

④ 임대인의 임대차보증금의 반환의무가 임차인의 임차권등기 말소의무보다 먼저 이행되어야 할 의무이다.

"임차권등기는 임차인으로 하여금 기왕의 대항력이나 우선변제권을 유지하도록 해 주는 담보적 기능만을 주목적으로 하는 점 등에 비추어 볼 때, 임대인의 임대차보증금의 반환의무가 임차인의 임차권등기 말소의무보다 먼저 이행되어야 할 의무이다."[대법원 2005. 6. 9. 선고 2005다4529]

6. 기타 임대차관련 판례

[사례 1]

한 건물의 주거용 부분과 비주거용부분이 함께 임대차의 목적이 된 경우 주거용을 폭넓게 인정하고 있는 추세에 있다. 주거용과 비주거용의 구분은 그 건물의 위치, 구조, 객관적 용도, 실제이용관계 등을 고려하여 합목적적으로 판단해야 한다. 주거용 부분이 주가되고 비주거용이 부수적인 경우에는 그 전체에 대해 주택임대차보호법이 적용된다. (대판 1995.3.10.,94다52522).

[사례 2]

미등기건물이라도 주택인 이상, 무허가건물이나, 건축허가를 받았으나 사용승인을 받지 못한 건물도 주택임대차보호법의 보호를 받는다(대판 1987.3.24.,86다카164).

[사례 3]

공부상 단층 작업소 및 근린생활 시설이나, 실제 주거용과 비주거용으로 겸용되고 있는 경우, 비주거용으로 사용되는 부분이 더 넓기는 하지만 주거용으로 사용되는 부분도 상당한 면적이고 이것이 임차인의 유일한 주거인 경우 주택임대차보호법에서 정한 주거용 건물로 인정해야 한다(대판 1995.3.10.,94다52522).

[사례 4]

점포 딸린 주택의 경우 주택임대차보호법의 보호를 받는다. 판례에 따르면, 1층이 공부상으로 소매점으로 표시되어 있으나, 실제로 그 면적의 절반은 방 2칸으로, 나머지 절반은 소매점 등 영업을 위한 홀로 이루어져 있고, 임차인이 이를 임차하여 가족들과 함께 거주하면서 음식점영업을 하였다면 보호대상이 된다(대법원 1996.5.31., 96다5971).

[사례 5]

공부상 용도는 공장이나, 현재 주거로 사용하는 경우 주택임대차보호법의 보호를 받는다. 공부상 용도가 상가, 공장으로 되어 있어도 이미 건물의 내부구조 및 형태가 주거용으로 용도변경된 건물을 임차하여 이곳에서 일상생활을 하고 있었다면 주택임대차보호법이 적용된다(대법원 1988.12.27., 87다카2024).

[사례 6]
 옥탑을 주거용으로 임차한 경우 주택임대차보호법의 보호를 받는다. 옥탑방을 주거용으로 하는 임대차 계약을 체결하고 그 곳에서 주거생활을 하여 왔다면 비록 옥탑이 불법건축물로서 행정기관에 의해 철거될 수 있다 하더라도 임차당시 주거용으로 실질적 형태를 갖추고 있고 주거용으로 사용해 왔다면 주택임대차보호법의 보호를 받을 수 있다.

[사례 7]
임대기간중 비주거용 건물을 주거용으로 개조한 경우 원칙적으로 주택임대차보호법의 보호를 받지 못한다. 다만, 임차인의 승낙을 얻어 주거용으로 개조한 경우에는 계약의 변경으로 보아 개조한 때부터 보호받을 수 있다.

Chapter 6. 상가건물임대차 보호법

1. 상가건물임대차 보호법 적용

상가건물임대차보호법(이하 상임법)은 상가건물 임대차에 관하여 "민법"에 대한 특례를 규정하여 국민 경제생활의 안정을 보장함을 목적으로 한다(상임법 제1조). 이 법은 2002년 11월 1일부터 시행되고 있다. "상임법"은 강행규정으로, 이 법에 위반된 임대차 약정으로써 임차인에게 불리한 것은 그 효력이 없으며(상임법 제15조), 사업자등록의 대상이 되는 건물이라면 영업용 법인을 포함 모두 적용된다(상임법 제2조제1항). 다만 비사업용건물이나 비영업용인 종중. 동창회 사무소 등의 계약에는 적용되지 않는다. 경매 대상 부동산의 상가임차인이 상가임대차보호법의 적용을 받기 위해서는 다음과 같은 기본 조건을 갖추어야 한다

1) 경매개시결정등기일 이전에 사업자등록과 건물의 인도가 있어야 한다.

2) 등기부상 최초 소멸기준권리등기가 2002.11.1. 이후에 설정되어야 한다.

☞ 상가건물 임차인이 이 법 시행일 2002.11.1. 이전에 대항력 요건을 갖춘 경우 이 법 시행일인 2002.11.1.부터 대항력을 취득한 것으로 본다.

3) 대통령령이 정하는 보증금액을 초과하는 임대차에는 적용되지 않는다(상임법 제2조제1항) ※ 환산보증금이란 실제 보증금에 (월세 x 100)를 더한 금액을 말한다.

ex1) 보증금1,000만원과 월세 50만원으로 세든 상가임차인의 환산보증금은?
    1,000만원+(50만원 x 100)=6,000만원

ex2) 2020년 과밀억제권역 소재 상가건물의 보증금 1억원, 월세 600만원인 경우에 "상임법"의 "상임법"의 적용을 받을 수 있는가? 받지 못한다.
1억 + (600만 x 100) = 7억 (2019년 4월 2일 이후 보증금 상한액 6억9천만 원)

※ 환산보증금시 부가가치세포함 여부

　임대차계약서에 '부가가치세 별도' 라는 특약사항이 있는 경우에는 차임의 범위가 분명 하므로 환산금액에 포함되지 않는다."[수원지법 2009.4.29. 선고 2008나27056 판결]

2. 상가건물임대차보호법 중요사항

1) 대항력

　① 당해소재지 관할 세무서에 사업자등록을 신청해야 하며 사업자등록신청을 한 다음날 익일부터 대항력을 갖는다(법 제3조) 따라서 사업자등록을 하지 못하는 법인, 동창회, 사무실, 친목단체 등은 이 법의 적용 대상이 되지 않는다.

　② 대항력을 유지하기 위해서는 임차인의 사업자등록의 말소 또는 변경을 하면 안된다. 사실상 사업을 폐지한 사업자는 사업자 등록이 형식적으로 존속한다 하여도 이미 사업자의 지위를 상실하였으므로 대항력은 인정되지 않는다. 또한 사업자등록이 직권 말소된 때부터 사업자등록의 효력은 상실한다. 단 직권말소처분이 부적법하여 관할 세무서장이 위 말소처분을 철회하거나, 취소소송에 의해 위 처분이 취소된 때는 소급효를 인정하여 처음부터 사업자등록이 유효하게 존속한 것으로 본다.

　③ 사업자등록은 상가건물임대차의 공시방법이므로, 임차건물의 실제 표시와 사업자등록의 주소가 동일해야 한다. 또한 임대차계약서에 기재된 건물의 표시와 도면에 표시된 임차목적물의 표시가 그 위치 및 면적에 있어서 다른 경우 그 범위가 더 작은 쪽을 임차목적물로 판단하며, 다른 경우라면 대항력을 인정받기 어렵다.

　④ 사실상 임대차계약서상 임차인과 사업자등록신청서의 등록인이 동일인이 아니면 대항력이 발생하지 않는다. 단, 부부인 경우 주민등록등본이나 가족관계증명서 등 관계서류로 소명할 수 있다.

⑤ 임대차계약서상 목적물의 표시가 등기부등본과 다를 경우 대항력이 발생하지 않는다.

⑥ 임대차계약서에 기재된 건물의 표시와 도면에 표시된 임차목적물의 표시가 그 위치 및 면적에 있어서 다른 경우 그 범위가 더 작은 쪽을 임차목적물로 판단하지만, 완전히 다른 경우라면 대항력을 인정받기 어렵다.

2) 보증금의 우선변제권

대항요건을 갖추고 관할세무서장으로부터 임대차계약서상의 확정일자를 받은 상가건물 임차인은 민사집행법에 의한 경매나, 국세징수법에 의한 공매시 임차건물의 환가 대금에서 후순위 권리자 그 밖의 채권자보다 우선하여 보증금을 변제 받을 권리가 있다.(법 제5조 2항)

3) 보증금중 일정액의 최우선변제권

환산보증금이 일정액이하의 영세임차인(소액임차인)은 선순위채권자보다 우선하여 받을 수 있는 소액임차인 최우선배당금이 있다.
※ 우선변제를 받을 임차인 및 보증금 중 일정액의 범위와 기준은 임대건물가액(임대인 소유의 대지가액을 포함한다)의 2분의 1 범위이내로 한다.

4) 월 차임 전환 시 산정률의 제한(상가건물임대차보호법 제12조)

보증금의 전부 또는 일부를 월 단위의 차임으로 전환하는 경우에는 그 전환되는 금액에 다음 각 호 중 낮은 비율을 곱한 월 차임의 범위를 초과할 수 없다. <개정 2010.5.17., 2013.8.13>
1. "은행법"에 따른 은행의 대출금리 및 해당 지역의 경제 여건 등을 고려하여 대통령령으로 정하는 비율
2. 한국은행에서 공시한 기준금리에 대통령령으로 정하는 배수를 곱한 비율(현 4.5배 비율)
ex) 한국은행 기준금리 x 배수4.5 비율 또는 대통령령으로 정하는 연 12% 중 낮은 금액
　　☞ 5천만원 월세 전환시 월 50만원 (5천만 x 연 12% 나누기 12개월)

5) 계약갱신청구권

　상가임대인은 임차인이 임대차기간 만료 전 6월부터 2월까지 사이에 행하는 계약갱신요구에 대하여 정당한 사유 없이 거절하지 못한다.
　임차인의 계약갱신청구권 최초의 임대차기간을 포함하여 전체 임대차기간이 10년을 초과하지 않는 범위 내에서만 행사할 수 있다(법 제10조).
　또한 임차인이 3기의 차임액에 해당하는 전 임대인과의 계약기간 중에도 연체된 차임이 있는 경우에는 이를 포함시키고 있다.(제10조 1항제1조)

Chapter 7. 배당과 배당순서

1. 배당

배당은 경매 대상 부동산의 매각대금으로 채권자들의 채권을 우선순위에 따라 지급하는 절차를 말한다. 법원은 채권자들의 배당우선순위를 정하고 그 우선순위에 따라 배당을 정하는데 매각대금이 채권총액보다 많다면 모든 채권자들이 배당을 받고 소유주에게 돌아가지만 대부분 채권총액이 매각대금을 초과하므로 배당이 필요하게 된다. 또한 부실채권(NPL) 매입시 배당은 필수적으로 이해해야 한다.

1) 배당요구를 해야 배당받을 수 있는 자

제88조(배당요구) 배당요구는 배당요구종기일 이전까지 하여야 한다.

① 집행력 있는 정본을 가진 채권자(집행권원)
* 부여된 판결문, 지급명령결정문, 공정증서, 회해조서, 조정조서 등
② 민법·상법, 그 밖의 법률에 의하여 우선변제청구권이 있는 채권자
* 확정일자를 갖춘 주택과 상가의 임차인, 최우선변제권을 갖춘 주택과 상가의 소액임차인 임금채권, 국세, 지방세, 건강보험료 등
③ 경매개시결정이 등기된 뒤에 가압류를 한 채권자, 임차권등기명령등기권자, 근저당권자, 전세권자, 체납처분에 의한 압류등기
④ 이중경매신청 채권자는 선행경매사건의 배당요구 종기일까지 경매신청 및 배당요구를 하여야 한다.

2) 당연배당권자

민사집행법 제148조(배당받을 채권자의 범위)

① 배당요구의 종기까지 경매신청을 한 압류채권자

② 배당요구의 종기까지 배당요구를 한 채권자(국세.지방세 교부청구 포함)

③ 첫 경매개시결정등기전에 등기된 가압류채권자

④ 저당권·전세권, 그 밖의 우선변제청구권으로서 첫 경매개시결정등기전에 등기되었고 매각으로 소멸하는 것을 가진 채권자

3) 배당요구의 철회

배당요구를 한 채권자는 자유롭게 배당요구를 철회할 수 있지만, 배당요구에 따라 매수인이 인수하여야 할 부담이 바뀌는 경우에는 배당요구한 채권자는 배당요구종기일이 지난 뒤에는 이를 철회하지 못한다(선순위임차인, 선순위전세권자, 가등기기담보권자 등은 철회할 수 없으나 후순위 임차인인 경우에는 배당요구종기일이 지났어도 철회가 가능하다)

2. 배당순위

1) 담보물권(저당권부 채권)이 있는 경우의 배당순위

.경매실행비용(0 순위)

① 경매집행비용(집행관의 집행수수료, 현황조사비용, 감정평가료, 경매개시결정등기 촉탁비용, 경매신청 인지대, 우편송달료, 각종 첨부서류 발급비용 등)

② 필요비와 유익비(저당물의 제3취득자나 임차인 등이 해당 부동산의 객관적 가치를 증가시키기 위해 투입한 비용과 부동산의 보존을 위해 지출한 비용 등)

1순위) 최우선변제(동순위)

① 소액임차인(주택.상가건물임대차)

② 임금채권(최종임금 3개월)

③ 재해보상금

2순위) 당해세

　　당해세는 부동산 자체의 담세력(조세부담 능력)을 인정하는 세금으로 당해 재산에 대해 부과된 국세와 지방세를 말한다.

① 국세 : 상속세, 증여세, 재평가세, 종합부동산세

　"당해세는 저당권 등 다른 담보물권보다는 언제나 우선한다. 다만 목적물이 양도된 경우에는 양도인인 저당권설정자에게 부과된 세금에 한하여 당해세가 우선하지 양수인에게 부과된 당해세는 기존의 저당권자에게 우선하지 못한다."[대법원 1990.7.10. 선고89다카13155]

② 지방세: 재산세(공동시설세 포함), 자동차세(공매시 해당) 및 재산세와 자동차세에 따른 지방교육세

☞ 경매기입등기 전에 등기부에 압류등기를 해놓지 않았다면 배당요구종기일까지 배당요구를 하여야한다

3순위) 담보권과 일반 조세채권의 법정기일

　　담보권(저당권, 담보가등기, 전세권, 확정일자 임차권, 등기된 임차권)과 조세채권 법정기일 중 시간이 빠른 것이 우선한다.

4순위) 담보물권

① 근저당권, 전세권, 담보가등기 등 담보물권의 등기
② 확정일자가 있는 임차인, 임차권등기권자 등

▶ 조세의 법정기일과 담보권의 기산일이 같으면 국세기본법 규정에 의해 조세가 우선한다 (국세기본법 제35조 제1항 3호).

▶ 세금의 종류별 법정기일

① 과세표준과 세액의 신고에 의하여 납세의무가 확정되는 지방세는 신고한 당해 세액에 대한 신고일(취득세 등).
② 과세표준과 세액을 지방자치단체가 결정·경정하여 고지한 당해 세액에 대하여는 그 납세고지서 발송일.
③ 양도담보 재산에 대한 지방세를 징수할 경우에는 납부통지서 발송일
④ 조세채권 확정 전에 납세자의 재산을 압류한 경우에는 압류등기일 또는 등록일.
⑤ 가산세의 법정기일은 납세고지서의 발송일(대법원 2001.4.24. 2001다10076),
⑥ 가산금 및 중가산금의 법정기일은 납부고지서에 고지된 납부기한이나 그 이후 소정의 기한을 도과한 때(대법원 2002.2.8. 2001다74018).

※ 조세채권의 종류

1. 국세: 국가가 과세하는 세금으로서 소득세, 법인세, 상속세, 증여세, 재평가세, 부당이득세, 부가가치세, 특별소비세, 주세, 전화세, 인지세, 증권거래세, 관세, 임시수입부가세, 교육세, 교통세, 농어촌특별세 등.

2. 지방세: 지방자치단체가 과세하는 세금으로서 보통세인 취득세, 등록세, 면허세, 주민세, 재산세, 종합토지세, 자동차세, 주행세, 농지세, 담배소비세, 도축세, 경주·마권세와 목적세인 도시계획세, 공동시설세, 사업소세, 지역개발세 등

기타 변제순서

① 조세(국세_부가가치세, 사업소득세, 종합소득세/ 지방세_취득세, 등록세)

일반변제(안분비례)

② 공과금(건강보험, 국민연금, 고용보험, 산재보험 등)

③ 일반채권(일반 가압류채권, 강제경매신청채권, 집행력있는 채무권원_확정된 판결문, 집행문을 부여받은 공정증서 등, 확정일자가 없는 임차인, 일반채권자

④ 잉여가 있을 경우 소유자에게 배당 됨.

2. 담보물권(저당권부 채권)이 없는 경우의 배당순위

경매집행비용

필요비. 유익비

소액임차보증금

☞ 일반 임금채권자는 조세권자보다는 항상 우선 한다.

임금우선변제금

일반임금채권

당해세

일반조세채권

공과금

일반채권

3. 실전배당연습

1) 물권만 있는 경우(배당금액 1억 원)

등기일자	등기내용	금액(만 원)	배당(만 원)	비고
2020. 6. 10	저당권 A	6,000	6,000	우선변제
2020. 7. 10	저당권 B	5,000	4,000	우선변제
2020. 8. 10	저당권 C	4,000	0	배당없음

☞ 물권의 우선변제권이란 시간이 빠르면 자기 채권액에 해당하는 채권액 전부를 우선변제 받는다는 것이다. 따라서 저당권 A는 6,000만원을 가장 먼저 배당 받고 저당권 B는 4,000만원만 받는다. 저당권 C는 무일푼으로 소멸되고 배당은 종료 된다.

2) 채권만 있는 경우(배당금액 1억 원)

등기일자	등기내용	금액(만 원)	배당(만 원)	비고
2020. 6. 10	가압류 A	6,000	4,000	안분배당
2020. 7. 10	가압류 B	5,000	3,333	안분배당
2020. 8. 10	가압류 C	4,000	2,667	안분배당

☞ 채권은 채권평등의 원칙에 따라 모두가 동일하게 안분배당 한다. 즉, 자기 채권의 비율만큼만 안분하여 배당을 받는다. 가압류 A, B, C의 총금액인 1억5천만 원으로 안분하게 된다.

3) 물권과 채권이 같이 있는 경우(배당금액 1억 원)

등기일자	등기내용	금액(만 원)	배당(만 원)	비고
2020. 6. 10	가압류 A	3,000	2,300	안분배당
2020. 7. 10	저당권 B	6,000	6,000	안분·흡수배당
2020. 8. 10	저당권 C	4,000	1,700	안분·흡수배당

☞ 채권의 등기순서가 빠른 경우 등기상의 배당받을 권리는 모두 안분배당 한 후 2차로 물권자가 자기채권액에 만족할 때까지 후순위로부터 흡수하여 배당 받는다

4) 물권과 채권 임차인이 혼재한 경우(배당금액 1억 원)

등기일자	등기내용	금액(만 원)	배당(만 원)	비고
2004.3.10	저당권A	4,000	4,000	안분배당
2005.4.10	가압류B	3,000	7,586,207	안분·흡수배당
2006.5.10	저당권C	5,000	36,413,793	안분·흡수배당
2007.6.10	임차인D(확정/배당)	7,000	0	안분·흡수배당
2008.7.10	임차인E(확정/배당)	4,000	16,000,000	
2009.8.10	임차인F(배당만)	8,000	0	

☞ 위의 배당 순서는 아래와 같다.
1. 소액임차인의 최우선변제
2. 저당권자의 우선변제
3. 가압류B로 인하여 안분배당
4. 저당권C는 물권자로서 후순위로부터 흡수배당

☞ 1차배당
임차인 E는 소액임차인으로 먼저 최우선변제금 1,600만 원을 배당 받고 저당권 A가 4,000만 원을 배당 받는다. 그 후 남은 배당재원 4,400만 원으로 B. C. D. E에게 배당을 한다.

☞ 2차 배당
A. C. D. E 총 채권액 17,400만 원 : 가압류 B 7,586,207원 / 저당권 C 12,643,678원 / 임차인D: 17,701,149원 / 임차인 E: 6,068,966원

4. 토지와 건물의 채권자가 다를 경우 배당방법

1) 나대지 상태에서 토지에만 근저당권을 설정하고 나서 건물이 신축된 경우.

　나대지인 토지에 먼저 저당권을 설정 한 후 주택 신축으로 인한 일괄경매 신청시 우선 법정지상권 문제가 발생한다. 나대지 상태에서 토지에만 근저당권을 설정한 후 건물이 신축되었으므로 법정지상권은 성립하지 않는다(민법 제366조). 낙찰대금 중 토지에 안분할 매각대금은 법정지상권 등 이용 제한이 없는 상태의 토지로 평가하여 산정을 하여야 한다.
　배당방법은 먼저 최초의 감정가격에서 건물과 토지의 비율을 계산하고, 매각대금에 이 비율을 곱하여 건물과 토지 배당금을 계산하는데 이때 신축된 건물의 임차인은 나대지상에서 설정된 토지저당권자보다 소액보증금 일정액을 우선 변제 받을 수 없으며 확정일자에 의한 우선변제권 또한 토지저당권자보다 우선하여 변제받지 못한다. 임차인은 건물의 매각대금에서만 우선변제와 최우선변제를 받을 수 있다.

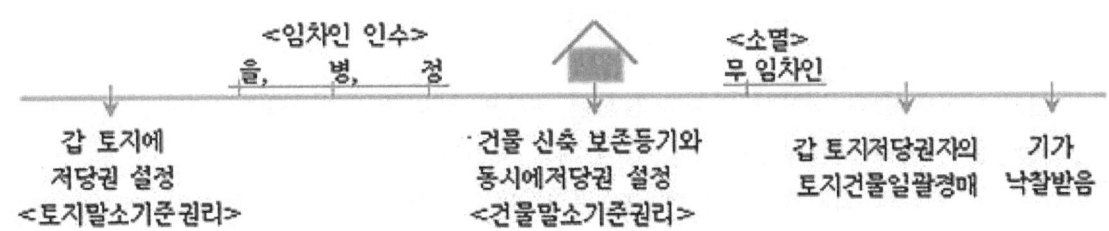

2) 동일소유 토지와 건물에 공동저당권이 설정된 후 건물이 철거되고 나서 신축된 경우

　동일소유 토지와 건물에 공동저당권이 설정된 후 건물이 철거되고 나서 신축된 건물에 토지의 저당권과 동일한 순위의 공동저당권이 설정되지 않은 상태에서 토지와 신축건물이 민법 제365조에 의해 일괄매각된 경우 신축된 건물의 임차인인 토지에만 설정되어 있는 토지저당권자 보다 소액보증금 일정액을 우선변제 받을 수 있으며 대항력 있는 임차인이 있다면 낙찰자는 보증금을 인수해야 한다.

Chapter 8. 명도

1. 명도를 위한 효과적인 단계

물건 선정 시 점유자의 형태를 파악해야 한다. 임장을 나갔을 경우에는 점유자를 미리 만나보아 취하될 가능성여부를 타진하는 것도 필요하다. 또한 현장에서는 법원의 기록에는 나오지 않는 사실관계를 파악할 수 있다. 점유자에게 명도에 대한 부담을 줄여주고 시간적인 여유를 갖게 해야 한다. 상대방에게 이해를 구하는 방법으로 접근하며 감정적인 부분이 전달되지 않도록 하는 한다. 매각대금 완납 시까지는 예비소유자이다.

1) 부동산낙찰에 따른 안내문

부동산 낙찰에 따른 안내문

　　　　　　　　귀하
주소:

　먼저 어려운 일을 당하신 귀하께 심심한 위로의 말씀을 드립니다. 금번　.　. 인천지방법원　경매입찰(채권자:　　　) 에서 귀하께서 점유하고 있는 본 건물을 낙찰받았는 바, 잔금을 납부하기전에 귀하께 통보하여 사전에 명도준비등을 하실 수 있도록 알려드립니다. 기타 제반적인 법률적문제에 대해 궁금한 점이 있으시면(명도합의, 배당수령방법등) 저희 법원경공매전문가가 성심껏 도와 드리도록 하겠습니다. 또한 경.공매 관련업체들에게 자문등을 통해 금전적인 손실을 당할 수도 있사오니 주의하시기 바랍니다. 저희는 귀하이외에는 어떠한 대화에도 응하지 않습니다. 차후에 서로에게 부담이 되는 일(강제명도집행및 부당이득금청구등)이 발생하지 않도록 미리 준비하시어 낙찰자와 잘 협의하여 주시기를 마음으로 부탁드립니다. 안녕히 계십시오.

　　　　　　　　　　　2020.　.　.
　　　　　　　　　위 낙찰자: 경매아재
　　　　　　　　　☎ 010-9287-7700

---

2) 2차 고지문 안내

　안내문 이후에 일정기간 연락이 없다면 명도진행수위를 높일 필요가 있다. 명도에 따른 법적절차를 간략히 설명하고, 매수인이 낙찰 받은 목적(가능한 거주용)과 이자 지출 등을 명확히 전달함과 동시에 해당 명도기일까지 집을 비워주지 않을 경우 예상되는 손해에 대해 그 배상비용 등을 점유자가 부담해야 함을 인식 시킨다.

3) 내용증명

　합의가 되지 않을 경우 법적인 절차를 밟겠다는 강력한 의사를 표현하는 것이 필요하다. 만약 내용증명을 보낸 경우에는 증명부분은 공문서가 되지만, 기타 편지부분은 사문서가 된다. 따라서 내용증명우편이 발신되었다는 것이 진실로 추정된다. 예를 들면 채권자가 채무자에게 계약내용의 이행을 촉구하는 우편을 발송한 후 채무불이행 소송을 제기했을 때 내용증명우편을 증거로 제출하면 채무자가 그 우편내용을 인지했는지의 여부와는 관계없이 우편물이 도달한 것으로 추정된다.

4) 합의문작성

　합의각서를 잘 활용하면 점유자에게 신뢰를 주게하는 효과가 있다. 가능하면 충분한 대화와 설득을 통해 충분히 지켜질 수 있는 내용으로 각서를 작성하도록 한다. 협상시 이사비용 등은 강제집행비용 내에서 제시하며 이때 공과금과 연체 관리비등과 연계하여 협상한다. ☞ 이사비용시 연체관리비를 포함하여 협의해야 한다. 협의가 안되면 일단 관리 사무소에 짐이 집밖으로 나갈 때까지 지연시키는 것이 필요하다.

5) 대금지급 후 인도명령신청

　명도에 대한 협상과 동시에 인도명령신청은 대금지급과 동시에 신청한다. 명도는 항상 예측 하지 못할 변수가 돌출될 수 있다. 대금지급이후부터는 점유자에게 확실한 명도의지를 인식시키고 지연시킴에 따라 손해가 발생할 수 있음을 인식시켜야 한다.

6) 명도확인서

　　매수인이 휘두를 수 있는 가장 유력한 무기이다. 점유해제와 동시에 명도확인서를 건네주거나 배당 기일날 함께 동행하는 것이 좋다.

　　－합의각서(인감증명서첨부)나, **보관확인서**를 작성하는 방법

<합의이행각서>

부동산표시: 경기 부천시 원미구 00동 1621 00 아파트 0동 1201호

　　위 부동산의 전부(방3칸)를 본인이 점유사용하고 있는 임차인(소유자)로서 위 부동산이 경매낙찰 및 소유권이전으로 귀하에게 즉시 명도하여야 하오나, 부득이 개인사정상 **200 년　월 일　시** 까지는 관리비등 공과금일체를 납부하고 무조건 명도하고 이사할 것을 확약하오며, 만약 위 기일까지 명도하지 않을 시에는 귀하나 귀하의 위임을 받은자들이 현광문을 강제로 개방하고 모든 살림살이류 및 물품 일체를 해체하여 집밖으로 들어 내어도 귀하에게 민형사상책임을 묻지 않음은 물론 훼손, 분실등에 관한 손해배상의 책임등을 묻지 않을 것임을 확약하고 합의각서하오며 이에 자필서명 날인합니다.

추가합의내용:
1. 명도시까지 관리비및 일체의 공과금은 이사하는 날까지 정산 납부 한다
2. 이사하기전에 임대차보증금을 수령시에는 쌍방이 합의한 금액을 소유자가
　 정히 보관하기로하며, 위내용을 성실히 이행후 이사및 주민등록퇴거를 완
　 료한후 임차인에게 지급하기로 한다.
3. 건물 내부의 현상태(인테리어및 기존설치시설물등)가 파손, 손괴, 분실등
　 의 사유가 발생시는 보관금에서 실비로 공제하기로 한다(2명이상의 견적)
4. 약정한 날에 명도를 하지 않을 경우 소유권이전일(잔금납부일)부터 이사
　 일까지 낙찰금액및 제비용을 합한 금액에 대하여 년2할에의한 금원의 지
　 체배상금(임료상당)을 소유자에게 지급하기로 한다.

2020.　.　.

위 각서인: 채무자 홍길동　　(인)

(주민번호: 6xxxxx-xxxxxxx)

2. 인도명령

1) 인도명령

매각대금 납부 후, 권원이 없는 점유자가 부동산을 인도하지 않을 경우 매수인이 부동산을 인도받기 위해 법원으로부터 받는 집행권원을 말한다. 매수인 또는 집행채권자의 신청에 의하여 매각허가결정 후 매수인이 인도를 받을 때까지 그 부동산을 법원이 지정하는 관리인에게 인도하도록 명하는 것이다.

▣ 민법 제136조 (부동산의 인도명령 등)

① 법원은 매수인이 대금을 낸 뒤 6월 이내에 신청하면 채무자·소유자 또는 부동산 점유자에 대하여 부동산을 매수인에게 인도하도록 명할 수 있다. 다만, 점유자가 매수인에게 대항할 수 있는 권원에 의하여 점유하고 있는 것으로 인정되는 경우에는 그러하지 아니하다.
② 법원은 매수인 또는 채권자가 신청하면 매각허가가 결정된 뒤 인도할 때까지 관리인에게 부동산을 관리하게 할 것을 명할 수 있다.
③ 제2항의 경우 부동산의 관리를 위하여 필요하면 법원은 매수인 또는 채권자의 신청에 따라 담보를 제공하게 하거나 제공하게 하지 아니하고 제1항의 규정에 준하는 명령을 할 수 있다.
④ 법원이 채무자 및 소유자 외의 점유자에 대하여 제1항 또는 제3항의 규정에 따른 인도명령을 하려면 그 점유자를 심문하여야 한다. 다만, 그 점유자가 매수인에게 대항할 수 있는 권원에 의하여 점유하고 있지 아니함이 명백한 때 또는 이미 그 점유자를 심문한 때에는 그러하지 아니하다.

2) 인도명령대상자

① 채무자, 소유자, 그 동거가족
통상 소유자에 대한 인도명령은 신청 후 3일 이내에 결정문이 나온다.

"부동산의 인도명령의 상대방이 채무자인 경우에 그 인도명령의 집행력은 당해 채무자는 물론 채무자와 한 세대를 구성하며 독립된 생계를 영위하지 아니하는 가족과 같이 그 채무자와 동일시되는 자에게도 미친다."(대법원 1998. 4. 24. 선고 96다30786 판결)

② 피고용인 등 특수관계인으로서 정당한 권원이 없는자
③ 대항력없는 후순위임차인
④ 경매개시결정등기 후의 점유개시자
⑤ 불법적으로 인도집행을 방해할 목적으로 점유한 자
⑥ 배당요구신청한 선순위 임차인(전액배당자한)

3) 인도명령 결정

 법원은 인도명령신청이 있으면 일반적으로 서면에 의한 심리를 한다. 서면심리만으로 인도명령의 허부를 결정할 수도 있고 소환기일을 정하여 심문하거나 변론을 열수도 있다(법 23조 1항). 그밖에 점유자가 매수인에게 대항할 권원을 가진 경우 이외에는 인도명령신청 후 약2주일 이내에 인도명령결정을 하고 그 신청인과 상대방에게 송달한다. 그후 강제집행을 신청시 집행 불능이 되면 집행 불능조서 열람신청을 하여 제3자에 대한 인도명령을 단행할 수 있다.

4) 항고의 제기(2심)

 인도명령결정에 점유자는 즉시 항고(1주일 이내) 할 수 있으며 이때는 변론 기일을 별도로 지정한다. 소유자(채무자)가 항고를 제기할 경우에는 현금 10%을 공탁해야 한다. 이때 매수인은 공탁금에 가압류 한 후 손해배상청구 소를 제기할 수 있음을 주지시켜야 한다.

 항고 시에도 집행은 진행되므로 통상은 집행정지신청도 함께 한다.

3. 점유 이전금지 가처분 신청

  점유 이전금지 가처분은 점유자가 제3자에게 점유를 이전할 것을 대비하여 신청하기도 한다. 경매가 아닌 공매에서는 인도명령신청 제도가 없으므로 명도소송 전에 점유 이전금지 가처분을 신청하는 것이 좋다. 가처분 결정이 나면 점유자가 제3자에게 점유를 이전하여도 새로운 점유자를 상대로 인도명령신청 할 필요 없이 승계집행문을 발급받아 바로 강제집행을 할 수 있다.
  가처분결정을 받아 집행을 할 때는 집행관이 현장에 출두하여 점유자의 신상을 확인하는 과정을 밟는데 신원미상인 불법점유자가 있을 경우 그 자를 상대로 인도명령결정을 받을 수 있다.

4. 명도소송
명도소송대상자는 다음과 같다

① 대항력이 있는 임차인(허위임차인의 심증을 가진 경우도 포함)
② 재 점유한 임차인
③ 매수자가 부동산의 점유를 인도받은 후 불법점유 한 임차인
④ 6월이상 경과한 인도명령대상자
⑤ 유치권 배제를 원인으로 한 명도소송
⑥ 법정지상권의 불성립을 원인으로 한 명도소송
⑦ 공매의 모든 점유자(소유자, 채무자, 임차인등)

5. 송달

1) 송달종류
① 우편송달: 일반적인 방법으로 대부분 우편송달을 신청 한다.
② 교부송달: 우편송달이 송달 불능되어 법원으로 반송되어 돌아온 우편물을 당사자가 법원을 방문할 때 법원사무관이 송달물을 직접 교부하는 것

③ 특별송달(야간송달이나 집행관송달 함)
　④ 공시송달: 우편송달이 상대의 주소를 정확히 알 수 없거나 외국으로 출국 등수취인불명으로 송달 불능 되었을 때, 당사자의 신청이나 법원의 직권으로 공시 송달을 할 수 있다. 송달물을 법원사무관이 보관하고 당사자가 출석하면 언제든지 교부 한다는 취지를 법원게시판에 공고함으로서 게시한지 14일이 경과되면 송달이 완료되는 것으로 본다.
　⑤ 발송송달: 법원무관이 송달물을 우편으로 발송하는 것만으로도 송달이 된 것으로 본다.(실무상으로 우체국 접수인이 찍힌 날자를 송달된 날자로 봄).

2) 송달불능과 주소보정 4방식

　매수인등이 법원으로부터 주소보정명령을 받은 경우 보정명령을 받은 날로부터 7일 안에 주소보정 등의 신청을 하지 않으면 송달신청 자체가 각하되는 등 불이익을 받을 수 있다. 또한 동사무소 등에 주소보정명령서 내지 그 사본 또는 소제기명령서 등의 자료를 제출하여 상대방의 주민등록초본, 등본의 교부를 신청하여 그 결과에 따라 주소보정의 유형을 달리할 수도 있다.

(1) 재 송달 신청서
　채무자 등이 종전 주소지에 거주하고 있음이 확인된 경우 "종전 주소지에 거주하고 있다"는 소명자료를 반드시 첨부하여 주소보정명령서에 재 송달을 신청 한다.
(송달 불능사유가 이사 불명, 수취인 불명, 주소 불명 등일 때에 소명자료의 첨부 없이 재송달을 신청할 경우 "주소 미보정"의 불이익을 당할 수 있다)

(2) 새주소
　주소보정명령서 등을 동사무소에 제출하여 대항력 없는 채무자 등의 기존의 주소가 새로운 곳으로 변경되어 있다면 추가송달료를 납부하고 주소보정명령서에 새주소(우편번호)를 기입하고 접수계에 제출 한다.

(3) 특별송달신청서

　채무자 등에 대하여 주소보정명령서에 주간 또는 야간 및 휴일을 표시하여 집행관 또는 법정경위로 하여금 특별송달을 신청한다. 송달비용은 미리 담당재판부나 접수계에 문의하여 정확한 송달비용을 납부하여야 한다.

(4) 소 제기 신청서

　채무자등의 주소를 알 수 없는 경우 공시송달에 의하여 진행될 수 있도록 민사소송법 제466조 제1항에 따라 소제기신청을 할 수 있다.

6. 강제집행

1) 강제집행시 필요한 서류
① 인도명령 결정문
② 송달증명원 발급(민사신청과)
③ 명도집행 위임신청서 작성(집행관사무실)

2) 보관집행

　점유자가 부재중이거나 점유자로부터 집행방해를 받아 2회 이상 집행이 지연 되면 증인(성인 2인 이상 또는 국가공무원, 경찰공무원 1인) 입회하에 강제로 보관집행을 할 수 있다. 보통 보관을 이삿짐 물류센터 등에 하나 해당 부동산에서의 보관도 가능하다.
　보관비용은 매수인이 부담 한다.

3) 압류동산의 처분

　일정기간 이후에 인도명령비용, 강제집행비용, 보관비용, 지연에 따른 손해 배상금(이자, 임대료 등)을 원인으로 한 채권을 확보하여 동산에 대한 집행권원을 받아 유체동산의 강제경매를 실시한다. 이때 압류동산을 낙찰을 받아 상계처리 한다.

4) 압류·가처분된 동산이 있는 경우

압류권자나 가처분권자와 협의가 안되면 소송으로 처리해야 한다. 먼저 압류권자에게 압류를 실행 하도록 내용증명으로 2~3회 촉구하는데 만약 3개월이 지나도록 압류권자가 동산을 처분하지 않을 경우 법원에 압류해제신청을 하게 된다. 법원은 2회에 걸쳐 처분을 촉구한 후 그래도 해제하지 않으면 직권으로 동산압류를 취소한다. 압류해제나 동산 압류 취소를 하지 않고 그동안의 집행비용으로 동산을 압류하여 경매로 진행할 수도 있다.

7) 공실과 폐문부재 명도

8) 부당점유자들에 대한 대처방법

① 소유권 이전등기 이전·이후에 권원 없이 점유 하는 사람들과 소유권이전등기가 된 이후 점유하고 있는 세입자는 불법 점유자가 부당하게 금전을 요구하거나, 부당한 요구사항을 강요하는 경우에는 "공갈협박죄"에 해당됨을 강조 한다.
② 정당한 권원없이 주택을 비워주지 않을 경우 "권리행사방해죄"에 해당되어 형사적으로 문제가 있음을 상기시킨다.
③ 강제집행 시에 부동산에 예속된 부속물을 하나라도 손괴, 적출 또는 소유물을 이동할 경우에는 "기물 손괴죄", "절도죄", "강제집행 면탈 죄" 등으로 처벌이 될 수 있음을 강조하고, 강제집행비용 및 월세를 부담하여야 함을 주지시킨다.
☞ 집행이후 재 점입하였을 경우 강제집행효용침해죄(형법 144의 1)_경찰서 신고.

9) 밀린 관리비

① 아파트 관리비는 전유부분은 입주자대표회의가 부담하고 공용부분에 한해서만 매수인이 부담한다.[대법원 전원합의체 2001다8677]
  ☞ 전유부분: 전기료, 수도료, 하수도료, 급탕비, 난방비, TV수신료 등
  ☞ 공용부분: 청소비, 오물수거비, 소독비, 승강기유지비, 공용난방비, 수선유지비, 일반관리비, 장부기장료, 위탁수수료, 화재보험료 등

② 공용부분 관리비에 대한 연체료는 특별승계인에게 승계되는 공용부분 관리비에 포함되지 않는다.[대법원 2006.6.29. 선고2004다3598, 3604판결]

③ 관리비는 3년 이내의 공용부분만 낸다. 밀린 관리비를 이유로 가압류를 하지 않았다면 매수인은 매각대금 납부 시점에서 관리 채권의 소멸시효 3년을 주장할 수 있다.

④ 관리사무소에서 밀린관리비를 이유로 단전·단수하는 조치는 불법행위이므로임료상당의 손해배상을 청구할 수 있다[대법원 2006.6.29. 선고 2004다3598,3604 판결]

☞ 관리사무소에서 점유자의 이삿짐반출을 막는다면 연체관리비를 대납한 후 내용증명을 통해 추후 소를 제기하는 방법을 검토 한다.

10) 공과금처리문제

전기, 도시가스, 수도요금 등 공과금은 매수인이 매각대금을 완납한 시점부터 부담 한다(대법원 판결 2001다8677). 따라서 이들 기관인 한국전력, 해당 가스회사, 수도사업소 등을 방문하여 신청서와 함께 등기부등본을 제출하면 소유권 이전등기전의 연체료는 납부하지 않는다.

7. 유체동산 경매절차

1) 최고서 발송

점유자의 짐을 처분하기 위해서는 최고서를 발송하여야 한다(발송주의). 최고서를 발송하지 않으면 유체동산경매절차를 진행할 수 없다.

2) 유체동산 매각신청.

최고서 발송 후 1주일이 지나면 보관창고에 있는 짐에 대해서 법원에 유체동산 매각을 신청할 수 있다.

3) 집행비용 예납 및 공탁.

　유체동산 경매를 위한 집행비용을 예납후 공탁금액이 나오면 법원내 은행에 납부

4) 유체동산 감정.

　법원에서 지정한 감정평가사무실을 통해서 보관된 유체동산의 가격을 산정 한다.(유체동산의 감정가격이 2천만 원을 넘으면 감정료를 추가로 납부해야 함)

5) 집행비용 확정결정신청

　낙찰자가 점유자를 상대로 부동산인도에 소요된 제반비용을 청구 한다.

6) 유체동산경매 실시

　유체동산 경매일자는 구두통보가 원칙, 구두통보가 불가능할 때만 우편으로 송달 하는데. 만약 유체동산경매가 늦여질경우 구두통보 원칙을 내세워 재경매 일정을 빨리 잡아달라고 담당자에게 독촉한다.

(1) 채권자에게 전액배당이 가능하면 채권자에게 변제하고 나머지는 채무자에게 교부하고 배당절차를 종결한다.

(2) 전액배당이 어려워도 채권자들간에 협의가 되면 협의된 내용에 따라 집행관이 진행하여 배당절차를 종결한다.

(3) 전액배당이 어렵고, 채권자들간에 협의도 어렵다면, 매각대금을 공탁하고, 법원이 배당하여 종결

☞ 유체동산경매가 유찰이 되면 보통 한달 후에 경매일자가 잡힌다. 따라서 실무에서는 대부분 낙찰자가 보관비용을 추가 지불하지 않기 위해 낙찰받아 처리함

Chapter 9. 사후관리

1. 매각허가 불복체계

최고가매수신고인이 된 이후 매각불허가를 하고자 할때에는 입찰일로부터 7일 이내에 서면으로 매각불허가신청을 할 수 있다. 또한 이해관계인은 법121조 소정의 이의사유에 기하여 매각을 허가하여서는 안된다는 소송을 진행할 수 있다. 매각허부결정은 선고한 때에 고지의 효력이 있으며 이를 공고하여야 한다.

민사집행법 제121조 (매각허가에 대한 이의신청사유)

매각허가에 관한 이의는 다음 각호 가운데 어느 하나에 해당하는 이유가 있어야 신청할 수 있다.

1. 강제집행을 허가할 수 없거나 집행을 계속 진행할 수 없을 때

2. 최고가매수신고인이 부동산을 매수할 능력이나 자격이 없는 때

3. 부동산을 매수할 자격이 없는 사람이 최고가매수신고인을 내세워 매수신고를 한 때

4. 최고가매수신고인, 그 대리인 또는 최고가매수신고인을 내세워 매수신고를 한 사람이 제108조 각호 가운데 어느 하나에 해당되는 때

5. 최저매각가격의 결정, 일괄매각의 결정 또는 매각물건명세서의 작성에 중대한 흠이 있는 때

6. 천재지변, 그 밖에 자기가 책임을 질 수 없는 사유로 부동산이 현저하게 훼손된 사실 또는 부동산에 관한 중대한 권리관계가 변동된 사실이 경매절차의 진행중에 밝혀진 때

7. 경매절차에 그 밖의 중대한 잘못이 있는 때

> **민사집행법 제123조(매각의 불허)**
>
> ① 법원은 이의신청이 정당하다고 인정한 때에는 매각을 허가하지 아니한다.
>
> ② 제121조에 규정한 사유가 있는 때에는 직권으로 매각을 허가하지 아니한다. 다만, 같은 조 제2호 또는 제3호의 경우에는 능력 또는 자격의 흠이 제거되지 아니한 때에 한한다.
>
> **민사집행법 제124조(과잉매각되는 경우의 매각불허가)**
>
> ① 여러 개의 부동산을 매각하는 경우에 한 개의 부동산의 매각대금으로 모든 채권자의 채권액과 강제집행비용을 변제하기에 충분하면 다른 부동산의 매각을 허가하지 아니한다. 다만, 제101조제3항 단서에 따른 일괄매각의 경우에는 그러하지 아니하다.
>
> ② 제1항 본문의 경우에 채무자는 그 부동산 가운데 매각할 것을 지정할 수 있다.

1) 낙찰후 매각허가결정(선고)전[매각허가에 대한 이의신청_매각불허가신청]

(1) 강제집행을 허가할 수 없는 경우(1호)

① 집행권원의 부존재(판례),
② 집행력있는 정본이나 집행문, 토지관할, 당사자능력 등이 존재하는 않는 경우,
③ 경매신청의 흠결(판례),판결정본 송달의 흠결,경매개시결정송달의 흠결(판례),
④ 청구채권의 변제기 미도래, 담보나 반대급부의 불제공 등의 사유,
⑤ 매각부동산, 소유권의 부존재, 매각부동산을 법률상 양도할 수 없는 경우 등

☞ 경매개시결정이 송달된 곳이 채무자의 실제 주소가 아닌 경매신청채권자가 적어낸 주소로 송달되었다면 이는 매각불허가사유가 된다. 따라서 강제경매에서는 채무자에게, 임의경매에서는 소유자에게 반드시 송달되었는지 살펴보아야 한다. 이해관계인 등에 대한 매각기일 등의 통지가 누락되어도 불허가사유가 된다.

(2) 집행을 계속 진행할 수 없는 경우(1호)

　① 집행의 정지 또는 취소사유가 있을 때(법49조, 50조)
　② 경매신청이 취하된 것을 간과하고 매각기일을 진행한 후 뒤늦게 발견한 경우
　③ 매각기일을 이해관계인에게 통지하지 아니한 경우(판례)
　④ 경매개시결정이 채무자(임의경매:소유자)에게 송달되지 아니한 경우(판례)등

(3) 최고가매수신고인이 부동산을 매수할 능력이나 자격이 없는 때
최고가매수신고인이 미성년자, 금치산자, 한정치산자와 같이 독립하여 법률행위를 할 수 없는 경우(2호)

(4) 법률의 규정에 의하여 최고가매수신고인이 매각부동산을 취득할 자격이 없거나 그 부동산을 취득하려면 관청의 증명이나 인·허가를 받아야 할 경우(2호).

(5) 채무자가 다른 사람의 명위를 빌려 매수신고한 경우 등

(6) 다른 사람의 매수신청을 방해한 자, 입찰방해죄 등으로 유죄판결을 받고 그 판결확정일부터 2년이 지나지 아니한 자가 매수신고한 경우

(7) 토지경매에서 그 지상수목의 평가액 누락, 지분경매에서 지분표시 누락, 선순위 임차인의 주민등록의 기재나, 최선순위 근저당권일자가 매각물건명세서에 누락된 경우 등

(8) 대위변제, 매각기일 이후 매각결정기일 전에 유치권신고가 접수된 경우

(9) 매각당일 매각물건명세서를 비치하지 아니한 경우, 대금지급기한의 통지를 하지 않은 상태에서 대금미납을 이유로 재매각을 명한 경우 등

[매각허가에 대한 이의신청서]

사건번호
채권자
채무자
소유자
최고가매수인

위 부동산임의경매사건에 관하여.   .   .   . 최고가매수신고인이 결정되었으나 아래와 같이 매각물건명세서의 작성에 중대한 흠이 있어 이의를 신청하오니 매각불허가 결정을 하여 주시기 바랍니다.

신 청 이 유

1. 귀원의 임대차관계조사서에 실제 임차계약자가 아닌 000가 임차인으로 조사되고 전입일자가   .   .   .로 공시되고 임차보증금은 미상으로 조사됨으로서 대항력있는 임차인으로 오인케하여 정상적인 경매가 진행되지 않은 상태에서 최저가가 터무니 없이 저감되어서 낮은 금액으로 낙찰이 되었습니다.

년   월   일

채무자(이의신청인)   (인)

연락처(☎)

지방법원   귀중

☞유의사항
 신청서에는 인지를 붙일 필요가 없고, 채권자(상대방)는 특정하지 않을 수도 있으며, 법원은 이 신청에 대하여 결정을 하지 아니할 수도 있습니다.

2) 매각허가결정 후 매각허가결정 확정전[매각허부결정에 대한 즉시항고]

입찰 7일 후 매각허가결결이 난 후 이의가 있는 경우에는 1주일이내에 경매계에 이의신청(항고장)을 제출할 수 있다. 항고장을 제출한 날로부터 10일 이내에 항고이유서를 법원에 제출해야하며 이와 함께 낙찰대금의 1/10에 해당하는 현금 또는 유가증권을 항고보증금으로 공탁해야 한다.
(1) 법 121조 각호의 매각허가에 대한 이의신청사유가 있으므로 매각허가결정에 대한 즉시항고가 가능하다(법 130조 1항), 매각허부결정에 대한 즉시항고는 그 선고일로부터 1주일 내에 제기하여야 한다(법 129조 1항, 2항)
(2) 매각허가결정에 대하여 항고를 하고자 하는 사람은 보증으로 매각대금의 10분의 1에 해당하는 금전 또는 법원이 인정한 유가증권을 공탁하여야 한다. 매각불허가 결정에 대하여는 보증의 제공을 요하지 않는다
(3) 매각허가결정에 대한 항고는 매각허가에 대한 이의신청사유가 있다거나, 그 결정절차에 중대한 잘못이 있는 때에만 할 수 있다(법 130조 1항). 예로써 매각기일의 종료 이후 매각결정기일종료 사이에 집행정지서류(법 49조)가 제출되었음에도 매각허가결정을 한 경우 등이다.

3) 매각허가결정 확정후 매각대금 납부 전[매각허가결정의 취소신청]

부동산에 관한 중대한 권리관계가 변동된 사실이 매각허가결정의 확정 뒤에 밝혀진 때에 해당되므로 (확정된)매각허가결정의 취소신청을 하거나(법 127조 1항), 매각대금감액신청을 할 수 있다. 매각허가결정에 대한 항고가 이유 있다고 판단되면 항고에 따른 재판이 진행되고 이 기간 동안 매각대금납부나 배당 등의 매각절차가 정지된다.

4) 매각대금 납부 후
배당실시 전에는 법원경매계에 대하여 매각허가결정취소를 구하는 소송을 하여 매각대금의 전부 또는 일부의 반환청구가 가능하다. 배당실시 이후에는 먼저 법원을 상대로 매각허가결정취소의 소를 제기하여 승소한 후 채권자등 배당 받은 자들을 상대로 부당이득반환청구 소송을 하여 매각대금을 회수하여야 한다.

2. 낙찰후 사후관리

1) 경매취하

① 경매취하는 강제경매이던 임의경매이던 경매신청채권자가 채무자와의 채무변제에 대하여 합의를 하였거나 사정변경 등의 이유로 경매개시결정이 선고된 강제집행대상의 목적부동산에 대하여 그 집행을 하지 아니할 것을 요청하는 절차이다. 따라서 강제집행을 위한 "소"를 제기한 자만이 취하 할 수 있다.

② 경매신청채권자의 취하서가 경매법원에 접수되면 "경매개시결정"등기는 법원의 직권 촉탁신청에 의해 말소된다.

③ 입찰기일에 최고가매수신고인이 결정된 후에는 최고가 매수신고인(차순위 매수신고인 포함)의 동의가 없으면 경매신청을 취하할 수 없다.

2) 취하효과

경매신청이 취하되면 경매절차가 종료되고, 압류의 효력은 소멸되고(법 제93조 제1항). 법원사무관등은 직권으로 경매개시결정등기를 말소하도록 등기관에게 촉탁한다(법 제141조). 또한 경매신청이 취하된 때에는 법원사무관등은 상대방에게 그 취지를 통지하여야 한다(규칙 제16조)

3) 경매취하 시 필요서류

① 경매취하서 2통(경매신청 시 날인과 동일한 도장 사용)
② 채무변제증서 또는 채무변제를 유예한 채권자의 승낙서
③ 위임장(채무자, 소유자가 채권자의 위임을 받아 "취하"처리 시)
④ 경매신청채권자의 인감증명서 1통
⑤ 입찰일에 최고가매수신고인이 결정된 후에는 최고가매수신고인의 동의서

[경 매 취 하 서]

사건번호   타경   호
채 권 자
채 무 자

  위 사건의 채권자는 채무자로부터 채권전액을 변제(또는 합의가 되었으므로)받았으므로 별지목록기재 부동산에 대한 경매신청을 취하합니다.

첨 부 서 류

1. 취하서부본(소유자와 같은 수)   1통
1. 등록세 영수필확인서(경매기입등기말소등기용)   1통

년   월   일

        채권자   (인)

        연락처(☎)

            지방법원   귀중

    (최고가 매수신고인 또는 낙찰인의 동의를 표시하는 경우)
위 경매신청취하에 동의함.

년   월   일

    위 동의자(최고가 매수신고인 또는 낙찰인)   (인)

[부동산경매개시결정에 대한 이의신청]

사건번호
신청인(채무자 겸 소유자)
　　　○시　○구　○동　○번지
피신청인(채권자)
　　　○시　○구　○동　○번지

신　청　취　지

1. ○○지방법원　년 월 일자로 별지목록기재 부동산에 대한 매각허가결정을 취소하고, 이 사건 경매신청을 기각한다.
라는 재판을 구함.

신　청　이　유

1. 신청인이 피신청인으로부터　년 월 일 채권 최고액 금　　　원의 근저당권설정계약을 체결하여 피신청인 청구금액의 금원채무를 신청인이 부담하고 있는 사실 및 위 채무불이행으로 인하여 피신청인이 경매를 신청하여　년 월 일자 경매개시결정된 사실은 인정한다.
2. 위 부동산의 경매개시결정된 후 신청인은 변제를 위하여 최선을 다하였으나 매각허가결정 후에야 피신청인에게 원금　　　원에다　년 월 일부터　년 월 일(완제일)까지 연　%의 지연이자　　　원 및 경매비용　　　원 합계금　　　원정을 변제하고 위 경매신청을 취하하였습니다.
3. 그러나 매수인은 위 경매신청 취하에 동의치 않으므로 부득이 본 이의신청으로 신청취지와 같은 재판을 구합니다.

첨 부 서 류

1. 경매취하서　　　　　　　　　　　　　　1통
1. 변제증서　　　　　　　　　　　　　　　1통

년　　　　월　　　　일

　　　　　위 신청인　　　　　　　　　　　　　　(인)
　　　　　연락처(☎)
　　　　　　지방법원　　　　　귀중

2) 경매(강제집행)취소

　　강제경매나 임의경매사건에서 낙찰자가 잔금납부일에 잔금을 납부함과 동시에 유효한 소유권을 취득하기 때문에 낙찰자의 잔금납부 후에는 그 누구도 그 효력을 다툴 수 없다. 따라서 낙찰자가 잔대금을 납부하기 전 까지 채무자가 경매신청채권자에게 "취하"를 구하는 것이 여의치 아니할 경우에 채무자·소유자가 단독으로 경매의 취소를 구하여 경매목적부동산을 보전하는 방법이 경매취소이다.

(1) 임의경매 취소방법

가. 합의에 의해 피담보채권을 변제

① 임의경매실행채권 즉 담보권(근저당, 저당, 전세권등기, 담보가등기 등)의 피담보채권을 변제하고 말소된 등기부등본과 담보권말소에 필요한 서류를 넘겨받아 첨부한다.
② **경매개시결정에 대한 이의신청서 + 경매절차집행정지신청서를 법원에 제출**
③ 경매절차정지결정을 받아 그 결정문을 경매법원에 제출
④ 경매법원은 채권자와 채무자를 심문한 후 이의에 대한 결정을 하고, 결정문이 송달된 날로부터 2주일 이후 경매취소결정을 확정한다.
⑤ "경매개시결정"기입등기의 말소를 등기소에 촉탁

나. 피담보채권의 변제수령을 거절하는 경우

① 경매실행비용과 채권액(원금·이자)을 법원공탁계에 변제공탁
② **"채무이의의 소"를 제기 + 경매절차집행정지신청서 법원에 제출**
③ 경매절차정지결정을 받아 그 결정문을 경매법원에 제출
④ "승소판결문"을 경매법원에 제출하여
⑤ 담보권의 등기말소와 "경매개시결정"기입등기의 말소를 촉탁

(2) 강제경매 취소방법

① 경매실행비용과 채권액(원금.이자)을 법원공탁계에 변제공탁하고
② **"청구에 관한 이의의 소"제기** + **강제경매집행정지신청서 법원에 제출**
③ 강제집행정지결정을 받아 그 결정문을 경매법원에 제출
④ "승소판결문"을 경매법원에 제출하여
⑤ "경매개시결정"기입등기의 말소를 촉탁

3) 강제집행 정지

(1) 경매절차의 정지

경매절차의 정지라 함은 집행법원이 이미 개시한 경매절차를 속행할 수 없는 상태를 말하며 경매절차의 정지제도는 청구권의 실체관계에 변동이 있거나 채무명의 또는 집행문의 효력 또는 담보권에 변동의 가능성이 있는 경우에 경매절차를 정지케 하여 채무자 또는 제3자의 권리침해를 방지하려는데 그 목적이 있다. **경매집행정지는 잔금납부일 전까지는 언제든 가능하나 "집행정지결정문"을 경매법원에 제출함으로써 효력이 발생하고 그 기간은 최소 1주일 이상의 시간이 걸린다.** 또한 중간에 신청서에 대한 보정명령이나 송달되지 않은 경우를 고려하여 미리 준비하여야 한다.

(2) 강제집행정지신청 방법

① 법원으로부터 담보의 제공을 명령 받음
② 법원으로부터 담보의 제공을 명령받아 담보를 제공(보증보험증권 또는 현금)
③ 담보제공 확인문서를 법원에 접수하고 강제집행정지결정문을 송달 받음
④ 경매집행정지결정문 경매법원에 접수

(3) 집행정지 제출사유

강제집행은 다음 각호 가운데 어느 하나에 해당하는 서류를 제출한 경우에 정지하거나 제한하여야 한다(법 제 49조)

① 집행할 판결 또는 그 가집행을 취소하는 취지나 강제집행을 허가하지 아니하거나 그 정지를 명하는 취지 또는 집행처분의 취소를 명한 취지를 적은 집행력 있는 재판의 정본
② 강제집행의 일시정지를 명한 취지를 적은 재판의 정본
③ 집행을 면하기 위하여 담보를 제공한 증명서류
④ 집행할 판결이 있은 뒤에 채권자가 변제를 받았거나, 의무이행을 미루도록 승낙한 취지를 적은 증서
⑤ 집행할 판결, 그 밖의 재판이 소의 취하 등의 사유로 효력을 잃었다는 것을 증명하는 조서등본 또는 법원사무관등이 작성한 증서
⑥ 강제집행을 하지 아니한다거나 강제집행의 신청이나 위임을 취하한다는 취지를 적은 화해조서의 정본 또는 공정증서의 정본

☞ 집행정지서류는 집행기관에 제출하여야 하나, 매각허가결정에 대한 항고가 제기되어 경매기록이 상급법원에 있는 동안에는 상급법원에 제출한다.

(4) 이중경매사건

① 배당요구종기전 후행사건신청

이중경매개시결정이 된 때에는 선행사건의 압류채권자가 신청을 취하하여도 후행사건에 따라 절차가 계속된다(법 제87조 제2항). 선행사건의 경매신청이 취하될 경우 매각물건명세서상의 기재사항인 "등기된 부동산에 대한 권리 또는 가처분으로서 매각으로 효력이 잃지 아니하는 것"이 바뀌는 경우에는 선행사건의 취하에 최고가매수신고인 등의 동의를 받아야 하고, 반대로 그 기재사항이 바뀌지 아니하는 경우에는 그들의 동의를 받을 필요가 없다(법 제93조 제2항.규칙 제49조 제1항).

② 배당요구 종기 후 후행사건 신청

후행사건이 배당요구의 종기가 지난 뒤에 신청한 경우에는 후행사건에 따라 진행하기 위해서는 경매절차가 지연되고 복잡하여 최고가매수신고인 등의 이익을 해할 우려가 있기 때문에 선행사건의 취하에 최고가매수신고인 등의 동의를 받아야 한다(규칙 제49조 제1항).

4) 매각기일 연기

취하 하기에 시간이 급박한 경우에는 경매입찰일을 연기 하는 방법이 있다. 경매법원(경매계)에 "변제공탁서 사본"과 청구이의 소를 재판법원에 제기하였다는 "소제기 증명원", 강제집행정지신청서의 "소제기 증명원", "소장 사본" 등을 첨부하여 일단 "입찰기일 연기신청"을 하여 기일을 연기할 수도 있다.

Chapter 10. 경매의 함정

1. 대지권과 관련된 사항

1) 대지사용권

　대지사용권이란 집합건물의 구분소유자가 건물의 전유부분을 소유하기 위하여 대지에 대하여 가지는 권리(집합건물의소유및 관리에 관한 법률 제2조 제6호)이다.

대지사용권에 해당하는 권리로는 대지를 목적으로 하는 소유권, 지상권, 전세권, 임차권, 법정지상권, 관습법상 법정지상권, 무상사용권(시영Apt), 유상사용권(건 물만 분양하고 일정 기간의 토지 사용료를 분양가에 포함한 경우) 등이 있다. 소유권대지권은 신축한 건물의 소유자와 토지의 소유자가 동일한 경우이며, 임차 권을 가진 사람이 건물을 신축하면 임차권대지권, 지상권을 가진 사람이 건물을 신 축한 경우는 지상권대지권으로 표시한다.

가. 전유부분과 대지사용권의 일체성

☞ 집합건물의 소유 및 관리에 관한 법률 제20조

① 구분소유자의 대지사용권은 그가 가지는 전유부분의 처분에 따른다.

② 구분소유자는 그가 가지는 전유부분과 분리하여 대지사용권을 처분할 수 없다. 다만, 규약으로써 달리 정한 경우에는 그러하지 아니하다.

③ 제2항 본문의 분리처분금지는 그 취지를 등기하지 아니하면 선의(善意)로 물권을 취득한 제3자에게 대항하지 못한다.

나. 대지사용권에 대한 저당권의 효력

저당권설정 당시 저당권설정자가 대지사용권을 이미 취득하고 있으나 대지지분에 대한 이전등기가 경료되지 않은 경우도 대지권 미등기일지라도 매수인이 이러한 대지사용권을 취득하여 사실상 대지사용권을 갖는다(대지권등기 비용은 별개임)

다. 대지사용권 취득시점

집합건물의 전유부분에 대한 구분행위가 있으면 대지권이 성립하며, 분양자가 주택건설사업계획을 승인받아 분양하는 시점에 수분양자들이 대지사용권 취득한다.

라. 구분권물의 전유부분에 대한 저당권 또는 경매개시결정과 압류의 효력은 당연히 종물 내지 종된 권리인 대지사용권에도 미친다.

"집합건물 구분소유자의 대지사용권은 전유부분과 분리처분이 가능하도록 규약으로 정하였다는 등의 특별한 사정이 없는 한 전유부분과 종속적 일체불가분성이 인정되므로, 구분건물의 전유부분에 대한 저당권 또는 경매개시결정과 압류의 효력은 당연히 종물 내지 종된 권리인 대지사용권에까지 미치고, 그에 터잡아 진행된 경매절차에서 전유부분을 경락받은 자는 그 대지사용권도 함께 취득한다."[대법원 2008.3.13. 선고 2005다15048 판결]

2) 대지권

대지권이란 아파트나 빌라, 오피스텔, 근린상가 등 집합건물과 관련된 것으로서, 대지사용권이 등기되어 있는 것을 말한다. 그러므로 대지권은 집합건물법상의 용어가 아니라 등기법상의 용어이다. 즉, 대지사용권이 전유부분과 분리하여 처분할 수 없다는 것을 공시하기 위해서 생겨난 용어이다. 대지권은 대지 사용권을 기초로 그 대지사용권이 전유부분과 분리 처분되지 않음을 건물등기부에 공시하기 위해서 부동산 등기법에서 새롭게 설정한 별도의 개념이다. 등기사항 전부 증명서에 대지권의 비율은 "전유부분의 건물의 표시"에 나타나는데 대지권의 비율에 아무런 표시가 없다면 대지권이 미등기된 것으로 보아야 한다.

📌 집합건물 등기부등본 전유부분 표제부

【 표 제 부 】 (전유부분의 건물의 표시)				
표시번호	접 수	건물번호	건물내역	등기원인 및 기타사항
1	2020년 4월 18일	제*층 제 ****호	철근콘크리트구조 84.335㎡ * (전용면적)	도면편철장제1책 제127장
(대지권의 표시)				
표시번호	대지권의종류		대지권의비율	등기원인 및 기타사항
1	1. 소유권대지권		1187분의 44.144 * (대지지분)	2020년3월23일 대지권

📌 대지권은 구분 건물에 대한 소유권과 대지사용권이 어느 시점에서든지 동일인에게 1회만 동시에 존재하면 그 시점에서 대지권이 성립하고 그 이후에는 대지권이 구분건물에 대한 종 된 권리로서 구분 건물의 처분에 따라 함께 이전한다.

📌 소재 지번에 따른 소유권대지권 표시 예)

> 소재지번이 하나인 경우는 1. 소유권대지권, 2개인경우 1,2. 소유권대지권, 3개인 경우는 1,2,3, 소유권대지권

"구분건물의 전유부분에 대한 소유권이전등기만 경료되고 대지지분에 대한 소유권이전등기가 경료되기 전에 전유부분만 임의경매절차가 개시되었다면, 대지지분에 관한 감정평가액을 반영하지 않은 상태에서 전유부분에 대한 대지사용권을 분리 처분할 수 있도록 정한 규약이 존재한다는 등의 특별한 사정이 없는 한 경매목적물인 전유부분을 낙찰 받는다면 종물 내지 종 된 권리인 대지지분도 함께 취득한다."(대법원2001.9.4.선고2001다22604 판결)

3) 대지권미등기

'대지권미등기'란 집합건물이 완공되고 구분건물에 대한 등기부가 작성되었지만 절차상 또는 실체상의 하자로 인해 대지권이 등기부에 기재되지 못한 상태를 일컫는다.

'대지권미등기'는 감정평가서에 대지가격이 포함되어 감정되었거나, 최초 분양받은 사람이 대지사용권을 수반한 전유부분을 분양 받아 대지권은 있지만 등기가 이루어지지 않은 경우가 많기 때문에 큰 문제없이 대지권을 취득할 수 있으며, 일반적으로 매각물건명세서에 설명되어 있다. 채무자가 분양대금을 완납하지 못한 경우라면 대지권에 해당하는 금액만큼 건설회사에 지급하고 대지권을 이전받아야 하기 때문에 입찰 전에 미납 분양대금과 같은 추가 지출비용이 발생할 여지는 없는지 잘 살펴보아야 한다.

☞ 실무상 대지권이 미등기되는 경우는 다음과 같다.

행정절차의 지연	집합건물의 건축 후 건물에 소유권이전등기를 완료하였으나 주택단지의 필지가 대규모이거나 토지구획사업 대상일 경우 환지처분 등의 지적정리절차가 지연되어 수분양자에게 대지권등기를 해주지 못한 경우
토지자체의 권리관계가 복잡한 경우	① 아파트 등 집합건물을 건축하였으나 각 세대당 지분비율 결정이 지연되어 대지면적이 확정되지 못해 대지권등기를 미처 완료하지 못한 경우 ② 건설업체의 내부 사정이나 타 전유부분 소유자의 분양대금 완납이 지연되는 경우
애초부터 대지사용권이 없는 건물인 경우	건물주와 토지 소유자가 다른 상태에서 대지를 사용할 수 있는 법적인 권리에 대한 약정 없이 건축된 집합건물
대지에 건물과 별도의 등기가된 경우	토지에 별도등기가 기재되었다가 토지별도 등기권자가 토지만 경매를 진행하여 토지와 건물의 소유자가 다르게 됨

매각물건명세서상에 다음과 같은 특이사항내지 주의사항이 있다면 분양 대금중 미납금액이 있으므로 대지권 취득가능여부를 확인해야 한다.

특 이 사 항	• [주의] 본 물건은 제시외 항목의 포함여부 또는 매각대상의 변경 등의 사유로 인해 법원공고상 감정가격과 감정평가서 가격이 일치하지 않거나 최초감정가에 변화가 생긴 경우이므로 별도의 확인이 필요합니다.
주 의 사 항	• 대지권 미등기상태로 분양대금 미납금액을 제외한 금액임(미납 분양대금 납부시 대지권 취득가능).

또한 감정평가서도 확인해야 하는데 토지와 건물을 일체로 한 가격에서 소유권대지권이 미등기 상태이라면 추가로 분양대금을 납부할 수 있으므로 주의해야 한다. 만약 대지권이 감정평가서에 표기되어 낙찰 받았음에도 대지권이 없는 것으로 판명된다면 매각불허가신청 또는 매각허가결정에 대한 즉시항고를 할 수 있고, 이미 매각허가결정이 확정되었다면 매각허가결정취소신청을 할 수 있다.

토지·건물 일체로 한 감정평가시	분양대금 중 미납액을 공제한 감정평가시	비 고
토지·건물 일체로 한 가격 : ₩167,000,000 토지배분가격 : ₩ 50,100,000 건물배분가격 : ₩116,900,000	토지·건물 일체로 한 가격 : ₩149,500,000 토지배분가격 : ₩ 32,600,000 건물배분가격 : ₩116,900,000	건물은 "송**"에게 소유권이전 등기되어 있고 토지의 소유권대지권은 미등기 상태인바, 미납액(₩17,500,000)은 토지배분가격에서 공제하였습니다.

▣ 대지사용권을 가지지 아니한 구분소유자가 있을 때에는 그 전유부분의 철거를 청구할 권리를 가진 자는 그 구분소유자에 대하여 구분소유권을 시가로 매도할 것을 청구할 수 있다. (제7조 구분소유권 매도청구권)

▣ **대지사용권에 관한 대법원 전원합의체 판결**

"아파트와 같은 대규모 집합건물의 경우, 대지의 분·합필 및 환지절차의 지연, 각 세대당 지분비율 결정의 지연 등으로 인하여 전유부분에 대한 소유권이전등기만 수분양자를 거쳐 양수인 앞으로 경료 되고, 대지지분에 대한 소유권이전등기는 상당기간 지체되는 경우가 종종 생기고 있는데, 이러한 경우 집합건물의 건축자로부터 전유부분과 대지지분을 함께 분양의 형식으로 매수하여 그 대금을 모두 지급함으로써 소유권 취득의 실질적 요건은 갖추었지만 전유부분에 대한 소유권이전등기만 경료 받고 대지지분에 대하여는 위와 같은 사정으로 아직 소유권이전등기를 경료 받지 못한 자는 매매계약의 효력으로써 전유부분의 소유를 위하여 건물의 대지를 점유·사용할 권리가 있는바, 매수인의 지위에서 가지는 이러한 점유·사용권은 단순한 점유권과는 차원을 달리하는 본권으로서 집합건물의 소유 및 관리에 관한법률 제2조 제6호 소정의 구분소유자가 전유부분을 소유하기 위하여 건물의 대지에 대하여 가지는 권리인 대지사용권에 해당한다고 할 것이고, 수분양자로부터 전유부분과 대지지분을 다시 매수하거나 증여 등의 방법으로 양수받거나 전전 양수받은 자 역시 당초 수분양자가 가졌던 대지사용권을 취득한다."(대법원2000.11.16.선고 98다45652 전원합의체 판결)

구분소유의 성립요건 및 성립시기에 관한 법리오해

집합건물의 소유 및 관리에 관한 법률(이하 '집합건물법'이라고 한다)은 "1동의 건물중 구조상 구분된 여러 개의 부분이 독립한 건물로서 사용될 수 있는 때에는 그 각 부분은 이 법이 정하는 바에 따라 각각 소유권의 목적으로 할 수 있다"고 규정하고(제1조), 1동의 건물 중 독립한 건물로서 사용될 수 있는 건물부분, 즉 전유부분을 목적으로 하는 소유권을 구분소유권이라고 정의하고 있다(제2조 제1호, 제3호). 그리고 이와같이 1동의 건물에 대하여 구분소유권이 성립하는 경우, 그 1동의 건물을 집합건물이라고 하고 1동의 건물 중 구분된 건물부분을 구분건물이라고 한다.

1동의 건물에 대하여 구분소유가 성립하기 위해서는 객관적·물리적인 측면에서 1동의 건물이 존재하고 구분된 건물부분이 구조상·이용상 독립성을 갖추어야 할 뿐 아니라 1동의 건물 중 물리적으로 구획된 건물부분을 각각 구분소유권의 객체로 하려는 구분행위가 있어야 한다(대법원 1999. 7. 27. 선고 98다35020 판결 등 참조). 여기서 구분행위는 건물의 물리적 형질에 변경을 가함이 없이 법률관념상 그 건물의 특정부분을 구분하여 별개의 소유권의 객체로 하려는 일종의 법률행위로서, 그 시기나 방식에 특별한 제한이 있는 것은 아니고 처분권자의 구분의사가 객관적으로 외부에 표시되면 인정된다.

따라서 구분건물이 물리적으로 완성되기 전에도 건축허가신청이나 분양계약등을 통하여 장래 신축되는 건물을 구분건물로 하겠다는 구분의사가 객관적으로 표시되면 구분행위의 존재를 인정할 수 있고, 이후 1동의 건물 및 그 구분행위에 상응하는 구분건물이 객관적·물리적으로 완성되면 아직 그 건물이 집합건축물대장에 등록되거나 구분건물로서 등기부에 등기되지 않았더라도 그 시점에서 구분소유가 성립한다(대법원 2006. 3. 10. 선고 2004다742 판결 등 참조). 이와 달리 구분소유는 건물 전체가 완성되고 원칙적으로 집합건축물대장에 구분 건물로 등록된 시점, 예외적으로 등기부에 구분건물의 표시에 관한 등기가 마쳐진 시점에비로소 성립한다는 취지로 판시한 대법원 1999. 9. 17. 선고 99다1345 판결, 대법원 2006. 11. 9. 선고 2004다67691 판결 등의 견해는 이 판결의 견해와 저촉되는 한도에서 이를 변경하기로 한다.(2010다71578 대지권지분이전 등기 등)

4) 대지권 없음

대지권이 없는 경우는 집합건물이 건축되기 전에 대지부분에 법률적 처분행위가 있으면 가능하다. 예를 들어 토지에 근저당권이나 가압류 등이 설정된 상태에서 집합건물인 아파트나 다세대 주택 등이 신축 되어 대지권등기가 마쳐졌을 때 대지권 등기 전에 설정된 근저당권자가 토지에 대해 임의경매를 신청하여 제3자가 토지를 낙찰 받으면 집합건물 전체의 대지권이 없어진다. 즉 대지권등기가 말소된다. 이러한 물건의 감정평가서를 보면 대지의 가격이 포함되어 있지 않고, 건물만의 감정평가가 이루어져있다. 이 경우 경매를 통해 건물 소유권을 취득하더라도, 대지권은 취득할 수 없으며 전유부분의 소유자는 대지소유자와의 관계에서 불법점유자가 되므로 대지의 점유·사용료를 납부해야 한다. 또한 대지소유자는 대지권이 없는 건물소유자에게 건물 매도를 청구할 수 있다.

☞ 대지권이 없을 때 감정평가방법

대지권이 없을 때 감정평가내역에는 "본 건은 대지권이 없는 건물만의 평가로서 입지조건, 주위환경, 구조, 사용자재, 위치별. 효용도 등 제반 가격형성요인과 인근 정상적인 거래가격을 참작하여 건물가격을 산정하였음."이라고 기재 한다.

📌 법원 매각물건명세서 비고란 기재사항

> 1. 대지권 미등기이며, 대지권 유무는 알 수 없음.
> 2. 최저매각가격은 대지권 가격이 포함된 가격이며, 토지가격을 제외한 건물만의 감정평가액은 119,700,000원임
> 3. 2021.4.27.자 채무자 겸 소유자 신OO이 제출한 보정서에 의하면 대지사용권이 없어 토지소유자에게 '별첨 자료'와 같이 지료를 지급한 사실이 있음 4. 매수인은 향후 지료를 납부하거나, 토지가액을 지급하고 대지권을 취득할 가능성을 고려하여 응찰하시기 바람

> -대지사용권은 미등기임.
> -감정서에 의하면 대지사용권은 임차권으로 조사되었고, 대지(토지)부분 소유권은 가지고 있지 않음.
> -2021. 12. 14.자 사실조회회신서에 의하면, 사용기한 30년이 경료될때까지 토지사용권이 있음.(대지사용권은 임차권으로 조사되었음.) : 별첨 회신서 참조.

> - 기준시점 현재 도시개발사업(문정도시개발사업)으로 인한 지적미정리 상태로 대상물건의 등기사항전부증명서 상 대지권이 등기되지 아니하였으나, 향후 적정 대지권이 등기될 것을 전제로 적정 대지권이 매각목적물 및 평가에 포함되었음(분양계약서상 대지지분은 5.1021㎡임)

📌 '대지권 미등기'와 '대지권 없음' 구분

'대지권미등기'와 '대지권 없음' 물건은 많이 사람들이 헷갈려하는 부분이다. 일반적으로 '대지권미등기'의 경우 대부분 감정평가액에 대지지분의 평가액을 포함하는 반면 '대지권 없음'은 감정평가액에 건물만의 평가가 되어있다. 이를 참고로 대지사용권이 있는지 없는지 확인한 후 입찰에 참가해야 한다.

5) 토지별도등기

　우리나라의 부동산은 등기부등본이 토지와 건물을 각각 등기하여 별도로 있지만 집합건물인 경우에는 예외로서 토지는 등기부등본의 일체로서 건물등기부등본에 대지권으로 존재한다. 따라서 공동주택인 아파트나 연립, 다세대주택 등 집합건물의 부동산등기부상 전유부분의 표제부에 "대지권의 표시란"에 "별도등기 있음"이라고 표시되어 있다면 토지등기부등본을 열람하여 저당권이나 지상권 또는 가압류 등의 권리가 설정되어 있는지 확인해 보아야 한다. 이는 건물축조 전, 대지권이란 개념이 성립하기도 전에 이미 토지에 근저당권 등의 등기가 되어 있었던 경우이다. 토지별도등기 있다는 것은 집합건물의 대지권인 토지에 저당권이나 제한권리 등이 있을 때 그 권리관계를 공시하기 위하여 집합건물등기부에 등재된 것이므로 그 정확한 내용은 토지등기부를 보아야 자세히 알 수 있다. 토지별도등기가 발생하는 원인은 다음과 같다. 사실상 토지별도등기의 내용이 없음에도 등기부에 말소가 안 된 경우도 있고, 토지상에 근저당이 설정된 후 건물과 공동담보가 되어 건물등기부에 같은 내용의 채권이 이중으로 기록된 경우도 있는데 이는 문제가 없다. 토지별도 등기가 발생하는 이유는 대개 건설회사가 토지를 담보로 설정하고 돈을 빌려 공동주택을 지은 다음, 저당권을 풀고 세대별로 토지등기를 해줘야 하는 데 중간에 부도가 나버린 경우에 흔히 발생된다. 토지별도등기가 있는 경우 경매절차 실무에서는 다음과 같이 진행 한다.

① 토지별도등기가 용익물권(지상권, 전세권 등)인 경우에는 인수조건부 특별매각조건을 붙여 입찰이 진행된다. 이런 절차 없이 경매가 진행되었다면 낙찰불허가 사유. 항고 사유가 된다.

② 담보물권과 가압류권자 등의 경우 토지에 관한 채권자에게 토지별도등기부를 제출하도록 명하는 등의 방법으로 이를 확인하고 채권신고를 하게 하고 매각물건명세서의 특별매각조건으로 인수한다는 내용이 없다면 토지별도 등기권자가 배당요구를 하지 않더라도 대지지분에 해당하는 만큼 토지의 매각대금에서 배당을 해주고 토지별도등기를 말소시키고 있다.

③ 토지별도등기가 되어 있는데 토지등기부에 가처분, 보전 가등기 등 소멸되지 않는 권리가 있을 경우에는 특별매각조건으로 낙찰자는 해당지분만큼 인수할 수 있다.

2. 제시외 건물

입찰에 참가할 경우 특히 주의할 것이 '제시 외 물건'이다. 제시 외 물건이라 함은 경매신청채권자의 경매신청 목적물에는 해당물건이 없는 데도 법원의 의뢰를 받은 감정평가기관이 실제로 감정을 한 결과 현장에서 발견된 건물을 말한다. 제시 외 물건이 부합물, 종물이라고 하면 낙찰자는 이에 대한 소유권까지 함께 취득한다. 그 이유는 부합물과 종물은 주물의 처분에 따르게 되어 소유권이 주물의 소유자에게 귀속되기 때문이다.(민법 100조, 256조) 반면 제시 외 건물이 부합물이나 종물이 아니라 독립된 물건으로 평가될 경우에는 낙찰자는 소유권을 취득하지 못하게 된다. 하지만 제시 외 물건인지 여부는 경매과정에서 제대로 감정평가가 되었는지 여부와 무관하게 결정된다. 가령 감정평가가 제대로 되지 않았더라도 부합이 인정될 경우에는 낙찰자가 소유권을 취득하게 된다.

1) 부합물

'부합물인 제시외 건물' 이란 토지 또는 주된 건물과는 소유자가 다른 별개의 건물이지만 토지 또는 주된 건물에 결합하여 거래관념상 그 부동산과 하나의 물건이 됨으로써 토지 또는 주된 건물의 소유에 속하는 건물을 뜻한다.

(1) 부합물의 개념

① 부동산의 부합물이란 원래는 부동산과 소유자를 달리하는 별개의 물건이나 부동산에 결합하여 부동산과 하나의 물건이 됨으로써 부동산소유자의 소유에 속하게 되는 물건
② 소유자를 각각 달리하는 수개의 물건이 결합하여 1개의 물건으로 되는 것
③ 훼손하지 아니하면 분리할 수 없거나 분리에 과다한 비용을 요하는 경우와, 분리하게 되면 경제적 가치를 감소시키는 경우도 포함된다.

④ 건물의 물리적 구조나 용도, 기능 및 거래의 관점에서 사회·경제적으로 볼 때 구조상 건물로서의 독립성이 없고 종전의 건물과 일체로서만 거래의 대상이 되는 상태이다.

"건물이 증축된 경우에 증축부분이 기존건물에 부합된 것으로 볼 것인지는 증축부분이 기존건물에 부착된 물리적 구조뿐만 아니라 그 용도와 기능의 면에서 기존건물과 독립한 경제적 효용을 가지고 거래상 별개의 소유권의 객체가 될 수 있는지의 여부 등을 가려서 판단하여야 한다."(대법원 1985.11.12. 선고 85다카246 판결)

(2) 경매대상 물건이 토지인 경우

이 경우에는 그 지상에 건물이 있다면 그 건물은 토지의 부합물이 아닌 별도의 부동산이므로 경매대상에서 제외되므로 감정평가의 대상 자체가 되지 아니한다. 이 경우 그 건물에 대한 법정지상권 성립여부를 살펴보면 그만이다. 토지상의 건물이 무허가이거나 미등기 건물이라도 법정지상권이 성립되는데 지장이 없다. 그러면 미완성된 건물의 경우는 어떨까? 만약 건축 중인 건물이 기둥, 지붕, 주벽 등 외관이 갖춰진 경우, 즉 독립된 부동산으로서의 요건이 갖춰진 경우에는 법정지상권이 성립된다. 그러므로 이 경우에는 그 건물은 토지에 부합되지 않고 별도의 건물이므로 감정평가 대상에서 제외되게 된다. 반면에 건축 중인 건물이 위와 같은 독립된 부동산으로서의 요건이 갖춰지지 않는 경우에는 토지에 부합되므로 토지에 대한 경매절차에서 그 토지를 낙찰 받은 사람의 소유로 귀속된다.

☞ 제시외 건물이 토지의 부합물인 경우

① 정원수, 정원석, 석등, 교량, 돌담, 도랑, 도로의 포장
※ 옮겨심기가 용이하거나 경제적가치가 있는 경우에는 유체동산집행의 대상이다.
② 지하구조물(주차장), 지하유류저장탱크, 지하굴착공사에 의한 콘크리트 구조물 등
③ 농작물은 권원 유무에 관계없이 경작자의 소유이나 수확기까지만 주장 함.
④ 토지의 미등기수목

☞ 통상 수목의 가액을 감정평가에 포함하여 매수인에게 이전되지만 입목에 관한 법률에 따라 등기된 입목과 명인 방법을 갖춘 수목은 독립된 별개의 거래 객체로서 토지의 낙찰자는 수목의 소유권을 갖지 못하지만 권원 없이 식재한 경우는 낙찰자에게 수목의 소유권이 귀속된다. 토지의 임차권에 기해 그 토지상에 식재된 수목은 이를 식재한 사람에게 소유권이 있다.

(3) 경매대상 물건이 건물인 경우

경매대상 물건이 건물인데 그 건물에 증축 등을 하였을 경우에 그 증축부분이 부합물인지 여부를 살펴봐야 한다. 만약 부합이 될 경우에는 주물에 대한 소유권을 취득한 낙찰자가 부합물에 대한 소유권을 취득하지만 부합물이 아닐 경우에는 매각 외 물건으로 취급되어 낙찰자가 소유권을 취득하지 못하게 된다.

☞ 제시 외 건물이 독립성이 없어 부합물로 보는 경우(대법원판례)
① 공장건물의 부속건물인 대피소를 증축하여 공장건물과 연결해 사용하는 경우.
② 기존 건물에 접속하여 두 배 이상의 면적으로 지었으나 이를 통하지 않고는 기존 건물에 출입할 수 없는 증축 건물.
③ 기존 주택 및 부속 건물과 연이어 있는 미등기의 주택.
④ 주택의 외벽에 덧붙여 지은 부엌.
⑤ 2층 건물에 증축하여 방1개, 거실1개 및 욕실이 있으나 하수관이 없고 출입구가 2층을 통하여 외관상 기존 건물과 일체가 되는 3층 건물부분.
⑥ 아파트 급수용 물탱크를 위한 옥탑.
⑦ 기존 건물의 옥상 부분에 무허가로 최상층과 같은 면적으로 증축하여 최상층의 복층으로 사용한 경우.
⑧ 객관적인 요소로, 기존건물과 독립한 경제적 효용을 가지고 거래상 별개의 소유권의 객체가 될 수 있는지 여부,

"지하 1층, 지상 7층의 주상복합건물을 신축하면서 불법으로 위 건물 중 주택 부분인 7층의 복층으로 같은 면적의 상층을 건축하였고, 그 상층은 독립된 외부 통로가 없이 하층 내부에 설치된 계단을 통해서만 출입이 가능하고, 별도의 주방시설도 없이 방과 거실로만 이루어져 있으며, 위와 같은 사정으로 상·하층 전체가 단일한 목적물로 임대되어 사용된 경우, 그 상층 부분은 하층에 부합된다".

▣ 제시외 건물이 독립된 건물로 인정되어 부합물로 보지 않는 경우

① 증축된 2층이 기존의 1층과 거의 같은 넓이와 크기로 경계가 명확하고 서로 차단되어 있으며 자체의 전용부분이 있는 경우.

② 기존건물과 대문을 공동으로 사용하고 2층 베란다 부분이 연결되어 있더라도 몸체가 별도의 벽으로 이루어져 떨어져 있고 기존건물은 물건을 쌓아둘 목적으로 사용하고 있고, 새 건물은 주거용으로 사용되고 있는 경우(대법원99다24256판결).

③ 부합된 건물이 구조 변경으로 독립한 권리의 객체성을 취득한 경우.

④ 기존건물의 외벽에 붙여 증축하였지만 10개의 기둥을 세우고 외벽과의 사이에 다시 벽을 쌓고 전용통로가 있으며 전기, 전화의 배선 및 상하수도가 따로 설치되어 있는 경우.

⑤ 건물의 실체를 갖춘 지하구조물(서울고법 2003나8031 판결), 태양열 보일러처럼 건물과 쉽게 분리 가능한 것

⑥ 타인의 권원에 의하여 부속된 것(민법 제256조 단서).

(4) 부합물이 아님에도 경매를 진행한 경우

부합물의 경우에는 당연히 근저당의 효력이 미치게 되어 낙찰자가 그 부합물 역시 소유권을 취득하게 되지만(민법 358조), 부합물이 아님에도 법원에서 이를 부합물로 취급하여 매각물건명세서에 기재한 채 그대로 경매를 진행한 경우에는 어떻게 될까? 경매법원이 기존건물의 종물이라거나 부합된 부속건물이라고 볼 수 없는 건물에 대하여 경매 신청된 기존건물의 부합물이나 종물로 보고서 경매를 같이 진행하여 매각허가를 하였다하더라도 그 독립된

건물에 대한 매각은 당연 무효이고, 따라서 그 경락인은 위 독립된 건물에 대한 소유권을 취득할 수 없다(대법원 1988. 2. 23. 선고 87다카600 판결). 나아가 이러한 경우 등기부에 등재되지 않은 제시 외 건물이 존재하는 경우에는 소유자가 건축하여 소유하는 것으로 판명되어 경매신청인이 대위에 의한 보존등기를 하여 일괄경매신청을 하거나 그것이 경매 대상 부동산의 종물이거나 부합물임이 명백한 경우가 아닌 한 입찰물건에 포함시켜서는 안 되며 이를 어기고 포함시켜 경매를 진행한 경우 이는 **매각물건명세서 작성에 중대한 흠이 있는 경우에 해당되어 낙찰불허가 사유가 된다.**(민집 121조 5호, 123조 2항)

2) 종물

종물이란 물건의 소유자가 그 물건의 상용에 제공하기 위하여 자기 소유인 다른 물건을 이에 부속한 때에는 그 물건을 주물이라 하고 주물에 부속된 다른 물건을 종물이라고 한다(민법 제100조①). 즉, 토지 또는 주된 건물의 경제적 효용에 계속적으로 이바지하기 위하여 부속시킨 동일 소유자의 독립된 건물을 말한다. 기능적으로는 어느 건물이 주된 건물의 종물이기 위해서는 주된 건물의 경제적 효용을 보조하기 위하여 계속적으로 이바지되어야 하는 관계여야하며, 주관적으로는 증축하여 이를 소유하는 자의 의사 등을 참고하여 종합적으로 판단해야 한다. ☞ 종물은 주물의 처분에 따른다(민법 제100조②).

(1) 건물의 종물

건물 또는 공장에 딸린 창고, 보일러시설, 분양옵션(씽크대, 냉장고, 세탁기 등), 지상의 주유기, 건물에 딸린 정화조, 횟감용 생선을 보관하기 위해 신축한 건물의 수족관, 건물 기계실에 별도로 설치된 전화교환설비, 주택과 독립된 광, 본채와 떨어져 가재도구 등을 보관하는 방, 공동화장실 등

(2) 토지의 종물

온천권, 집합건물의 대지권, 과수원의 창고나 농장의 창고, 수영장이나 골프장의 휴게실, 지하수펌프, 농지에 부속한 양수시설 등

☞ 소유자가 제시외 건물이 감정평가가 안 되었거나 저평가 되어 이의제기 한 경우.

주된 건물에 대한 경매개시결정에 의한 압류의 효력은 부합물이나 종물인 제시외 건물에도 미치므로, 부합물 및 종물인 제시외 건물이 감정평가금액에 포함되어 경매절차가 진행되었거나 감정평가에서 제외되었다 할지라도 경매의 효력으로 매수인에게 그 소유권이 이전된다. 이럴 경우 소유자의 입장에서 매각대금을 지급하기 전이라면 최저매각가격의 결정, 일괄매각의 결정 또는 매각물건명세서의 작성에 중대한 흠이 있는 때에 해당되므로 매각허가에 대한 이의를 제기할 수 있고, 법원이 이를 직권으로 매각허가를 불허할 수도 있다.(민집 121조 5호, 123조 2항). 이때는 부합물을 포함시켜 경매대상 물건을 재감정을 한 후 다시 경매를 진행하게 된다.

3. 대위변제

민법에서의 대위변제는 채무자가 아닌 다른 사람이 채무자 대신 채무를 변제해주고 채권자의 채권이 대신 변제한 사람에게 넘어가는 것을 말한다. 금융기관에서 특정 업체에 보증한 경우 채무자의 이자 미지급이나 원금상환이 불능되었을 때 보증한 금액을 채권자에게 대신 변제하고 그 채권자의 권리를 얻는 것이 대위변제이다. 제3자 또는 공동채무자의 1명이 채무자를 위하여 변제하면 그 변제자는 채무자 또는 다른 공동채무자에 대하여 구상권을 취득하게 되는데 변제자는 변제를 받은 채권자가 가지고 있는 권리를 대위하여 행사할 수 있다(민법 제480조 · 제481조),.
대위변제가 생기는 요건으로는 제3자 또는 공동채무자의 1명이 채무자를 위하여 변제를 하고, 그 결과로서 채무자 또는 다른 공동채무자에 대하여 구상권을 갖는 것이다. 변제를 함에 있어서 정당한 이익을 가지고 있는 자(물상보증인, 담보부동산의 제3취득자, 보증인, 연대채무자 등)의 대위를 법정대위라 하며(민법 제481조). 그 밖의 자는 채권자의 승낙을 얻어 변제를 하게 되는데 이를 임의대위라 한다(민법 제 480조1항).

(1) 대위변제의 실행 가능성

대위변제는 경매가 진행되고 있는 당해 부동산에 이해관계가 있는 제3자가 채무자를 대신해서 채무를 변제하는 것으로 담보 등이 설정된 부동산에 소유권, 전세권, 임차권 등을 취득한 자나 후순위 저당권자 등 이해관계가 있는 제3자가 채무자를 대신하여 빚을 갚고 그 액수만큼 채권자가 가졌던 권리를 갖는 것이다.

소멸기준이 되는 선순위 권리의 채권이 비교적 소액이고, 그 다음 순위로 주택임차인이 있거나 소유권이전청구권 가등기, 처분금지가처분 등의 권리에 관한 등기가 있으면 대위변제의 가능성을 검토하여야 한다.

사례)

1. 소유권이전(매매)　　이○○
2. 근저당　　당진농협
3. 소유권이전청구권가등기(매매예약)　　허○
4. 가압류　　신용보증기금
5. 강제경매　　신용보증기금

☞ 3번 가등기권자가 2번 근저당을 대위변제하여 선순위 가등기가 되었다. 따라서 말소기준권리는 2번 근저당이 아니라 4번 가압류이며, 가등기는 낙찰자가 인수하여야 할 사항이다. 이때는 매각물건명세서상 최선순위 설정일자를 확인하는 것이 중요하다.

☞ 대위변제 사항에서 임차인이 경매신청권자인 저당권을 대위변제 할 경우 임차인이 경매정지 또는 취소신청절차를 밟지 않으면 저당권자의 지위로서 배당 받고 대항력을 상실하므로 주의해야 한다.

(2) 대위변제된 경우 대법원 판례

[1] 담보권의 실행을 위한 부동산의 입찰절차에 있어서, 주택임대차보호법 제3조에 정한 대항요건을 갖춘 임차권보다 선순위의 근저당권이 있는 경우에는, 낙찰로 인하여 선순위 근저당권이 소멸하면 그보다 후순위의 임차권도 선순위 근저당권이 확보한 담보가치의 보장을 위하여 그 대항력을 상실하는 것이지만, 낙찰로 인하여 근저당권이 소멸하고 낙찰인이 소유권을 취득하게 되는 시점인 낙찰대금지급기일 이전에 선순위 근저당권이 다른 사유로 소멸한 경우에는, 대항력 있는 임차권의 존재로 인하여 담보가치의 손상을 받을 선순위 근저당권이 없게 되므로 임차권의 대항력이 소멸하지 아니한다.[대법원 1998. 8. 24. 자 98마1031 결정]

[2] 선순위 근저당권의 존재로 후순위 임차권의 대항력이 소멸하는 것으로 알고 부동산을 낙찰받았으나, 그 이후 선순위 근저당권의 소멸로 인하여 임차권의 대항력이 존속하는 것으로 변경됨으로써 낙찰부동산의 부담이 현저히 증가하는 경우에는, 낙찰인으로서는 민사소송법 제639조 제1항의 유추적용에 의하여 낙찰허가결정의 취소신청을 할 수 있다. [대법원 1998. 8. 24. 자 98마1031 결정]

[3] 선순위 근저당권의 존재로 후순위 임차권이 소멸하는 것으로 알고 부동산을 낙찰받았으나, 그 후 채무자가 후순위 임차권의 대항력을 존속시킬 목적으로 선순위 근저당권의 피담보채무를 모두 변제하고 그 근저당권을 소멸시키고도 이 점에 대하여 낙찰자에게 아무런 고지도 하지 않아 낙찰자가 대항력 있는 임차권이 존속하게 된다는 사정을 알지 못한 채 대금지급기일에 낙찰대금을 지급하였다면, 채무자는 민법 제578조 제3항의 규정에 의하여 낙찰자가 입게 된 손해를 배상할 책임이 있다[대법원 2003. 4. 25. 선고 2002다70075 판결]

☞ 근저당권의 피담보채권이 확정되기 전에 그 채권의 일부를 양도하거나 대위변제한 경우 근저당권이 양수인이나 대위변제자에게 이전할 여지는 없다 할 것이나, 그 근저당권에 의하여 담보되는 피담보채권이 확정되게 되면, 그 피담보채권액이 그 근저당권의 채권최고액을 초과하지 않는 한 그 근저당권 내지 그 실행으로 인한 경락대금에 대한 권리 중 그 피담보

채권액을 담보하고 남는 부분은 저당권의 일부이전의 부기등기의 경료 여부와 관계없이 대위변제자에게 법률상 당연히 이전되고 이 경우에도 채권자는 일부 변제자에 대하여 우선변제권을 갖는다(대법원 2002. 7. 26. 선고 2001다53929 판결 등 참조). 다만, 채권자가 보증기관으로부터 신용보증약관에 따라 보증책임을 부담하는 것을 전제로 일부보증을 받아 피보증인에게 대출을 실행한 후에, 채권자가 보증기관에 대하여 보증채무의 이행을 청구하거나 피보증인이 채무 담보조로 설정한 근저당권 등 담보권을 실행하여 경매절차에서의 배당금을 보증기관이 보증한 채무를 포함한 피보증인의 채무에 변제충당할 경우에는, 채권자의 일부 변제자에 대한 우선변제권에 앞서 신용보증약관에서 정한 보증채무의 이행범위나 변제충당 규정의 적용을 받는다고 보아야 할 것이다.(대법원 2009. 2. 26. 선고 2007다15448 판결 [근저당권일부이전등기])

(3) 대위변제 시 구제방법

① 매각 후 매각결정기일 전: 매각불허가 신청
② 매각결정기일후 매각허가결정확정 전: 즉시 항고
③ 매각결정기일 후 대금납부 전: 매각허가결정의 취소신청, 대금감액신청
④ 대금납부후 배당실시 전: 매매계약해제(매각대금반환청구)
⑤ 배당실시 후: 부당이득반환청구

실전경매 권리분석 해결사.

- 특수물건 권리분석 -

이석균 원장

지식에 대한 투자가 가장 많은 이윤을 남긴다 -벤자민 프랭클린

Chapter 11. 선순위 임차인(위장 임차인)

전입일자가 등기부상 말소되는 기준권리보다 빠를 경우 선순위 임차인이라 한다. 선순위 임차인중에는 이를 빌미로 채무자가 낙찰받기 위한 경우 또는 경락자에게 과도한 이사비용을 요구하거나 명도에 시간을 끌어 유리한 상황을 만들기 위해 위장임차인으로 바뀌는 경우가 있다. 위장임차인은 전입일자를 기준으로 계약서가 작성되어 당사자 이외에는 진정한 계약인지 알 수 없으며, 점유 또한 알 수 없으므로 그 진위를 파악하는 것이 어렵다. 따라서 현장에서 파악하려고 하는 노력이 중요하다. 다음과 같은 유형이라면 가장임차인여부를 확인할 필요가 있다.

- 경매 목적부동산의 소유자와 법적인 혼인관계에 있는 임대차
- 소유자와 전입 후 거주하다 이혼하여 임대차계약을 체결하는 경우
- 부모와 자식간의 임대차
- 경매목적 부동산의 소유자와 친인척인 경우
- 경매 부동산의 소유자가 아닌 채무자가 임차인인 경우

1. 주택임대차보호법에 의한 임차인의 조건

임차인이 주택임대차보호법에 의해 보호를 받으려면 다음과 같이 대항요건을 갖추고 보증금을 지급하여야 한다.

1) 전입후 확정일자 2) 계속적인 인도(점유) 3) 유상계약서 4) 계약서(중개업소)

2. 선순위임차인이 가장 임차인인지 여부를 확인하는 방법

1) 전입신고일과 확정일자가 일치하지 않는 경우.
2) 임차인이 채권계산 및 배당요구를 하지 않았을 경우.

임차인의 권리신고 등이 **향후 법적인 조치** 등에 대한 부담으로 작용할 수 있기 때문인데 만약 배당요구를 한 경우에는 임차인이 경매법원에 제출한 배당요구서의 필체와 임대차계약서상의 필체에 대한 동일성 여부를 보고 위장여부를 판단할 수 있다.

3) 법원경매 기록인 집행관의 현황조사내용과 임차인의 신고한 권리내용이 다른 경우 선순위 설정일자를 기준으로 전입일자와 점유일자가 다른 경우 가장임차인일 가능성이 높다.

4) 임차인이 채무자와 동거하는 경우

등기부등본 취득 시나 근저당권 설정 시 채무자주소지와 임차인의 주소가 동일하다면 가족일 가능성이 높다. 또한 해당 부동산에 일부만을 점유하는 경우도 위장임차인일 가능성이 높다. 그러나 소유자의 주소지가 다른 곳으로 이전된 날자와 임차인의 전입된 날자가 같다면 진정한 임차인일 가능성을 염두 해 둬야 한다.

5) 등기부상 채권금액과 임대보증금이 시세에 비해 과다한 경우

입주당시 등기부등본상 유효한 권리 중 매매예약 가등기, 가처분, 예고등기 등 소유권에 관한 하자가 기재되어 있는 경우라면 더욱 위장임차인의 가능성이 높다.

4. 가장 임차인 조사방법

1) 관리비고지서의 명의자가 임차인인지 확인, 중개업소 등을 통해 실제거주 여부 확인

2) 채권자(근저당권자)를 통한 확인. 직접방문하여 소유자와의 관계를 확인

3) 계약서확인, 주민등록등.초본 열람, 가족관계증명서, 법인등기부등본 확인

4) 각종 고지서확인: 관리비, 도시가스 사용료, 우편물, 법원우편물(배당요구 및 권리 신고서, 배당기일통지서 등의 수령자를 확인

Chapter 12. 공유지분 경매

 각 공유자가 공유물에 대하여 가지는 소유의 비율을 "지분"이라고 한다. 지분은 목적물에 대해 공유자가 가지는 추상적인 소유의 비율이며 공유물의 특정부분을 지칭하는 것은 아니다. 따라서 지분은 그 성질상 공유물 전부에 미치게 된다. 지분의 비율은 법률의 규정 또는 공유자의 의사표시에 의해서 정해지는데 지분의 비율에 관하여 특별한 정함이 없는 경우에는 공유자의 지분은 균등한 것으로 추정한다(민법 제262조 제2항). 지분경매의 경우, 낙찰 후 잔금대출이나 사용·수익·처분 과정에서의 어려움에도 불구하고 오히려 이와 같은 이유로 상대적으로 저가에 낙찰 받을 수 있으며 낙찰 후 공유자와의 협의 또는 공유물분할청구의 소(임의경매)와 상대방 지분에 대한 임료청구를 통해(강제경매) 나머지 지분을 처분하여 수익을 올릴 수 있는 장점이 있다.

1. 공유의 의미

 1) 공유

 하나의 물건이 지분에 의하여 수인의 소유로 된 것을 공유라고 한다. 공유는 지분을 중심으로 거의 독립 된 소유권과 마찬가지로 다루어지는 공동소유의 형태이다. 공유에서는 목적물에 대한 각 공유자의 지배권한은 완전히 자유 독립적이지만 목적물이 동일하기 때문에 그 행사에 제약을 받기도 한다. 그러나 공유자는 자신의 지분만큼은 다른 공유자의 동의 없이 자유롭게 처분이 가능하며 공유물 전부를 지분의 비율로 사용 수익 할 수도 있다.

 2) 공유물의 사용. 수익. 부담원칙

 공유자는 공유물의 전부를 지분의 비율로 사용.수익할 수 있으나(민법 제263조) 그 지분의 비율로 공유물의 관리비용 기타 의무를 부담한다. 이러한 의무를 지체한 때에는 의무를 다한 다른 공유자는 상당한 가액으로 그의 지분을 매수할 수 있다(민법 제266조). 이러한 지분매수청구권은 형성권이다. ※ 형성권은 일방적인 의사에 의하여 법률관계를 발생, 변경, 소멸 시킬 수 있는 권리로 지료증감청구권, 지상물매수청구권 등이 있다

3) 공유물의 처분 변경(양도, 소제기 등)

공유자는 다른 공유자의 동의 없이 전체 공유물을 처분하거나 변경하지 못한다(민법 제264조) 공유물을 처분하기 위해서는 공유자 전원의 동의를 필요로 하므로, 공유자 1인의 처분행위는 무효이다.

4) 공유물의 관리(건물임대, 계약해제, 특정부분 사용 등)

공유물의 관리(임대 등)는 공유자 지분 과반수로 결정한다. 대신 수익에 대해서는 지분별로 분배를 해야 한다. 공유물의 관리라 함은 처분이나 변경에 이르지 않는 정도로 공유물을 이용 개량하는 행위를 말한다. 공유물의 관리는 공유자 지분의 과반수의 결정에 의하며(민법 제265조) 지분의 과반수를 가지는 공유자가 있는 경우 그는 단독으로 공유물의 관리행위를 결정할 수 있다. 그러나 그 내용이 공유물의 기존의 모습에 본질적 변화를 일으켜 '관리'가 아닌 '처분'이나 '변경'의 정도에 이르는 것이어서는 안된다(건물 신.증축 등) 대신 수익에 대해서는 지분별로 분배해야 한다.

5) 공유물의 보존

공유자 각자는 단독으로 보존행위를 할 수 있다(민법 제265조)
보존이란 물건이 멸실. 훼손되는 것을 방지하고 그 현상을 유지하기 위하여 하는 행위로서, 이러한 행위는 다른 공유자에게도 이익이 되고 또 긴급을 요하는 경우가 많다(제3자에 대한 반환청구, 소수지분권자의 배타적. 독점적 사용 시) 또한 자기의 지분의 금액만큼 부당이득금과 손해배상금을 청구 할 수 있으며, 다른 공유자의 동의가 없어도 건물철거소송을 제기할 수 있다. 공유물의 보존행위란 "공유물의 멸실 이나 훼손을 방지하고 그 현상을 유지하기 위해 하는 사실적 · 법률적 행위"를 의미 한다. 공유물의 보존행위는 공유자 각자가 단독으로 할 수 있도록 정하고 있는데 이는 보존행위는 긴급을 요하는 경우가 많으며 다른

공유자에게도 이익이 되기 때문이다(민법 제265조).

공유자는 다른 공유자와의 협의 없이는 공유물을 배타적으로 점유하여 사용·수익할 수 없으며, 다른 공유자는 자신이 소유하고 있는 지분이 과반수에 미달되더라도 공유물을 점유하고 있는 자에 대하여 공유물의 보존행위로서 공유물의 인도나 명도를 청구할 수 있다(대법원 전원합의체 93다9392,93다9408 판결).

또한 제3자가 공유물을 권원 없이 점유한 경우 공유자는 '공유물의 보존행위"에 의해서 각자 단독으로 공유물 전부의 반환을 청구할 수 있다(대법원 1969.3.4. 선고 69다21 판결).

2. 공유자우선매수신고

공유자는 매각기일까지 제113조에 따른 보증을 제공하고 최고매수신고가격과 같은 가격으로 채무자의 지분을 우선 매수하겠다는 신고를 할 수 있다(민사집행법 제140조 제1항). 2인 이상이 공동으로 소유한 부동산의 일부 지분만이 경매로 오는 경우, 부동산의 효율적인 이용을 위해서 다른 공유자에게 우선적으로 매수 할 수 있는 기회를 주는 것이 공유자우선매수의 취지이다. 공유자우선매수신고는 사전에 신고하거나 매각당일에 법원에서 할 수 있는데 낙찰자를 발표하고 다음 사건 번호를 호명하기 전까지 공유자가 매수보증금 제공과 함께 최고매수신고가격과 같은 가격으로 우선 매수하겠다는 신고를 하면 낙찰자 대신 해당 공유자가 최고가매수인이 된다.

> 민사집행법 제140조(공유자의 우선매수권)
> ① 공유자는 매각기일까지 제113조에 따른 보증을 제공하고 최고매수신고가격과 같은 가격으로 채무자의 지분을 우선매수하겠다는 신고를 할 수 있다.
> ② 제1항의 경우에 법원은 최고가매수신고가 있더라도 그 공유자에게 매각을 허가하여야 한다.
> ③ 여러 사람의 공유자가 우선매수하겠다는 신고를 하고 제2항의 절차를 마친 때에는 특별한 협의가 없으면 공유지분의 비율에 따라 채무자의 지분을 매수하게 한다.
> ④ 제1항의 규정에 따라 공유자가 우선매수신고를 한 경우에는 최고가매수신고인을 제114조의 차순위매수신고인으로 본다.

> ▣ 민사집행규칙 제76조(공유자의 우선매수권 행사절차 등)
> ① 법 제140조제1항의 규정에 따른 우선매수의 신고는 집행관이 매각기일을 종결한다는 고지를 하기 전까지 할 수 있다.
> ② 공유자가 법 제140조제1항의 규정에 따른 신고를 하였으나 다른 매수신고인이 없는 때에는 최저매각가격을 법 제140조제1항의 최고가매수신고가격으로 본다.
> ③ 최고가매수신고인을 법 제140조제4항의 규정에 따라 차순위매수신고인으로 보게 되는 경우 그 매수신고인은 집행관이 매각기일을 종결한다는 고지를 하기 전까지 차순위매수신고인의 지위를 포기할 수 있다.

▣ 공유자우선매수신고가 되지 않는 경우

① 공유물분할을 위한 형식적 경매
② 공유물 전부에 대한 경매
③ 경매신청을 받은 당해 공유자
④ 일괄매각결정시 매각대상 부동산 중 일부에 대한 공유자
⑤ 구분소유적 공유관계

3. 공유물분할

공유물분할은 현물분할이 원칙이다. 다만 현물분할이 곤란하거나 현물분할을 하면 부동산의 가치가 현저히 떨어질 경우 경매를 통해 지분별로 현금분할(공유물분할 청구의 소)을 한다. 이는 채권이 없는 환가를 위한 경매이므로 "형식적경매"라 한다. 형식적경매의 경우 소멸주의와 인수주의 중 집행법원이 선택하여 경매 사건이 진행되는데 만약 인수주의를 택하여 경매를 진행시킨다면 부동산등기부상의 권리와 부동산상의 권리는 소멸되지 않고 낙찰자가 인수하여야 하므로 매각물건명세서를 확인해야 한다.

▐ 공유지분에 대한 대법원의 판단

공유물의 분할은 공유자 간에 먼저 협의분할 하는 것이 원칙이며, 협의가 성립 되지 않을 경우 재판상분할을 청구할 수 있다는 것이 대법원의 판단이다.
"일부 공유지분에 저당권 설정 후 현물분할된 경우 그 저당권은 분할된 각 부동산 위에 종전의 지분비율대로 존속하고 분할된 각 부동산은 저당권 공동담보가 된다"(대법원 2012.3.29. 선고 2011다74932 판결)

▐ 제269조(분할의 방법)

① 분할의 방법에 관하여 협의가 성립되지 아니한 때에는 공유자는 법원에 그 분할을 청구할 수 있다.
② 현물로 분할할 수 없거나 분할로 인하여 현저히 그 가액이 감손될 염려가 있는 때에는 법원은 물건의 경매를 명할 수 있다.

4. 공유지분 임차인

임차보증금반환의무는 성질상 불가분채권이므로 임차인에게는 보증금 전액을 먼저 지급해야 하고 자기지분을 초과하는 보증금에 대해서는 나머지 공유자들에게 구상권을 행사할 수 있다. 대항력 있는 임차인 있다면 자기 지분만큼은 채무자가 되고 다른 지분권자의 비율만큼은 물상보증인이 되므로 임대차보증금 전액을 인수해야 한다. 전액 배당받지 못하는 후순위 임차인은 다른 공유자에게 반환청구가 가능하며 해결이 안될 경우 다른 지분권자의 지분에도 임차보증금 반환청구를 통해 강제경매를 신청할 수 있다.

▐ 공유지분 배당예제

1) 배당요구하지 않을 경우 보증금에 대한 지분비율만큼 매수인이 인수

ex)공유지분비율 2/3, 임차보증금 6천만 원이면 2/3 인수금액은 4천만원이나 임차보증금 6천만 원을 모두 인수한 후 2천만 원은 타 지분권자에게 구상권을 행사할 수 있다.

2) 배당요구 하였으나 지분비율에 미달되게 배당받은 경우에는 배당금액 및 인수금액의 합이 보증금에 대한 지분비율에 이르도록 인수금액이 결정
 ex) 공유지분매수비율 2/3, 임차보증금 6천만 원 중 배당을 3천만원 받았을 경우 추가로 1천만 원을 인수 한다.

3) 배당요구 하였으나 지분비율을 초과해서 배당받은 경우 다른 공유자에게 지분비율을 초과하는 금액에 대해서는 집행당한 채무자가 구상권을 행사 할 수 있다.

5. 지분경매 명도방법

매수인이 취득한 공유지분이 과반수 이상일 경우에는 관리행위로서 점유자를 상대로 인도명령 신청이 가능하지만 대항력이 있는 임차인이 있는 경우에 임차인의 권리를 인수해야 한다. 취득한 공유지분이 과반수 미만이더라도 채무자가 아닌 다른 공유자가 점유하고 있는 경우 인도명령을 신청할 수 없지만 종전공유자였던 채무자가 점유하고 있는 경우는 보존행위로써 채무자를 상대로 인도명령 신청이 가능하다. 인도협의가 안될 경우 지분을 점유하고 있는 공유자를 상대로 부당이득반환청구소송을 하고 그 판결문을 가지고 공유 지분권자를 상대로 강제경매를 신청할 수 있다.

6. 구분소유적 공유관계

1) 구분소유적 공유관계 특징

구분소유적 공유관계의 등기는 각각의 단독명의가 아니라 여러 명의 공유지분등기로 하는 경우의 법률관계를 말하며 지분권자 사이에는 상호명의신탁관계에 있다. 구분소유적 공유관계가 성립되려면 특정한 부분을 각각 공유자에게 배타적으로 귀속 시키고자 하는 의사에 대

한 합의가 있어야 한다(대법원 2011다 42430 판결). 즉, 1동의 건물 중에서 위치와 면적이 특정이 되고 구조상 그리고 이용상에 있어 독립성이 있는 일부분에 대하여 2인 이상 구분하여 소유하기로 한 약정이 있어야 한다. 각 공유자는 내부적 관계에서 각자의 특정 부분에 대하여 단독소유자로서 권리 행사가 가능 하며 외부관계에 있어서는 1필지 전체에 관해서 공유관계가 성립된다. 제3자의 방해 행위에 대에서는 자기의 구분소유뿐 아니라 전체에 대해서 공유물의 보존행위로서 그 배제를 구할 수 있다(대법원 93다42986 판결).

2) 구분소유적 공유관계가 제3자에게 승계되기 위한 요건

각 구분소유적 공유자가 자신의 권리를 타인에게 처분하는 경우, 구분소유의 목적인 특정 부분을 처분하면서 등기부상의 공유지분을 그 특정 부분에 대한 표상으로 이전해야 구분소유적 공유관계가 승계된다. 경매에서도 집행법원은 공유지분이 아닌 특정 구구분소유적 공유관계를 표상하는 지분으로 취급하여 감정평가 등을 실시한다. 따라서 경매 기록을 면밀히 확인한 후 입찰에 참여해야 한다.

"집행법원이 공유지분이 아닌 특정 구분소유 목적물에 대한 평가를 하게하고 그에 따라 최저경매가격을 정한 후 경매를 실시한 사정이 없는 경우에는 1필지에 관한 공유자의 지분에 대한 경매목적물은 원칙적으로 1필지 전체에 대한 공유지분이라고 봄이 상당하다"(대법원 2008.2.15. 선고 2000다68810, 68827 판결)

Chapter 13. 유치권 경매

 유치권이란 타인의 물건의 점유자가 특정 물건으로 인하여 발생한 채무를 변제받을 때까지 물건을 점유하면 발생하는 권리이다(민법 제320조). 유치권이 발생하는 경우는 소유자와 건설업자간에 발생한 공사비관련 채권과 임차인의 유익비상환청구권에 기한 채권이 있다. 유치권자는 해당 목적물을 유치(점유)하여 채무자의 변제를 간접적으로 강제하며, 경락인에 대해서 그 피담보채권의 변제가 있을 때까지 유치목적물인 부동산의 인도를 거절할 수 있을 뿐이며 그 피담보채권의 변제를 청구할 수는 없다(대법원 2014.12.30. 2014마1407 결정).
 채무자는 상당한 담보를 제공하고 유치권의 소멸을 청구할 수 있다(민법 제327조).
유치권 소멸 청구는 민법 제327조에 규정된 채무자뿐만 아니라 유치물의 소유자도 할 수 있다. 민법 제327조에 따라 채무자나 소유자가 제공하는 담보가 상당한지는 담보 가치가 채권 담보로서 상당한지, 유치물에 의한 담보력을 저하시키지 않는지를 종합하여 판단해야 한다. 따라서 유치물 가액이 피담보채권액보다 많을 경우에는 피담보채권액에 해당하는 담보를 제공하면 되고 (대법원 2001. 12. 11. 선고 2001다59866 판결), 유치물 가액이 피담보채권액보다 적을 경우에는 유치물 가액에 해당하는 담보를 제공하면 된다.

1. 유치권의 성립요건

 1) 채권이 경매 부동산 자체에서 발생할 것(견련성)

 유치(점유)하고 있는 목적물로보터 발생한 채권이어야 하며 경매기입 등 이전에 생긴 채권으로서 목적물을 계속 점유하고 있어야 한다.

ex) 임차보증금, 상가권리금, 건물의 부속물설치비용 등은 견련성이 없어 유치권이 성립하지 안는다.

2) 채권이 변제기에 있어야 할 것

(1) 변제기에 이르지 아니한 채권에 기하여는 유치권을 행사할 수 없다.(대법원 2005다41740판결)
(2) 유익비 상환채권의 변제기가 도래하지 않으면 유치권이 성립하지 않는다.

임대차계약기간이 남은 상태에선 경매 중에는 이를 담보로 유치권은 성립되지 않으므로 이를 근거로 경매신청채권자가 매각 전 유치권자를 상대로 유치권부존재 확인소송을 제기하면 변제기가 도래하지 않았으므로 유치권을 깨뜨릴 수 있다. 그러나 매각이 되면 유치권자는 변제기가 도래한 것으로 보아 유익비 상환 채권에 의해 유치권을 행사할 수 있다.(민법 제320조 1항 참조)

3) 점유할 것

(1) 직접점유

-공사업자나 직원(점유보조자) 등을 통한 점유
-경비용역업체와의 용역계약을 체결 후 점유
-각 공사 시공업자들이 채권단을 구성하여 공동으로 점유
-건물의 출입구를 잠금장치를 통해 봉쇄한 후 외부에 현수막이나 플랭카드나 안내물을 통한 점유

(2) 간접점유

-임대차의 임차인, 전세권자, 지상권자 등을 통해 사실적으로 지배하는 점유
-CCTV, 무인경비시스템, 등을 통해 제3자의 출입을 통제하여 점유의 침탈 내지 점유의 방해를 배제하는 방법
-방해배제청구권 또는 방해예방청구권 보전을 위해 점유방해금지가처분 한 경우

3) 점유의 형태

(1) 유치권이 등기부상에 기재되지 않는 점을 감안 할 때 유치권에 있어서 점유는 제3자에 대한 공시기능을 수행한다. 따라서 점유는 유치권의 성립요건이자 존속요건이다. 따라서 점유를 침탈당할 경우 점유회복의 소로 회복 할 수 있으나 불법행위에 의하여 시작된 것이어서는 안된다.(민법320조 2항).
(2) 경매개시결정이후에 점유할 경우 진정한 공사업자라도 매수인에게 유치권을 주장할 수 없다.
(3) 유치물의 전부를 점유하지 않고 일부만을 점유해도 그 각 부분으로써 피담보 채권의 전부를 담보한다고 할 것이며, 이와 같은 유치권의 불가분성은 그 목적물이 분할 가능하거나 수개의 물건인 경우에도 적용된다.

4) 합법적인 점유일 것

(1) 미등기건물의 점유자는 건물철거청구권을 가지고 있는 대지소유자에게 대항할 수 없다.
(2) 채무자를 직접 점유자로 하여 채권자가 간접 점유하는 경우는 점유에 해당하지 않는다.
(3) 소유자의 동의 없이 유치권자로부터 유치권의 목적물을 임차한 자의 점유는 매수인에게 대항할 수 없다
(4) 점유개시 당시에는 적법한 점유 이였지만 나중에 그 권원이 소멸하였다면 불법점유가 된다. 월세 임대차계약시 임료연체로 계약이 해제되었음에도 임차인이 건물 수리비를 지출한 경우.

5) 유치권 배제특약이 없을 것(은행대출시 포기각서, 원상복구 특약 등)

※ 일반적인 부동산임대차계약서

제3조 목적물의 용법상 수반되는 통상적인 유지, 보수는 임차인의 비용으로 행한다.

제6조 기한의 도래로 인한 임대차계약의 종료시 임차인은 목적물을 원상회복하여 임대인에게 반환하고, 동시에 임대인은 임차보증금을 임차인에게 반환한다.

2. 채권의 소멸시효

유치권자가 유치물을 점유한다고 하여도 공사대금채권의 소멸시효 진행에는 영향을 미치지 않기 때문에 그것만으로는 채권의 소멸시효 진행을 막지는 못한다. 채권의 변제기로부터 채권의 소멸시효 기간은 3년 이므로 채권 소멸시효인 3년 안에 가압류 또는 소송을 재개하여야 시효가 중단되는 효과가 있으며 판결 등을 받아 놓으면 소멸시효는 10년으로 연장된다.

3. 유치권관련 형법조항

[주거침입죄: 형법 제319조 1항]"사람의 주거, 관리 하는 건조물, 선박이나 항공기 또는 점유하는 방실에 침입한 자는 3년 이하의 징역 또는 500만원 이하의 벌금에 처한다."

[재물손괴죄: 형법 제366조] "타인의 재물, 문서 도는 전자기록등 특수매 체기록을 손괴 또는 은닉 기타 방법으로 기효용을 해한 자는 3년이하의 징역 도는 700만 원 이하의 벌금에 처한다."

[부동산 강제집행 효용 침해죄:형법 제140조의 2]"강제집행으로 명 도 또는 인도된 부동산에 침입하거나 기타 방법으로 강제집행의 효용을 해한 자는 5년 이하의 징역 또는 700만 원이하의 벌금에 처한다."

[위계에 의한 경매 방해죄:형법 제315조]"위계 또는 위력 기타 방법으로 경매 또는 입찰의 공정을 해한 자는 2년 이하의 징역 또는 700만 원 이하의 벌금에 처한다."

[사문서위조 및 행사죄: 형법 제231조]"사문서등의 위조·변조를 행사할 목 적으로 권리·의무 또는 사실증명에 관한 타인의 문서 또는 도화를 위조 또는 변조한 자는 5년 이하의 징역 또는 1천만 원이하의 벌금에 처한다."

[사기(미수)죄: 형법 제347조]"사람을 기망 하여 재물의 교부를 받거나 재산상의 이익을 취득한 자는 10년 이하의 징역 또는 2천만원 이하의 벌금에 처한다. 제삼자로 하여금 재물의 교부를 받게 하거나 재산상의 이익을 취득하게 한 때에도 형이 같다."

[유치권 주요판례]

1. 타인의 물건

1) 원시취득에 의한 채무의 소멸

자기 소유의 부동산에는 유치권이 성립할 수 없다. 실제 도급계약의 대다수는 도급인 명의로 건축허가를 받아 소유권 보존등기 하는 것으로 하지만, "특별한 사정"에 의해 수급인이 자신의 노력과 재료를 들여 건물을 완성한 경우 수급인에게 건물의 소유권이 인정되는 것이다. 유치권은 타인의 물권인 경우에 주장할 수 있다는 점에 비추어 볼 때 수급인의 재료와 노력으로 건축되었고 독립한 건물에 해당되는 기성부분은 수급인의 소유라 할 것이므로 수급인은 자신의 물건으로 원시취득 하였으므로 공사대금을 지급받을 때까지 이에 대하여 유치권을 가질 수 없다는 것이 대법원의 일괄된 주장이다. "건축공사수급인이 자기의 재료와 노력으로 건물을 건축한 때는 완성 건물의 소유권은 특별한 사정이 없는 한 도급인이 공사비를 청산해서 소유권을 취득하기 전에는 수급인의 소유에 속한다"(대법원 1992.2.9. 선고 98두16675판결).

2) 대물변제에 따른 채무의 소멸

타인의 물건인 다른 경우는 대물변제에 의해 소유권이전등기가 된 경우이다. 본래의 금전지급에 대신하여 부동산의 소유권을 이전하기로 한 후 그 부동산에 대한 인도만을 하고 아직 소유권이전등기를 하지 않은 경우에는 대물변제가 이루어 졌다고 할 수 없다(대법원 65다1029,1030판결). 대물변제가 채무소멸의 효력을 발생하려면 채무자가 본래의 이행에 갈음하여 행하는 다른 급여가 현실적인 것이어야 하며 그 경우 다른 급여가 부동산소유권의 이전인 때에는 그 부동산에 관한 물권변동의 효력이 발생하는 등기를 경료 하여야 본래의 채무가 소멸된다 할 것이고 그 이전등기가 경료되지 않는한 대물변제의 예약에 불과하여 본래채무가 소멸하지 아니한다는 것이 "대법원 2001다27470 판결" 내용이다.

"공사업자가 내장공사 잔대금채권에 기해 부동산을 유치하고 있는 사건의 공사를 완료한 후 잔대금채권에 대한 대물변제로 그 모텔의 소유권을 넘겨받았다면, 그 점유는 '타인'의 부동산에 관한 점유가 아니므로 유치권은 성립하지 않는다"(부산고법 2007.4.12. 선고 2006나1180판결)

  3) 혼동으로 인한 유치권의 소멸

  피고 이00는, 1997. 11.경 이 사건 건물 3, 4층에 관하여 식당 시설공사를 하였으나 당시 이 사건 건물의 소유자 피고 이규0로부터 공사대금 150,000,000원을 수령하지 못하였다고 주장 하면서, 위 시설공사가 완료된 이후 피고 이규0에 대한 공사대금 채권에 기하여 이 사건 건물을 점유함으로써 유치권을 취득 하였으므로, 공사대금 150,000,000원을 받을 때까지는 원고의 청구에 응할 수 없다고 항변한다. 그러나 위에서 살펴본 바에 의하면, 피고 이00는 그 주장에 따라 유치권을 취득한 이후인 2001. 12. 7. 이 사건 건물의 소유권을 취득한 사실을 인정할 수 있다. 이에 의하면, 설령 피고 이0도에게 그 주장과 같은 유치권이 존재하였다고 하더라도, 위 유치권은 「민법」 제191조 제1항에 의하여 피고 이0도가 이 사건 건물의 소유권을 취득한 때에 혼동으로 소멸하였다 할 것이다. 결국 피고 이0도의 주장은 이유 없다(서울고등법원 2007.3.30. 선고 2006나78956).

2. 점유

  1) 점유는 합법적이어야 한다

P 점유 없이 한 유치권성립 합의(소극)

  유치권은 법정담보물권 으로서 일정한 법정 요건 하에서 발생하는 것으로 당사자들의 약정에 의하여 임의로 성립시킬 수는 없다고 할 것이고, 앞서 본 바와 같이 유치권 성립요건의 하나인 피고들의 점유사실이 인정되지 아니한 이상 위 김00와 피고 00건설이 이 사건 부동산에 관하여 유치권을 성립시키기로 합의 하였다고 하였다 하더라도 이로써 유치권이 성립하였다고 할 수 없다고 할 것이다(서울고등법원 2008.4.24. 선고 2007103255).

☞ 점유라고 함은 물건이 사회통념상 그 사람의 사실적 지배에 속한다고 보여지는 객관적 관계에 있는 것을 말하고 사실상의 지배가 있다고 하기 위하여는 반드시 물건을 물리적, 현실적으로 지배하는 것만을 의미하는 것이 아니고 물건과 사람과의 시간적, 공간적 관계와 본권관계, 타인지배의 배제가능성 등을 고려하여 사회 관념에 따라 합목적적으로 판단하여야 한다. "공장 신축공사에서 공사 잔대금 채권에 기한 공장 건물의 유치권자가 공장 건물의 소유 회사가 부도가 난 다음에 그 공장에 직원을 보내 그 정문 등에 유치권자가 공장을 유치·점유한다는 안내문을 게시하고 경비용역회사와 경비용역계약을 체결하여 용역경비원으로 하여금 주야 교대로 2인씩 그 공장에 대한 경비·수호를 하도록 하는 한편 공장의 건물 등에 자물쇠를 채우고 공장 출입구 정면에 대형 컨테이너로 가로막아 차량은 물론 사람들의 공장 출입을 통제하기 시작하고 그 공장이 경락된 다음에도 유치권자의 직원 10여 명을 보내 그 공장 주변을 경비·수호하게 하고 있었다면, 유치권자가 그 공장을 점유하고 있었다고 볼 여지가 충분하다"(대법원 1996. 8. 23., 선고, 95다8713, 판결).

☞ 원고가 이 사건 아파트 신축 직후인 2001. 11.경부터 그 현관문에 시정장치를 하고 "00물산(원고)의 유치권행사로 인한 폐쇄"라는 취지의 공고문을 부착한 다음 그 열쇠를 직접 관리하여 왔다면, 원고는 위 신축 직후부터 이 사건 아파트를 점유하고 있다고 볼 것이므로, 피고의 위 주장은 이유 없다(서울남부지방법원 2005.1.13. 선고 2004나4084).

☞ 현황조사결과나 피고의 관리비 납부 사실만으로는 원고(유치권자)의 점유사실을 인정하는데 장해가 될 수 없고, 달리 반증 없다.

(1) 원고가 공사를 완료한 직후인 2004. 8. 18.경부터 이 사건 계쟁상가를 포함한 이 사건 건물 전체에 대하여 유치권 안내문 등을 부착하고 타인의 출입을 통제하면서 이를 점유하여 왔고, 2009. 10. 15. 주식회사 서유개발과 이 사건 계쟁상가에 관한 상가유치권 관리 계약을 체결하여 서유개발로 하여금 이 사건 계쟁상가를 관리하도록 한 사실을 인정할 수 있으므로, 원고는 2004. 8. 18.경부터 현재까지 이 사건 계쟁상가를 직접 또는 서유개발을 통하여 간접 점유하여 왔다고 할 것으로 위 인정을 뒤집기에 부족하다.

(2) 한편, 위 경매절차에서 집행관이 작성한 2008. 7. 9.자 부동산현황조사보고서에 2008. 7. 7. 현재 이 사건 건물 전체의 점유 관계 및 임대차관계가 미상이고, 이 사건 건물 전체가 공실상태라고 기재되어 있는 사실 및 피고가 이 사건 계쟁상가에 관한 소유권이전등기를 마친 이후 이 사건 건물의 관리회사인 민주산업 주식회사에 이 사건 계쟁상가에 관한 관리비를 납부해온 사실을 인정할 수 있다. 그러나 피고가 원고를 상대로 부동산인도명령을 신청하였으나 원고에게 유치권이 있다는 이유로 기각결정을 받은 사실(인천지방법원 부천지원 2009타기1093, 인천지방법원 2009라466, 대법원 2010마168), 피고가 다시 서유개발을 상대로 부동산인도명령을 신청하였으나 역시 기각된 사실(인천지방법원 부천지원 2009타기1596)을 인정할 수 있고, 여기에 ① 원고가 위 경매절차에서 2008. 9. 23.경 위 공사대금채권을 피담보채권으로 하여 유치권을 신고하였는바 피고는 위와 같은 유치권신고사실을 인지하고 경매절차에 참가한 것으로 보이는 점, ② 현진건설과 이 사건 건물에 관한 위·수탁관리계약을 체결하고 이 사건 건물을 관리해온 민주산업 주식회사가 이 사건 계쟁상가에 관한 관리비도 최초 원고에게 청구했던 점(을 제4호증), ③ 이 사건 계쟁상가가 공실상태에 있다 하더라도 그 기본관리비는 소유자인 피고가 부담하는 것이 당연한 점 등의 사정을 더하여 보면, 위와 같은 현황조사결과나 피고의 관리비 납부 사실만으로는 원고의 점유사실을 인정하는데 장해가 될 수 없고, 달리 반증 없다.

(3) 나아가 피고의 점유상실 주장에 관하여 보건대, 피고가 이 사건 계쟁상가에 자신의 물건을 갖다놓았다가 2010. 6. 22. 소외 1에게 이 사건 계쟁상가를 임대하여 소외 1이 이 사건 계쟁상가를 점유하고 있는 사실을 인정할 수 있다. 그러나 원고를 상대로 부동산인도명령을 신청하였다가 기각결정을 받은 피고가 자신의 소유임을 주장하며 이 사건 계쟁상가에 대한 현실적 점유를 개시한 것은 부당한 방법에 의하여 원고의 점유를 침탈한 것이라고 할 것이고, 원고가 점유침탈을 이유로 이 사건 계쟁상가의 점유를 회수할 수 있는 이상, 원고가 이 사건 계쟁상가에 관한 점유를 상실하였다고 할 수 없으므로, 피고의 위 주장도 그 이유가 없다.

2) 경매개시후의 점유가 유치권 성립요건에 해당하지 않는 판례

강제경매개시결정 기입등기가 경료되어 압류의 효력이 발생한 이후에 점유하기 시작하였

다면 유치권은 성립하지 않으나 실질적으로 출입문을 시정하고 그 열쇠를 보관하였는지 등을 확인해야 한다.(서울중앙지법 2009. 9. 4., 선고, 2009가합49365,판결: 항소).

☞ 채무자 소유의 부동산에 경매개시결정의 기입등기가 경료되어 압류의 효력이 발생한 이후에 채권자가 채무자로부터 위 부동산의 점유를 이전받고 이에 관한 공사 등을 시행함으로써 채무자에 대한 공사대금채권 및 이를 피담보채권으로 한 유치권을 취득한 경우, 이러한 점유의 이전은 목적물의 교환가치를 감소시킬 우려가 있는 처분행위에 해당하여 민사집행법 제92조 제1항, 제83조 제4항에 따른 압류의 처분금지효에 저촉되므로, 위와 같은 경위로 부동산을 점유한 채권자로서는 위 유치권을 내세워 그 부동산에 관한 경매절차의 매수인에게 대항할 수 없고, 이 경우 위 부동산에 경매개시결정의 기입등기가 경료되어 있음을 채권자가 알았는지 여부 또는 이를 알지 못한 것에 관하여 과실이 있는지 여부 등은 채권자가 그 유치권을 매수인에게 대항할 수 없다는 결론에 아무런 영향을 미치지 못한다(대법원 2006. 8. 25. 선고 2006다22050 판결).

☞ 피고가 위 경매개시결정이 있기 이전인 2002년 10월 말경 또는 2002년 11월 초순경 이 사건 공사에 착공하였음에 부합하는 듯한 갑 제3호증의 4, 5, 갑 제6호증의 4, 7의 각 기재는, 집행관이 2002. 12. 22. 실시한 현황조사 보고서에 첨부된 사진에 의하면 그때까지도 이 사건 토지상에 있던 기존의 2층 건물의 철거 작업이 시작되었다고 보기 어렵고, 2003. 7. 27. 실시한 현황조사 보고서에 첨부된 사진에 의하면 그때서야 비로소 위 철거 작업이 거의 마무리 된 것으로 보이는 점 등에 비추어 선뜻 믿기 어렵고 달리 이를 인정할 만한 증거가 없다(부산고등법원 2006. 3. 10. 선고 2005나473 판결).

☞ 유치권으로 인정받지 못한 판례(유치권확인의소)

① 원고(유치권자)는 2015. 7. 2. 이후에 이 사건 각 부동산의 분양을 위하여 유치권 행사 관련 현수막 등을 철거하였다가 이 사건 임의경매절차 개시 이후에 다시 현수막과 컨테이너 등을 설치한 점, ② 집행관이 이 사건 임의경매절차에서 2016. 7. 25. 이 사건 각 부동산의 점유 현황을 조사하고 작성한 부동산현황조사보고서에는 현장에서 이해관계인을 만나지 못하여 점유관계가 미상이라고 기재되어 있고 유치권과 관련된 기재는 찾을 수 없는 점, ③

따라서 원고가 설치한 컨테이너와 현수막은, 원고의 계속적·배타적 점유가 아닌 단지 원고가 일시적으로 이 사건 각 부동산을 점유하는 것과 같은 형식적 외관을 표시하기 위한 용도로 사용된 것으로 보이는 점, ④ 원고가 이 사건 임의경매절차에서 유치권 신고를 하지 아니한 점, ⑤ 피고가 이 사건 임의경매절차에서 2018. 1. 16. 이 사건 각 부동산을 매수하여 같은 날 소유권이전등기를 마친 점 등을 앞에서 본 법리에 비추어 살펴보면, 원고가 제출한 증거들만으로는 원고가 이 사건 각 부동산에 관하여 타인의 간섭을 배제할 정도로 계속 점유하여 왔다고 인정하기에 부족하고, 달리 이를 인정할 증거가 없다. 따라서 원고의 주장은 나머지 점에 관하여 더 나아가 살펴볼 필요 없이 이유 없다.(전주지법 2020. 4. 8., 선고, 2019가합288, 판결: 항소)

3) 기타 점유의 형태

☞ 보전행위에 따른 점유는 유치권성립으로 인정됨

피고가 홍00과 사이에 이 사건 건물 중 3층 부분에 관한 전세권계약을 체결하고 그 무렵부터 이를 점유·사용하여 온 사실은 앞에서 인정한 것과 같은바, 피고가 이 사건 건물 중 3층 부분에 관한 유치권을 행사함에 있어 원고의 소유권 취득일 이후에도 종전과 마찬가지로 이를 계속 사용하는 것은 보존행위에 포함되는 것이거나 일종의 유치방법으로 보아야 함이 상당할 뿐만 아니라, 피고는 이 사건 항소심 계속 중인 2008. 5. 17. 이 사건 건물 3층 부분에서 사무실을 이전하였고 이후 사설경비업체를 통하여 유치권의 행사에 필요한 최소한의 보존행위에 따른 점유만 하고 있는 사실은 앞서 본바와 같으므로 원고의 위 주장은 이유 없다(대전지방법원 2008. 6. 11.선고 2008나700, 건물명도).

☞ 컨테이너 박스의 점유

이 사건 컨테이너가 이 사건 공장건물의 종물에 해당하여 만약 위 피고가 이 사건 공장건물에 관하여 민사유치권을 가지고 있다면 그 효력이 이 사건 컨테이너에도 미치는지 여부에 관하여 살피건대, 종물은 주물의 상용에 이바지하는 관계에 있어야 하고, 주물의 상용에 이바지한다 함은 사회 관념상 계속해서 주물 그 자체의 경제적 효용을 다하게 하는 것을 말하므로, 주물의 소유자나 이용자의 상용에 공여되고 있더라도 주물 그 자체의 효용과 직접 관계가 없는 물건이나, 일시적 용도에 이바지되는 물건은 종물이 아니라고 할 것인바, 이 사건 컨테이너는 한국000이 이 사건 공장의 운영과 관련된 업무를 처리하기 위한 사무실로 사용하려고 설치한 것이기는 하나, 이 사건 컨테이너가 사회 관념상 계속해서 이 사건 공장건물의 경제적 효용을 다하게 하는 물건이라고 보기는 어려우므로, 결국 이 사건 컨테이너가 이 사건 공장건물의 종물이라고 할 수는 없고, 따라서 이를 전제로 하는 위 피고의 이 부분 주장도 이유가 없다(수원지방법원 안산지원 2006. 11. 21. 선고 2006가단5451 판결).

▶ 채무자의 승낙이 없는 유치권자의 점유

유치권의 성립요건인 유치권자의 점유는 직접점유이든 간접점유이든 관계없지만, 유치권자는 채무자의 승낙이 없는 이상 그 목적물을 타에 임대할 수 있는 처분권한이 없으므로(민법 제324조 제2항 참조), 유치권자의 그러한 임대행위는 소유자의 처분권한을 침해하는 것으로서 소유자에게 그 임대의 효력을 주장할 수 없고, 따라서 소유자의 동의 없이 유치권자로부터 유치권의 목적물을 임차한 자의 점유는 구 민사소송법 제647조 제1항 단서에서 규정하는 '경락인에게 대항할 수 있는 권원'에 기한 것이라고 볼 수 없다. 또한 기록에 의하면, 이 사건 건물의 유치권자로서 재항고인들에게 그 2층 부분을 임대하였다고 하는 00산업개발 주식회사(이하 00산업'이라 한다)에 대하여는 낙찰자의 신청에 의하여 이 사건 건물 전부를 낙찰자에게 인도하라는 인도명령이 이미 확정되어 있음을 알 수 있으므로, 00산업이 재항고인들로부터 그 점유를 이전받더라도 이를 점유할 수 없게 됨으로써 그 유치권을 더 이상 유지할 수도 없게 되었다(대법원 2002. 11. 27.선고 2002마3516결정 【부동산인도명령】)

4) 유치권자의 선관주의의무

▶ 유치권자는 선량한 관리자의 주의로 유치물을 점유하여야 함

민법 제324조에 의하면, 유치권자는 선량한 관리자의 주의로 유치물을 점유하여야 하고, 소유자의 승낙 없이 유치물을 보존에 필요한 범위를 넘어 사용하거나 대여 또는 담보제공을

할 수 없으며, 소유자는 유치권자가 위 의무를 위반한 때에는 유치권의 소멸을 청구할 수 있고, 한편 민법 제323조에 의해 유치권자에게 과실수취권이 인정되지만, 이는 유치물의 사용·임대 등에 소유자의 승낙이 있거나 그것이 보존행위에 해당함을 전제로 하는 것이므로 유치권자에 대한 과실수취권의 인정이 승낙 없는 사용이나 대여를 정당화할 수는 없다고 할 것이다(대법원 2006. 2. 23.선고 2005다57523판결【건물명도등】).

▶ 유치권자가 유치물을 직접 사용한 사례

민법 제324조에 의하면 유치권자는 선량한 관리자의 주의로 유치물을 점유하여야 하고, 소유자의 승낙 없이 유치물을 보존에 필요한 범위를 넘어 사용하거나 대여 또는 담보제공을 할 수 없으며, 소유자는 유치권자가 위 의무를 위반한 때에는 유치권의 소멸을 청구할 수 있다고 할 것인바, 공사대금채권에 기하여 유치권을 행사하는 자가 스스로 유치물인 주택에 거주하며 사용하는 것은 특별한 사정이 없는 한 유치물인 주택의 보존에 도움이 되는 행위로서 유치물의 보존에 필요한 사용에 해당한다고 할 것이다. 그리고 유치권자가 유치물의 보존에 필요한 사용을 한 경우에도 특별한 사정이 없는 한 차임에 상당한 이득을 소유자에게 반환할 의무가 있다(대법원 2009. 9. 24. 선고 2009다40684 판결).

▶ 선관주의의무 위반이라고 볼 수 없는 사례

원고는 유치권자로서 선량한 관리자의 주의의무가 있다고 할 것인데 원고가 이 사건 점유부분의 창문에 붉은 라카칠을 하고 이 사건 건물 부근에서 플랜카드 및 피켓 등을 이용하여 허위 사실을 게시하고 예식장 및 뷔페 영업을 방해하는 집회·시위를 하는 등 이를 위반하였으므로, 피고가 유치권의 소멸을 청구하여 원고의 유치권은 소멸하였다고 재항변한다. 살피건대, 유치권자는 선량한 관리자의 주의로 유치물을 점유하여야 하고(민법 제324조 제1항), 유치권자가 위 의무를 위반한 때에는 채무자는 유치권의 소멸을 청구할 수 있다(민법 제324조 제3항)고 할 것이나, 원고가 이 사건 점유부분의 창문에 붉은 라카칠을 하거나 이 사건 건물 부근에서 플랜카드 및 피켓 등을 이용하여 집회·시위 등을 한 것만으로는 유치권을 소멸시킬 정도로 유치물인 이 사건 점유부분에 손상을 가하거나 내·외부 시설의 현상을 훼손하였다고 보기 어려우므로 원고의 유치방법이 선량한 관리자의 주의의무에 반한다고 할 수 없어, 피고의 위 재항변도 이유 없다(서울고등법원 2010. 11. 24.선고 2009나53262(본소) 공사대금, 2009나53279(반소) 건물명도등, 2009나53286(반소) 구상금).

▶ 선관주의의무 위반사례

이 사건 건물은 노후하여 지하층의 침수 우려가 있었고, 이로 인하여 원고는 배수펌프를 설치하여 지하층의 물을 배수하여 왔는데, 피고 회사의 점유 도중인 2008. 2.경 배수펌프가 분실되었다. 이로 인하여 그 무렵부터 2010. 4.경까지 이 사건 건물의 지하 1층과 지하 2층이 침수되었고, 지하층에 설치되어 있던 철제계단, 구조물, 배수펌프의 스위치판넬 등이 물에 잠겨 녹이 슬게 되었으며, 벽체에 얼룩과 부식이 남게 되었다. 유치권자는 선량한 관리자의 주의로 유치물을 점유하여야 하는바, 이 사건 건물을 점유하는 피고 회사로서는 이 사건 건물에 설치된 시설물이 분실되지 아니하도록 적절히 관리하고 침수우려가 있을 때는 적절한 방법으로 이를 막아야 하며 설령 침수가 되었다고 하더라도 신속하게 배수를 하였어야 함에도 불구하고, 장기간 이 사건 건물을 방치하여 침수에 이르게 하고 배수를 하지 아니하여 건물 및 시설물의 훼손을 초래하였다고 할 것이다. 피고 회사는 유치권자로서의 선관의무를 위배하였다고 할 것이고, 이를 이유로 한 원고의 유치권소멸청구는 이유 있으므로, 피고 회사의 유치권은 소멸되었다고 할 것이다(서울고등법원 2011. 6. 3.선고 2010나88684 건물명도등).

▶ 소유자의 승낙을 얻지 않고 유치물을 사용, 대여하거나 담보제공을 한 경우

민법 제323조 제1항에 의하여 유치권자는 유치물의 과실을 수취하여 다른 채권보다 먼저 그 채권의 변제에 충당할 수 있으나, 이는 채무자나 소유자의 승낙이 있는 경우 또는 보존행위로 과실을 수취하는 경우 등을 의미할 뿐인데(민법 제324조 제2항 참조), 설령 피고를 유치권자로 보더라도 피고가 이 사건 건물을 점유·사용함에 있어 소유자인 원고로부터 승낙을 받았다거나 그 사용관계가 보존행위에 해당하는 것으로 볼 만한 증거가 없다. 오히려 유치권은 채권담보를 위하여 목적물을 점유할 수 있는 것에 불과하므로, 원칙적으로 채무자나 소유자의 승낙 없이는 유치물을 사용, 대여하거나 담보제공을 할 수 없고, 만일 유치권자가 승낙을 얻지 않고 유치물을 사용, 대여하거나 담보제공을 한 경우에 그것이 보존행위가 아

닌 한 그에 따른 이득은 부당이득으로서 채무자나 소유자에게 반환하여야 하는데, 피고가 앞서 본 바와 같이 OO개발과 사이에 임대차계약을 체결하고 이 사건 건물을 이용하여 모텔영업을 함으로써 그 운영이익을 기성금 채권에 충당하여 왔고, 그러한 사용이 보존행위에 해당한다고 볼 도리는 없는 것이므로, 피고는 원고에게 건물 사용에 따른 부당이득을 반환하여야 할 뿐만 아니라, 피고의 위와 같은 사용은 유치권의 소멸청구 사유에 해당한다.(광주고등법원 전주재판부 2009. 11. 20.선고 2009나1356 토지인도 등).

5) 유치권에서 자주 언급되는 판례

☞ 점유와 채권의 동시양도

견OO, 김OO이 OO종합건설의 대표이사인 배OO으로부터 이 사건 건물의 3층부터 12층까지의 인테리어 공사를 도급받아 2003. 2.경 완공한 사실, 2003. 5.경 위 견OO이 피고 최OO에게 위 인테리어 공사대금채권을 양도하고 양도사실을 배OO에게 통지한 사실, 피고 최OO과 배OO이 위 인테리어 공사대금을 9억 2,400만 원으로 정산한 사실, 그 후 피고 최OO이 배OO을 상대로 위 공사대금의 청구소송을 제기하여 위 사건의 항소심(서울고등법원 2006나117332)에서 2007. 12. 12. 피고 최OO이 배OO으로부터 지급받아야 할 위 공사대금이 680,873,334원이라는 취지의 판결이 선고되고, 이에 대한 배OO의 상고가 대법원 2008. 4. 14. 선고 2008다8164 판결로 기각됨으로써 위 판결이 확정된 사실, 피고 이OO은 피고 최OO의 사용 승낙을 얻고 피고 최OO과 이 사건 4 건물을 공동으로 점유하고 있는 사실을 인정할 수 있고, 피고 조OO이 피고 최OO로부터 이 사건 3 건물을 임차하여 점유해 온 사실을 앞서 본 바와 같은바, 그렇다면 피고 최OO은 배OO으로부터 위 공사대금을 지급받을 때까지 이 사건 각 건물을 유치할 수 있고, 피고 조OO, 이OO은 피고 최OO의 유치권을 원용하여 주장할 수 있는 지위에 있으며, 물건의 인도를 청구하는 소송에서 피고의 유치권 항변이 인용되는 경우에는 그 물건에 관하여 생긴 채권의 변제와 상환으로 그 물건의 인도를 명하여야 할 것이므로(대법원 1969. 11. 25. 선고 69다1592 판결 참조), 피고들의 이 부분 항변은 위 공사대금 680,873,334원의 지급을 동시이행으로 구하는 범위 내에서 이유 있다(서울고등법원 2008.7.2. 선고 2007나64794).

📍 점유의 상실

원고는 이 사건 토목공사를 완료하여 이 사건 토지에 관하여 생긴 공사대금채권이 있어 이 사건 토지를 유치할 권리가 있고, 이 사건 건물의 기초를 완성하는 등 건물의 가치를 증가시켜 유익비 채권이 있으므로 이 사건 건물 중 지하층과 1층(이하 이 사건 건물부분이라 한다)에 대한 유치권이 있다. 2003. 2. 9.경 전까지는 원고의 직원이 현장 사무실에 근무하는 등으로 원고가 이 사건 건물부분을 계속 점유하고 있었다고 할 수 있지만, 2003. 2. 9.경 직원이 철수한 후부터는 원고는 점유 안내문이 부착된 컨테이너박스를 그대로 두고 프00호텔에 현장 철수와 공사 금지를 요구하였을 뿐 이 사건 공사현장의 출입을 통제 하거나 시정장치를 하는 등의 방법으로 공사현장을 관리하지 않았고, 재개된 호텔 신축공사는 정상적으로 진행되었으므로 원고가 이 사건 건물부분을 계속 점유하였다고 볼 수 없다. 그리고 원고가 주장하는 점유의 침탈 당시는 호텔 신축공사가 거의 완료될 무렵으로 원고가 유치권에 기한 점유를 다시 회복하기 위하여 채용한 직원이 현장에서 잠시 근무하다가 피고의 직원에 의하여 쫓겨난 것이어서 원고의 새로운 점유가 확립되지도 않았다. 따라서 원고가 주장하는 점유의 침탈 당시 원고가 타인의 지배가능성을 배제하면서 이 사건 건물부분을 실질적으로 지배하였다거나 현장관리를 하면서 공사가 진행되는 것을 묵인함으로써 간접점유하고 있었다고 볼 수 없고, 달리 이를 인정할 증거가 없으므로 원고의 주장은 이유 없다(광주고등법원 2006. 12.14 선고 2005나3532).

📍 점유침탈자의 특별승계인

점유자(유치권자)의 점유회수청구권은 침탈자(낙찰자)의 특별승계인(제3양수인)에 대하여는 행사하지 못하고, 다만 승계인이 악의인 때에만 행사할 수 있는 것이다(민법 제204조 제2항(대법원 1995. 6. 30. 선고 95다12927 판결[점유물반환등]).

📍 점유침탈행위로 피고의 유치권을 소멸케 한 경우 대법원판결 내용

1. 원심판결 이유에 의하면, 원심은 원고가 주식회사 한국토지신탁이 실시한 공매절차에서 2006. 7. 18. 이 사건 각 부동산을 대금 6,398,736,830원에 매수하고 같은 날 소유권이전

등기를 마친 사실, 피고는 미지급 공사대금 채권에 기한 유치권을 주장하면서 2005. 4.경부터 소외 1 등 피고 직원을 통하여 이 사건 각 부동산을 점유하여 왔고, 위 공매절차에서도 유치권을 신고한 사실, 원고는 2006. 8. 2. 납골당 운영본부장인 소외 2를 통해 용역업체 직원 70명 정도를 동원하여, 당시 이 사건 각 부동산을 점유하고 있던 피고의 직원들을 강제로 퇴거시키고 이 사건 각 부동산의 점유를 취득하였으며, 그 결과 피고는 이 사건 각 부동산에 대한 점유를 상실한 사실, 소외 2는 위 일로 인하여 2007. 11. 20. 의정부지방법원 고양지원 2007고단7호 사건에서 폭력행위 등 처벌에 관한 법률 위반죄 등으로 징역 10월을 선고받았고, 2008. 3. 28. 항소심인 의정부지방법원 2007노2123호 사건에서 징역 10월에 집행유예 2년을 선고받아 그 무렵 위 항소심 판결이 확정된 사실, 피고가 원고를 상대로 제기한 점유회수의 소(의정부지방법원 고양지원 2007가합5663호)에서 2008. 2. 22. 이 사건 각 부동산에 대한 원고의 점유침탈사실이 인정되어 피고의 청구를 인용하는 판결이 선고되었고, 원고의 항소(서울고등법원 2008나36284호)와 상고(대법원 2009다5155호)가 모두 기각된 사실, 그런데 소외 3 주식회사가 원고(낙찰자)와 임대차계약과 봉안시설 운영대행계약을 각 체결하고 이 사건 각 부동산의 점유를 이전받아 납골당 영업을 함에 따라 위 점유회수의 소의 확정판결에 기한 집행이 이루어지지 못하였고, 그 결과 피고(유치권자)는 현재 이 사건 각 부동산에 대한 점유를 회복하지 못하고 있는 상태인 사실 등을 각 인정한 다음, 점유를 침탈당한 자는 그 점유침탈자와 악의의 특별승계인을 상대로 민법 제204조 소정의 점유회수청구의 소를 제기할 수 있고 그와 별도로 점유침탈자를 상대로 손해배상청구의 소도 제기할 수 있는 이상, 원고가 이 사건 각 부동산의 점유를 침탈한 후에 소외 3 주식회사와 임대차계약 및 봉안시설 운영대행계약을 각 체결하고 소외 3 주식회사로 하여금 이 사건 각 부동산을 직접점유하면서 납골당을 운영하도록 한 것만으로는, 비록 결과적으로 소외 3 주식회사에 대하여 피고의 원고에 대한 점유회수의 승소확정판결이 집행되지 아니하는 사정이 초래되었다고 하더라도, 원고의 이 사건 청구가 권리남용에 해당하거나 신의칙에 위배된다고 단정할 수 없다고 판단하여, 제1심판결을 취소하고 원고의 청구를 인용하였다.

2. 그러나 원심의 이러한 판단은 다음과 같은 이유에서 수긍하기 어렵다.
원심이 인정한 사실과 기록에 의하면, ① 피고가 이 사건 각 부동산에 관한 공매절차에서 이미 유치권을 신고하였으므로, 원고는 그러한 사실을 숙지한 상태에서 위 각 부동산을 매수한 사실, ② 그럼에도 원고는 피고와의 협의 내지 정식의 법적 절차를 거쳐 위 각 부동산의 점유를 이전받으려는 노력은 하지 않은 채 매수일로부터 약 보름 정도 경과한 후 원고의 재정부장이자 납골당운영본부장인 소외 2를 시켜 그의 주도하에 대규모 인원을 동원하여 폭력을 행사하는 방법으로 피고로부터 이 사건 각 부동산의 점유를 강제로 빼앗은 사실, ③ 따라서 원고는 피고의 점유를 불법적으로 침탈한 본인으로, 민법 제204조 제1항 에 따라 피고에게 침탈한 점유를 반환할 의무를 부담하고 있는 사실, ④ 피고가 원고를 상대로 제기한 점유회수의 소에서도 '이 사건 각 부동산을 인도하라'는 피고 승소판결이 선고되었고 그 판결이 확정된 사실, ⑤ 원고는 위 판결에 따라 침탈한 점유를 반환하기는 커녕 오히려 위 각 부동산에 관한 점유를 소외 3 주식회사에게 이전함으로써 피고의 위 판결에 기한 강제집행까지 방해한 사실, ⑥ 피고가 침탈당한 점유를 회수하면 유치권도 되살아날 것인데, 원고의 점유침탈에 이은 고의적인 점유이전으로 피고는 점유회수의 소에서 승소하고도 상실한 점유를 회복하지 못하고 있는 사실, ⑦ 원고의 대표자 소외 4는 소외 3 주식회사 설립 당시 위 회사의 대표자였고, 임대차계약 및 봉안시설 운영대행계약 체결 당시 원고 및 소외 3 주식회사의 각 대표자였던 사실(따라서 소외 3 주식회사도 위와 같은 사정을 누구보다 잘 인식하였던 것으로 보인다)을 알 수 있고, 나아가 피고가 법적 절차를 통해 점유를 회수하기 위해 원고 및 소외 3 주식회사를 상대로 여러 차례 소송을 제기하여 장기간 진행해 오고 있는 동안에도, 막상 점유를 침탈한 원고 및 그로부터 점유를 이전받은 소외 3 주식회사는 다수의 납골당을 지속적으로 분양하고 있는 것으로 보인다.

위와 같은 사정에 비추어 보면, 원고는 자신의 점유침탈행위로 피고의 유치권을 소멸케 하였고 나아가 고의적 점유이전으로 피고의 확정판결에 기한 점유회복조차 곤란하게 하였는 바, 그럼에도 피고가 현재까지 점유회복을 하지 못한 사실을 내세워 원고가 피고를 상대로 적극적으로 유치권부존재확인을 구하는 것은, 자신의 불법행위로 초래된 상황을 자기의 이익으로 원용하면서 피해자에 대하여는 불법행위로 인한 권리침해의 결과를 수용할 것을 요구하고, 나아가 법원으로부터는 위와 같은 불법적 권리침해의 결과를 승인받으려는 것으로서, 이는 명백히 정의 관념에 반하여 사회생활상 도저히 용인될 수 없는 것으로 권리남용에 해당하여 허용되지 않는다고 할 것이다. 그럼에도 불구하고 원심이 피고의 권리남용 주장을 배척하고 원고의 이 사건 유치권부존재확인청구를 인용한 것은, 권리남용에 관한 법리를 오해한 나머지 판결 결과에 영향을 미친 것이라고 할 것이다. 이 점을 지적하는 피고의 주장은 이유 있다. ─대법관 이홍훈(재판장) 김영란 김능환 민일영(주심).

자력구제

　원고들은(유치권자) 2005. 10. 27. 피고가 2005. 10. 24.자로 이 사건 건물의 낙찰대금을 모두 납부하였다는 이야기를 듣고 서둘러 경비용역회사와 경비용역계약을 체결한 다음, 2005. 10. 30. 06:00경 용역업체 직원 13명과 자신들의 직원 2명을 동원하여 이 사건 건물 내부로 들어가 출입문을 모두 봉쇄하였고, 같은 날 06:25경 건물 내부로 들어오려는 0콤 및 피고의 직원들과 피고의 신고로 출동한 경찰의 출입을 저지하였다. 이에 피고는 2005. 11. 1. 새벽 무렵 용역인 수십명을 동원하여 원고들 직원 및 원고들이 고용한 용역업체 직원들을 이 사건 건물 내부에서 몰아내고, 북서쪽 내부출입문에 새로운 잠금장치를 하여 원고들 직원 등의 건물출입을 막았다. 이 사건 건물 외부로 밀려난 원고들은 건물 뒤편 1층에 마련된 약 3, 4평 정도의 주차장 관리실에 비품 등 집기를 놓고 직원들을 상주시키다가 2006. 2. 25. 건물에서 완전히 쫓겨났고, 현재 이 사건 건물은 피고에 의해 점유·관리되고 있다. 원고들의 직원들이 @@의 사무실에 방문하여 체류한 시간과 체류 당시의 제반상황, 특히 원고들이 자신의 점유를 외부적으로 표시하거나 제3자의 점유사용을 배제하기 위한 아무런 조치를 취하지 아니한 점 등에 비추어 볼 때, 2004. 3. 27.부터 피고가 @@으로부터 점유를 승계한 2005. 10. 24.까지의 기간 동안 원고들이 이 사건 건물에 대하여 유치권 행사의 전제가 되는 단독점유 혹은 공동점유를 하고 있었다고 보기 어렵다. 따라서 원고들은 용역업체 직원들과 함께 건물에 들어가 출입문을 봉쇄한 2005. 10. 30.에야 비로소 이 사건 건물에 대한 점유를 개시하였다고 할 것이고, 이는 앞서 인정한 사실관계에 따르면 이미 이 사건 건물을 경락받아 정당하게 점유하던 피고의 점유를 침탈한 것으로 위법한 점유라고 할 것이다.

　이러한 경우 점유자는 그 점유를 부정히 침탈 또는 방해하는 행위에 대하여 자력으로써 이를 방위할 수 있고, 그 점유물이 부동산일 때에는 침탈 후 직시(直時) 가해자를 배제하여 이를 탈환할 권리가 있는바(민법 제209조 제1항, 제2항), 위에서 인정한 바와 같이 피고가 원고들의 점유침탈이 있은 뒤 바로 피고의 직원들과 경비업체 직원들로 하여금 건물의 점유를 탈환하려고 시도하는 한편 경찰에 신고를 하는 등의 조치를 취하다가 결국 침탈이 있은 지 48시간 이내에 자력으로 원고들을 배제하여 이 사건 건물을 탈환한 것은 객관적으로 가능한 신속한 시간 내에 점유물을 탈환한 것으로서, 이는 자력구제권의 정당한 행사에 해당한다고 판단되므로 위법성을 조각한다고 할 것이다.

설령 피고에 의한 건물의 탈환이 민법이 인정하는 자력구제의 범위를 넘어섰다고 하더라도, 점유를 침탈당한 원점유자(피고_낙찰자)가 침탈자(원고_유치권자)로부터 실력으로 그 점유를 탈환한 경우 침탈자의 반환청구를 인정하면 다시 원점유자가 반환을 청구하여 무용한 소송절차를 반복할 가능성이 크다는 점에서 침탈자가 원점유자에 대하여 점유물의 반환을 구할 수는 없다고 보아야 할 것인바, 원고들이 @@으로부터 이 사건 건물의 점유를 적법하게 승계한 피고의 점유를 먼저 침탈하였고, 그 뒤 피고가 그 점유를 탈환하였으므로, 침탈자인 원고들은 자신들의 하자 있는 점유로 피고에게 대항할 수는 없다고 판단된다(부산고등법원 2007. 9. 7 선고 2007나859 [점유물반환]).

▮ 유치권 주장이 신의칙에 반하는 경우

건물 및 대지에 거액의 근저당권, 전세권, 가압류등기 등이 설정되어 있는 등으로 부동산 소유자의 재산상태가 좋지 아니하여 위 부동산에 관한 경매절차가 개시될 가능성이 있음을 충분히 인식하고서도 수급인이 거액의 공사도급계약 및 그 후의 사용·수익 약정을 체결하여 건물의 일부를 점유하였다면 수급인이 전 소유자와 사이에 위 건물 부분에 관한 공사도급계약을 하고 그 계약에 따른 공사를 일부라도 실제로 진행하여 상당한 공사비용을 투하하였다고 하더라도, 만약 이러한 경우에까지 유치권의 성립을 제한 없이 인정한다면 전 소유자와 유치권자 사이의 묵시적 담합이나 기타 사유에 의한 유치권의 남용을 막을 방법이 없게 되어 공시주의를 기초로 하는 담보법질서를 교란시킬 위험이 있다는 점을 고려할 때, 수급인의 공사도급계약 전에 가압류등기와 근저당권설정등기를 마친 자의 신청에 의한 경매절차의 매수인(낙찰자)에 대한 관계에서는, 민법 제320조 제2항을 유추적용하여 수급인이 공사대금채권에 기초한 유치권을 주장하여 그 소유자인 낙찰자에게 대항할 수 없다고 하거나, 그 유치권을 행사하는 것이 신의칙에 반하여 허용될 수 없다(대전고법 2004. 1. 15. 선고 2002나5475 판결[건물명도] 상고).

▮ 유치물을 타인에게 대여한 무상의 사용대차도 유치권 소멸사유로 해석

유치권자는 채무자 또는 소유자의 승낙이 없는 이상 그 목적물을 타에 대여할 수 있는 권한이 없으므로, 유치권자의 그러한 대여행위는 소유자의 처분권한을 침해하는 것으로서 소

유자에게 그 대여의 효력을 주장할 수 없고, 따라서 소유자의 승낙 없는 유치권자의 임대차 또는 사용대차에 의하여 유치권의 목적물을 대여받은 자의 점유는 소유자에게 대항할 수 있는 적법한 권원에 기한 것이라고 볼 수 없다(대법원 2009. 5. 28.선고 2009다2095 건물명도).

₽ 저당권과 유치권을 겸유하고 있는 경우

(1) 앞서 본 바와 같이 원고는 현진건설로부터 이 사건 건물의 신축공사를 수급하여 공사를 마친 후 현진건설을 상대로 공사대금의 지급 등을 구하는 소송을 제기하여 "현진건설은 원고에게 16,643,021,179원 및 그 지연손해금을 지급하고, 이 사건 건물에 관하여 위 금액을 채권액으로 한 저당권설정등기절차를 이행한다"는 취지의 집행권원을 확보하였고, 그 일부만을 배당을 통해 지급받았으므로, 원고는 이 사건 건물에 관하여 공사대금채권을 가지고 있다(공사대금채권의 존재가 재판상 화해에 의하여 확정된 이상 피고의 소멸시효 주장도 이유 없다).

(2) 나아가 어떤 물건에 대하여 저당권과 유치권을 겸유하고 있는 채권자가 그 중 저당권을 실행하였다 하더라도, 그와 같은 저당권의 실행으로 피담보채권의 만족을 얻은 것이 아닌 이상, 피담보채권이 소멸할 때까지 유치권은 그 효력을 유지하는 것이고, 원고가 저당권의 실행으로도 위 공사대금채권을 완제 받지 못하였음을 앞서 본 바와 같으므로, 원고의 공사대금채권은 여전히 존재하고 있다.

(3) 한편, 피고는 공사 완료 이후 원고가 이 사건 건물의 수분양자들로부터 합계 7,600,000,000원 상당의 분양잔대금을 지급받음으로써 피담보채권인 현진건설에 대한 미지급 공사대금채권은 더 이상 존재하지 않는다는 취지로 다투는바, 을 제41, 42호증의 각 기재만으로는 원고가 공사대금에 갈음하여 이 사건 건물의 수분양자들로부터 합계 7,600,000,000원 상당의 분양잔대금을 지급받았다고 보기 어렵고, 가사 그렇지 않다 하더라도 피고 주장 금액은 앞서 본 원고의 현진건설에 대한 미지급 공사대금 및 지연이자 합계액 16,643,021,179원에 크게 미달하므로, 피고의 위 주장은 받아들이지 아니한다(인천지방법원 2011. 7. 22. 선고 2010나15462 판결[유치권확인])

▶ 점유물반환청구권의 행사

유치권은 점유의 상실로 인하여 소멸하고(민법 제328조), 유치권자가 목적물의 점유를 빼앗긴 경우에는 점유물반환청구권을 행사하여 점유를 회복하여야만 유치권은 소멸하지 않으며 위 청구권은 침탈당한 날로부터 1년 내에 행사하여야 하는데(민법 제192조 제2항 단서, 제204조 제3항), 위 1년의 제척기간은 재판외에서 권리행사하는 것으로 족한 기간이 아니라 반드시 그 기간 내에 소를 제기하여야 하는 이른바 출소기간으로 해석함이 상당하고(대법원 2002. 4. 26. 선고 2001다8097,8103 판결 참조), 점유를 침탈당한 자가 점유에 관한 소 이외의 소송에서 점유회수의 소를 추가하는 것으로 변경한 경우에도 그 변경할 당시가 침탈시부터 1년이 경과한 때에는 허용될 수 없다(대법원 1972. 2. 22. 선고 71다2641판결 참조).

그런데 원고가 주장하는 바에 따르더라도 피고가 원고의 점유를 침탈한 날은 2005.12.8.이고, 원고는 2007. 6. 26.자 청구취지 및 청구원인 변경신청서에 이르러서야 유치권에 기한 점유를 침탈당하였다고 주장하면서 인도청구를 구하고 있음이 명백하므로, 인도청구부분은 1년의 제척기간을 도과한 것으로서 부적법하다(서울고등법원 2007. 7. 19. 선고2006나112184 [부당이득금]).

▶ 직접점유자의 점유양도

원심판결 이유에 의하면 원심은, 귀속재산으로서 국유이던 이 사건 대지를 소외 1이 분배받아 상환을 완료한 다음 소외 2의 소유를 거쳐 1974.9.18. 원고에게 경락됨으로써 원고가 그 소유권을 취득하였고, 소외 3이 판시와 같은 경위로 이 사건 대지를 임차하여 사용하여 오다가 원고와의 사이에 위 임대차가 종료되면 원상복구하기로 하는 약정하에 이 사건 대지 상에 판시 각 건물을 건축하여 사용하여 온 사실, 그런데 대한민국은 1978.2.15.경 위 소외 1의 부정분배를 원인으로 동인 및 위 소외 2와 원고 명의의 각 소유권이전등기의 말소등기절차이행청구소송을 제기하여 승소하고 그 판결이 확정됨으로써 1987.12.18. 원고 등의 이 사건 대지에 대한 소유권이전등기가 말소된 사실, 그러자 위 소외 3은 원고가 받은 임차보증금 등이 부당이득이라 하여 그 반환청구소송을 제기하고 원고도 위 임대차계약 해지로 인한 이 사건 대지의 인도 및 위 각 건물철거를 구하는 반소를 제기한 결과 원고는 그소송에서 판시와 같이 위 각 건물의 철거 및 이 사건 대지의 인도 등을 명하는 일부승소판결을 받아 1990.1.24. 위 판결의 대체집행을 하려 하였으나 피고 1은 위 소외 3과 동업을 하면서, 피고 2, 피고 3은 위 소외 3으로부터 임차하여 위 각 건물을 판시와 같이 점유하고 있었던 관계로 위 각 건물에 대한 철거집행이 불능으로 된 사실을 확정한 다음, 원고는 위 소외 3 사이의 위 임대차계약에 기하여 위 소외 3을 직접점유자로 하여 이 사건 대지를 간접점유하고 있는데 피고들의 위 각 건물의 점유로 말미암아 이 사건 대지에 대한 자신의 위 점유가 침탈당하였으니 민법 제207조, 제204조 소정의 점유물회수청구권에 기하여 피고들은 위 각 건물에서 퇴거할 의무가 있고 더우기 원고에 대하여 위 각 건물의 철거 및 이 사건 대지의 인도의무를 진 위 소외 3의 승낙하에 위 각 건물을 점유하고 있는 피고들은 이 사건 대지를 점유할 정당한 권원이 없으므로 위 각 건물의 철거를 위하여 자신들이 점유하고 있는 위 각 건물들로부터 퇴거할 의무가 있다는 취지의 원고주장에 대하여, 직접점유자가 임의로 그 점유를 타에 양도한 경우에는 그 점유이전이 간접점유자의 의사에 반한다 하더라도 민법 제204조 소정의 점유침탈에 해당하지 않는다 는 전제 아래, 피고들이 이 사건 대지의 직접점유자인 위 소외 3의 승낙이나 동인과의 임대차계약에 기하여 위 각 건물을 점유하고 있다고 인정되고 피고들이 위 각 건물을 점유함으로써 그 건물부지인 이 사건 대지를 점유하고 있다고 보이는 이 사건에서는 위 소외 3의 승낙을 받거나 그로부터 임차하여 위 각 건물을 점유하고 있는 피고들에게 퇴거를 구할 수는 없고, 또한 원고의 위 소외 3에 대한 이 사건 대지상의 건물철거 및 대지인도청구권은 동인과의 임대차계약에 기한 채권적 청구권에 불과한 것으로서 계약당사자 이외의 자인 피고들에게 그 효과를 주장할 수 없다는 이유로 원고의 위 주장을 배척하였는 바, 원심은 결국 위 소외 3이 피고들로 하여금 위 각 건물을 점유하게 함으로써 자신의 이 사건 대지에 대한 점유도 피고들에게 이전하여 주었다는 취지로 판시하면서 이와 같은 경우에는 이 사건 대지의 간접점유자인 원고의 점유가 침탈되지 아니하였다고 판단한 것으로서, 원심의 위와 같은 전제와 사실인정 및 판단은 모두 수긍할 수 있고 거기에 소론과 같은 간접점유자의 점유회수의 소에 관한 법리오해의 위법이 있다고 할 수 없다. 논지는 이유 없다(대법원 1993. 3. 9. 선고 92다5300 판결 [건물명도]).

3. 견련성

▶ 다세대 한 채 점유시의 공사대금채권 담보

민법 제320조 제1항에서 '그 물건에 관하여 생긴 채권'은 유치권 제도 본래의 취지인 공평의 원칙에 특별히 반하지 않는 한 채권이 목적물 자체로부터 발생한 경우는 물론이고 채권이 목적물의 반환청구권과 동일한 법률관계나 사실관계로부터 발생한 경우도 포함하고, 한편 민법 제321조는 "유치권자는 채권 전부의 변제를 받을 때까지 유치물 전부에 대하여 그 권리를 행사할 수 있다"고 규정하고 있으므로, 유치물은 그 각 부분으로써 피담보채권의 전부를 담보하며, 이와 같은 유치권의 불가분성은 그 목적물이 분할 가능하거나 수개의 물건인 경우에도 적용된다(대법원 2007. 9. 7. 선고 2005다16942 판결 [건물명도]).

▶ 유치권의 불가분성

민법상 유치권에 있어서의 채권과 목적물과의 견련관계 및 유치권의 불가분성에 관한 법리에 비추어 보면, 원심의 인정 사실에 의하더라도 이 사건 공사계약은 위 다세대주택에 대한 재건축공사 중 창호와 기타 잡철 부분을 일괄적으로 하도급한 하나의 공사계약임을 알 수 있고, 또 기록에 의하면, 이 사건 공사계약 당시 공사대금은 구분건물의 각 동호수 별로 구분하여 지급하기로 한 것이 아니라 이 사건 공사 전부에 대하여 일률적으로 지급하기로 약정되어 있었고, 그 공사에는 각 구분건물에 대한 창호, 방화문 등뿐만 아니라 공유부분인 각 동의 현관, 계단 부분에 대한 공사 등이 포함되어 있으며, 위 소외 2가 피고에게 이 사건 공사대금 중 일부를 지급한 것도 특정 구분건물에 관한 공사대금만을 따로 지급한 것이 아니라 이 사건 공사의 목적물 전체에 관하여 지급하였다는 사정을 엿볼 수 있는바, 이와 같이 이 사건 공사의 공사대금이 각 구분건물에 관한 공사부분별로 개별적으로 정해졌거나 처음부터 각 구분건물이 각각 별개의 공사대금채권을 담보하였던 것으로 볼 수 없는 이상, 피고가 소외 2에 대하여 가지는 이 사건 공사 목적물(7동의 다세대주택) 전체에 관한 공사대금채권은 피고와 소외 2 사이의 하도급계약이라는 하나의 법률관계에 의하여 생긴 것으로서 그 공사대금채권 전부와 공사 목적물 전체 사이에는 견련관계가 있다고 할 것이고, 피고가 2003년 5월경 이 사건 공사의 목적물 전체에 대한 공사를 완성하여 이를 점유하다가,

현재 나머지 목적물에 대하여는 점유를 상실하고 이 사건 주택만을 점유하고 있다고 하더라도, 유치물은 그 각 부분으로써 피담보채권의 전부를 담보한다고 하는 유치권의 불가분성에 의하여 이 사건 주택은 이 사건 공사로 인한 공사대금채권 잔액 157,387,000원 전부를 담보하는 것으로 보아야 할 것이고, 그렇게 보는 것이 우리 민법상 공평의 견지에서 채권자의 채권확보를 목적으로 법정담보물권으로서의 유치권 제도를 둔 취지에도 부합한다고 할 것이다. 그럼에도 불구하고, 원심은 그 사정만으로 피고의 유치권이 피고가 이 사건 주택 한 세대에 대하여 시행한 공사대금 3,542,263원만을 피담보채권으로 하여 성립한다고 판단하고 말았으니, 원심판결에는 민법상 유치권에 있어서의 채권과 목적물 사이의 견련관계 및 유치권의 불가분성 등에 관한 법리를 오해함으로써 판결 결과에 영향을 미친 위법이 있다고 할 것이다.

다세대주택의 창호 등의 공사를 완성한 하수급인이 공사대금채권 잔액을 변제받기 위하여 위 다세대주택 중 한 세대를 점유하여 유치권을 행사하는 경우, 그 유치권은 위 한 세대에 대하여 시행한 공사대금만이 아니라 다세대주택 전체에 대하여 시행한 공사대금채권의 잔액 전부를 피담보채권으로 하여 성립한다는 취지로 판단한 것으로서 "유치권의 불가분성"이 쟁점이지만, 원심은 물론 대법원 역시 하수급인의 독자적인 유치권행사가 가능하다는 전제로 판단하고 있다. 이 사건 공사의 공사대금이 각 구분건물에 관한 공사부분별로 개별적으로 정해졌거나 처음부터 각 구분건물이 각각 별개의 공사대금채권을 담보하였던 것으로 볼 수 없는 이상, 피고가 소외 2에 대하여 가지는 이 사건 공사 목적물(7동의 다세대주택) 전체에 관한 공사대금채권은 피고와 소외 2 사이의 하도급계약이라는 하나의 법률관계에 의하여 생긴 것으로서 그 공사대금채권 전부와 공사 목적물 전체 사이에는 견련관계가 있다고 할 것이다(대법원 2007. 9. 7. 선고 2005다16942 판결).

₪ 사회통념상 독립한 건물로 볼 수 없는 정착물의 경우

건물의 신축공사를 한 수급인이 그 건물을 점유하고 있고 또 그 건물에 관하여 생긴 공사금 채권이 있다면, 수급인은 그 채권을 변제받을 때까지 건물을 유치할 권리가 있는 것이지만(대법원 1995. 9. 15. 선고 95다16202, 16219 판결 등 참조), 건물의 신축공사를 도급받은 수급인이 사회통념상 독립한 건물이라고 볼 수 없는 정착물을 토지에 설치한 상태에서 공사가 중단된 경우에 위 정착물은 토지의 부합물에 불과하여 이러한 정착물에 대하여 유치

권을 행사할 수 없는 것이고, 또한 공사중단시까지 발생한 공사금 채권은 토지에 관하여 생긴 것이 아니므로 위 공사금 채권에 기하여 토지에 대하여 유치권을 행사할 수도 없는 것이다.

기록에 의하면, 재항고인은 토지소유자와의 사이에 이 사건 토지 위에 공장을 신축하기로 하는 내용의 도급계약을 체결하고 기초공사를 진행하면서 사회통념상 독립한 건물이라고 볼 수 없는 구조물을 설치한 상태에서 이 사건 토지에 대한 경매절차가 진행됨으로 인하여 공사가 중단되었음을 알 수 있는바, 이러한 경우 위 구조물은 토지의 부합물에 불과하여 이에 대하여 유치권을 행사할 수 없다고 할 것이고, 공사중단시까지 토지소유자에 대하여 발생한 공사금 채권은 공장 건물의 신축에 관하여 발생한 것일 뿐, 위 토지에 관하여 생긴 것이 아니므로 위 공사금 채권에 기하여 이 사건 토지에 대하여 유치권을 행사할 수도 없다고 할 것이다. 따라서 같은 취지에서 재항고인의 이 사건 토지에 관한 유치권 주장을 배척하고 이 사건 인도명령을 유지한 원심결정은 정당하고, 거기에 재판에 영향을 미친 헌법·법률·명령 또는 규칙의 위반이 없다(대법원 2008. 5. 30. 자 2007마98 결정[인도명령]).

▣ 아파트를 짓기 위한 기초파일공사

이 사건 각 토지는 공부상 지목이 과수원, 전, 하천으로 구성된 일단의 토지로서 그 지목이 잡다하고, 장차 지목을 대지로 변경하더라도 지반침하 등으로 인한 건물붕괴를 막기 위한 지반보강공사 없이는 그 지상에 아파트 등 건물을 건축하기에 부적합하였던 사실, 이와 같은 이유로 이 사건 각 토지의 소유자이던 **종합건설 주식회사(이하 '**종합건설'이라 한다)는 그 지상에 임대아파트 신축사업을 시행하기에 앞서 피고와 사이에 임대아파트 신축공사 중 토목공사부분을 공사기간 착공 1998. 10. 30.부터 준공 2001. 12. 30.까지(3년 2개월간), 공사대금 6억 8,000만 원으로 각 정하여 도급계약을 체결하였는데, 그 공사내용은 위 각 토지를 아파트 3개동이 들어설 단지로 조성하되, 장차 지반침하로 인한 건물 붕괴를 막기 위하여 그 자리에 콘크리트 기초파일을 시공하는 것으로 되어 있는 사실,

이에 따라 피고는 이 사건 각 토지에 기초파일공사를 진행하였으나 **종합건설의 자금사정 악화로 공사가 중단되었고, 다시 위 각 토지와 위 신축사업을 인수한 미*인 주택건설과 사이에서 공사대금을 7억 5,000만 원으로 정하여 같은 내용의 공사계약을 체결하고 2차 기초파일공사를 진행한 결과 완공단계에 이른 사실, 현재 이 사건 각 토지는 장차 아파트 3개

동이 들어설 부지 조성을 위하여 그 지하에 약 1,283개의 콘크리트 기초파일이 항타하여 삽입되어 있는 사실을 인정할 수 있는바, 위 인정 사실에 의하면 이 사건 토목공사는 공부상 지목이 과수원, 전, 하천으로 잡다하게 구성된 이 사건 각 토지를 대지화시켜 아파트 3개동이 들어설 단지로 조성하기 위한 콘크리트 기초파일공사로 볼 여지가 있고(그러한 공사의 전제로 이 사건 각 토지에 관한 형질변경허가도 있었으리라 추측된다), 이러한 경우에는 이 사건 토목공사를 위 각 "토지"에 관한 공사로 볼 수 있으므로 그 공사대금채권은 위 각 토지에 관하여 발생한 채권으로서 위 각 토지와의 견련성이 인정된다고 할 것이다.
(대법원 2007.11.29. 선고 2007다60530 판결 【건물철거및대지인도】).

유치권이 성립될 수 있는 피담보 채권액의 판단

유치권의 경우에는 민법에서 우선변제적 효력은 없이 담보물에 관하여 생긴 채권을 변제받을 때까지 담보물을 유치할 수 있는 효력만을 인정하고 있고, 유치권이 근저당권과 경합하는 경우에 그 성립시기를 불문하고 근저당권자, 나아가 경락매수인에게 대항하여 유치권에 의하여 담보되는 피담보 채권액 전액의 변제를 요구할 수 있다고 풀이하게 되면 점유 외에 달리 공시방법이 없는 유치권으로 인해 근저당권자 등에게 예상하지 못하였던 '담보물의 교환가치 하락'이라는 손해를 초래하게 되고, 이는 궁극적으로는 공시주의를 기초로 하는 담보법제도의 질서를 교란하거나 동요시킬 가능성이 있다. 반대로, 근저당권자가 취득한 '설정 당시의 교환가치 확보'라는 측면만을 중시하여, 유치권의 성립시기를 기준으로 저당목적물에 관하여 근저당권의 설정 등 물권변동이 발생하기 이전에 유치권의 성립요건인 사실이 생겼어야 한다고 제한해석함으로써 근저당권의 설정 후에 근저당목적물을 점유하게 되었다거나 피담보채권이 발생한 경우에는 근저당권에 대항할 수 없다고 해석하게 되면, 이 또한 담보물권으로서 가지는 유치권의 특성, 즉 유치적 효력을 몰각시켜 유치권자의 담보물에 대한 이익을 완전히 박탈하게 되는 결과를 초래한다.

따라서 근저당권이 설정된 이후에 비로소 유치권이 성립하는 경우에는 근저당권자의 담보물에 대한 담보가치 평가를 존중하면서도 유치권자의 이익을 침해하지 않도록 근저당권과 유치권의 성립범위를 조화롭게 해석할 필요성이 제기되고, 결국 다음과 같은 경우에는 유치권의 성립 내지는 그 피담보채권액을 제한하여야 한다. 즉, ① 근저당권이 설정된 부동산임을 잘 알면서도 기존의 공사대금채권을 회수할 목적으로 당해 부동산의 점유를 취득한 경우

(나아가, 압류된 이후에 채무자로부터 임의로 점유를 이전받는 것은 압류의 처분금지적 효력에 반하여 유치권의 성립이 부정된다), ② 근저당권이 설정된 부동산에 대한 점유를 취득한 후 이미 목적물에 근저당권이 설정되어 있는 사실을 알면서도 당해 부동산에 필요비나 유익비를 지출한 경우, ③ 근저당권이 설정된 건물의 건물주가 당해 건물에 대한 근저당권의 실행을 방해하거나 저해할 목적으로 임차인 등 제3자로 하여금 건물을 점유하고 필요비나 유익비 등을 지출하거나, 건물주와 합의 하에 피담보채권액을 임의로 증액하는 경우에는 민법 제320조 제2항을 유추적용하여 장차 경매절차에서 경매부동산의 매수인을 상대로 유치권을 내세워 대항하는 것은 허용되지 않는다고 해석함이 옳다(대전지방법원 2008.5.28. 선고 2007나12997 건물명도).

건물신축을 위한 1차 공사(철거 및 부지 정지작업)의 견련성

민법 제320조 제1항 소정의 '그 물건에 관하여' 생긴 채권은 채권이 목적물 자체로부터 발생한 경우 또는 채권이 목적물의 반환청구권과 동일한 법률관계나 사실관계로부터 발생한 경우를 말하는 것이다(대법원 2007. 9. 7. 선고 2005다16942 판결 참조). 그런데, 이 사건 1차 공사는 그 공사내용이 이 사건 건물의 신축공사 자체가 아니라 이 사건 건물의 신축공사를 하기 이전에 기존의 지상 건축물 등을 철거하고 공사부지 및 그 주변 등을 정리하는 것을 내용으로 하는 공사에 불과하므로 그러한 공사에 따라 발생한 공사대금채권까지 유치권의 목적물인 이 사건 건물에 관하여 생긴 채권이라고 볼 수는 없다(가사 위와 같은 채권이 유치권에 의하여 담보되는 피담보채권에 해당한다고 하더라도 위 공사는 &&과 선정자 최OO 사이에 이 사건 건물의 신축공사에 관한 공사도급계약이 체결된 때인 2000. 11. 22. 이전에 이미 완료된 것으로 보이는데 그와 같이 공사가 완료된 때로부터 민법 제163조 제3호 소정의 소멸시효기간인 3년이 이미 경과하였음이 분명한 만큼 그 공사대금채권은 소멸시효가 완성되었다고 할 것이므로, 위와 같은 채권을 담보하기 위하여 어떠한 유치권이 성립한다고 볼 수는 없다(서울고등법원 2008.4.4. 선고 2007나77370 [유치권부존재확인]).

공사대금 지급 후 예금계좌의 인출권 위임

피고 명의의 예금계좌로 공사대금이 모두 입금됨으로써 공사대금은 일응 지급된 것으로 보아야 하고, 피고가 000000기공에게 예금계좌의 인출에 관한 권한을 위임하여 000000기공이 위와 같이 입금된 금원을 인출하여 사용함으로써 피고와 000000기공 사이에서는 공사대금이 실제로 지급되지 않은 것과 같은 결과가 되었다고 하더라도 이는 피고가 000000기공과의 사이에 이 사건 공사도급계약과는 별개의 새로운 금전거래에 관한 약정을 체결한 결과일 뿐이며, 00은행이나 원고가 피고와 000000기공 사이에 위와 같은 약정이 이루어졌다는 등의 사정을 알았다고 볼만한 아무런 증거가 없다(서울고등법원 2007.3.22. 선고 2006나57713 유치권부존재확인청구).

ℙ 공사비명목의 대여

피고는 안**에게 공사비 명목으로 돈을 빌려준 것일 뿐(그 액수에 관하여는, 이를 인정할 객관적인 자료는 없다), 자신의 노력과 비용을 들여 이 사건 부동산과 관련한 증·개축 공사를 하였다고 할 수는 없으므로, 이를 전제로 하는 피고의 유치권 주장이나 원시취득 주장1)은 더 나아가 살필 필요 없이 모두 이유가 없다(대구지방법원 2008.6.26. 선고 2007나18322 유치권부존재확인).

4.변제기

채무자 소유의 부동산에 경매개시결정의 기입등기가 마쳐져 압류의 효력이 발생한 후에 유치권을 취득한 경우에는 그로써 부동산에 관한 경매절차의 매수인에게 대항할 수 없는데, 채무자 소유의 건물에 관하여 증·개축 등 공사를 도급받은 수급인이 경매개시결정의 기입등기가 마쳐지기 전에 채무자에게서 건물의 점유를 이전받았다 하더라도 경매개시결정의 기입등기가 마쳐져 압류의 효력이 발생한 후에 공사를 완공하여 공사대금채권을 취득함으로써 그때 비로소 유치권이 성립한 경우에는, 수급인은 유치권을 내세워 경매절차의 매수인에게 대항할 수 없다."고 판시하고 있습니다. 압류의 효력에는 처분금지효라는 것이 존재한다. 경매개시결정 이후 당해 경매목적물 가치의 하락 등을 방지하기 위하여 채무자의 처분행위를 제한하는 것으로 경매 절차에서 유치권이 인정되기 위해서는 경매개시결정 전에 피보전채권의 변제기가 도래해야 한다. 따라서 계약의 중요성이 다시 한번 강조된다. 만약 계약

당시 공사대금의 변제기에 관하여"골조 공사 완료시 30%, 설비전기공사 완료시 40% 공사 완료 시 30%"의 비율로 분할 지급하기로 약정했는데 골조 공사 완료시에 경매기입등기 되었다면 공사업자는 공사대금의 30% 상당의 금원만 유치권으로 인정받을 수 있는 것이다.

변제기의 도래

이 사건에서 보건대, 위 인정사실에 의하면, 피고는 정OO에 대하여 A동 건물과 B동 건물의 신축공사에 따라 완성된 부분에 대한 공사대금채권을 가지고 있고, 이 사건 도급계약상 공사대금은 건물을 타에 분양하여 그 분양계약금 및 중도금과 입주금으로 정산하기로 하였으므로 이는 불확정기한을 정한 것으로 보아야 할 것인 바, 그 건물부지에 대하여 강제경매절차가 진행되거나 근저당권이 설정되어 있는 등의 이유로 분양이 이루어지지 않았고 급기야 도급인인 정OO이 잠적함으로써 분양과 공사가 중단되었으며 그로부터 수개월 후 주식회사 OO은행의 신청에 의하여 신축건물 및 그 부지에 관한 임의경매절차가 개시되었으므로, 정OO이 잠적한 무렵이나 늦어도 위 임의경매절차가 개시된 무렵에는 불확정기한 사실의 발생, 즉 분양에 의한 공사대금정산은 사회통념상 불가능하게 되었다고 보아야 할 것이고, 따라서 그 시점에서 피고의 위 공사대금채권은 그 완성된 부분에 한하여 변제기가 도래하였다.

한편 위 인정사실에 의하면, 피고는 A동 건물 중 302호를 제외한 나머지 부분은 원고 최완O가 소유권을 취득하기 전부터 직접 점유하여 왔고, 302호는 하수급인인 서광O를 점유보조자로 하여 점유하여 오다가 원고 최완O의 소유권 취득 이후 서광O를 퇴거시킨 후 직접 점유하여 왔으며, B동 중 점유건물은 원고 회사가 소유권을 취득하기 전부터 직접 점유하여 왔는데 원고 회사가 용접된 출입문을 뜯고 들어가 피고의 점유를 침탈함으로써 일시 점유를 상실하였다가 건물출입금지 및 유치권방해금지 가처분 결정을 받음으로써 점유를 회복하였으므로, 결국 피고는 A동 건물과 B동 중 점유건물에 대하여 유치권을 주장하기 위한 적법한 점유를 계속하고 있다고 할 것이다(서울고등법원 2007.4.13. 선고 2006나59825).

5. 유치권의 소멸

☞ 타담보 제공과 유치권의 소멸

민법 제327조에 의하여 제공하는 담보가 상당한가의 여부는 그 담보의 가치가 채권의 담보로서 상당한가, 태양에 있어 유치물에 의하였던 담보력을 저하시키지는 아니한가 하는 점을 종합하여 판단하여야 할 것인바, 유치물의 가격이 채권액에 비하여 과다한 경우에는 채권액 상당의 가치가 있는 담보를 제공하면 족하다고 할 것이고, 한편 당해 유치물에 관하여 이해관계를 가지고 있는 자인 채무자나 유치물의 소유자는 상당한 담보가 제공되어 있는 이상 유치권 소멸 청구의 의사표시를 할 수 있다고 봄이 상당하다(대법원 2001. 12. 11. 선고 2001다59866 판결).

☞ 처분권의 위임과 유치권의 소멸

원심이 적법히 인정하고 있는 바와 같이 피고가 현재 점유중인 원심판결 별지목록 1기재 주택건물의 신축공사를 한 수급인으로서 위 건물에 관하여 생긴 공사금 채권이 있다면, 피고는 그 채권을 변제받을 때까지 위 건물을 유치할 권리가 있다고 할 것이고, 이러한 유치권은 피고가 점유를 상실하거나 피담보채무가 변제되는 등 특단의 사정이 없는 한, 소멸되지는 아니하는 것이므로, 원심이 판시한대로 건물이 완공된 후인 1987.5.29.자 약정에 의하여 도급인이 피고에게 위 건물 등 이 사건 각 건물에 대한 처분권을 위임하여 그 분양대금에서 공사대금 등 건축과 관련한 일체의 비용을 지급받을 수 있는 권한을 부여하였기 때문에 피고가 위 건물 등을 매각처분하여 그 대금으로 공사대금을 지급받을 수 있게 되었다고 하더라도 그러한 약정만으로 피담보채권인 공사대금이 변제된 것이라고 볼 수는 없고, 그 외에 기록을 살펴보아도 달리 위 공사대금 채권이나 유치권이 소멸되었다고 볼 만한 사유를 찾아 볼 수 없다. 그러하다면 피고는 그 공사대금 채권을 담보하는 의미에서 의연히 위 목록 1기재 부동산에 대한 유치권을 가지고 있는 것으로 보아야 할 것이다(대법원 1995. 9. 15. 선고 95다16202, 95다16219 판결).

▶ 혼동으로 인한 유치권의 소멸

피고 이00는, 1997. 11.경 이 사건 건물 3, 4층에 관하여 식당 시설공사를 하였으나 당시 이 사건 건물의 소유자 피고 이규0로부터 공사대금 150,000,000원을 수령하지 못하였다고 주장 하면서, 위 시설공사가 완료된 이후 피고 이규0에 대한 공사대금 채권에 기하여 이 사건 건물을 점유함으로써 유치권을 취득하였으므로, 공사대금 150,000,000원을 받을 때까지는 원고의 청구에 응할 수 없다고 항변한다. 그러나 위에서 살펴본 바에 의하면, 피고 이00는 그 주장에 따라 유치권을 취득한 이후인 2001. 12. 7. 이 사건 건물의 소유권을 취득한 사실을 인정할 수 있다. 이에 의하면, 설령 피고 이0도에게 그 주장과 같은 유치권이 존재하였다고 하더라도, 위 유치권은 「민법」제191조 제1항에 의하여 피고 이0도가 이 사건 건물의 소유권을 취득한 때에 혼동으로 소멸하였다 할 것이다. 결국 피고 이0도의 주장은 이유 없다(서울고등법원 2007.3.30. 선고 2006나78956).

▶ 건물분양의 협조와 유치권의 소멸

신축건물에 관하여 유치권을 가지고 있는 피고는 원고의 매수가 있기 전에 건축주들을 상대로 건물점유방해금지가처분결정을 받아 이를 공시하였고, 김00을 상대로 공사대금 확보를 위한 제소전화해를 받은 점에 비추어 보아 채권보전조치를 게을리 하였다고 볼 수가 없다. 뿐만 아니라 위 신축건물의 분양대금으로 공사대금을 회수할 수밖에 없는 피고로서는 김00이 원활한 분양을 하는데 방해가 될 수 있는 부동산 가압류 등의 조치를 취하기는 어려운 형편이었다고 보이므로, 피고가 위 신축건물의 분양업무에 적극적으로 관여하지 아니하거나 등기부상 공시될 수 있는 조치를 취하지 아니하였다는 사정만으로 피고의 유치권 행사가 권리남용에 해당하거나 반사회질서의 법률행위가 된다고 볼 수는 없고, 그 밖에 이를 인정할 만한 증거가 없다(대법원 2005. 1. 13. 선고 2004다50853,50860 판결).

▶ 유치권 포기약정

피고는 2006. 10. 23. 이 사건 부동산들에 관한 근저당권자인 00새마을금고에게 공사대금에 따른 유치권행사를 포기하고, 공사완공 후 이 사건 건물에 대하여 추가담보제공에 동의하는 내용의 확인서를 작성하여 교부한 사실을 인정할 수 있는 바, 위와 같은 유치권 포기약정은 유치권의 성립으로 인한 근저당 목적물의 저가 낙찰을 방지하기 위한 것이므로 근저당권자인 00새마을금고 뿐만 아니라 낙찰자인 원고에 대하여도 그 효력이 미친다고 할 것이다(대구지방법원 2008.12.17. 선고 2008나16170).

▣ 유치권포기약정 또는 신의칙 위반

이 사건에서 유치권의 담보물권으로서의 특성과 담보물의 교환가치에 대한 저당권자의 신뢰이익 존중이라는 두 가지 판단 요소를 종합하여 볼 때, ① 피고는 이 사건 건물을 신축한 뒤 공사대금을 수령할 목적으로 이 사건 건물을 담보로 김00이 원고로부터 대출을 받는 것을 알선하여 그 대출금에서 공사대금 일부를 변제받은 이후에 이 사건 건물의 점유를 취득하였고, ② 피고는 유치권의 목적대상인 물건에 대하여 매매 및 위수탁관리약정을 원인으로 하여 원고의 근저당권이 설정된 부동산의 점유를 취득한 뒤 경매절차가 개시된 이후에 매매계약 등을 해제하고, 유치권행사를 주장하고 있는바, 이러한 사정 아래서는 피고가 이 사건 건물을 점유하고 있고, 이 사건 건물신축과 관련한 채권을 가지고 있다고 하더라도, 근저당권자인 원고나 장차 경매절차에서 당해 부동산을 매수한 사람을 상대로 하여 유치권을 내세워 대항하는 것은 신의칙상 허용되지 않는다고 할 것이어서(만일, 이와 반대로 피고와 같은 지위에 있는 사람에 대하여 단순히 건물을 점유하고 있고, 그 건물에 대한 공사대금채권이 잔존하고 있다는 사정만으로 유치권을 무제한적으로 허용할 경우, 건물의 건축주가 당해 건물의 건축공사 수급인과 통모하여, 위 수급인이 당해 건물을 점유하고 있지 않은 상태에서 당해 건물을 저당물로 제공하여 자금을 차용한 뒤에 위 수급인으로 하여금 당해 건물을 점유하게 하여 유치권을 주장하게 함으로써 쉽사리 당해 건물에 대한 저당권의 원활한 진행을 방해할 수 있게 되는 등 일종의 도덕적 해이를 유발할 가능성이 크기 때문이다), 원고의 유치권 부존재에 관한 주장은 이 점에서도 이유 있고, 피고의 주장은 이유 없다(대구고등법원 2006.7.15. 선고 2005나8133 [유치권부존재확인]).

6. 소멸시효

☞ 공사대금의 소멸시효

　유치권의 행사는 피담보채권의 시효 진행에 영향을 주지 않는다고 할 것이고, 위 공사대금채권은 민법 제163조 제3호의 3년의 단기소멸시효의 대상이 되는 채권이라고 할 것인바, 위 피고는 이 사건 건물에 대한 골조 공사가 중단되고 기성 공사대금채권의 액수가 확정된 1998. 5.경부터는 위 공사대금채권을 행사할 수 있었다고 할 것이므로 이로부터 현재까지 3년이 경과하였음은 역수상 명백하여 위 공사대금채권은 시효가 완성되어 소멸하였다고 할 것이다. 이에 대하여 피고 손OO은 위 공사대금을 분양대금과 공사대금의 차액을 정산하여 대물로 지급받기로 약정하였는데 그 정산이 이루어지지 않았으므로 공사대금채권의 소멸시효가 진행되지 않는다는 취지의 주장을 하나, 공사계약체결시 대금을 이 사건 건물의 일부로 지급받기로 약정하여 위 피고가 OO종합건설에 대하여 분양청구권을 가진다 하더라도 통상 공사대금의 지급에 갈음하여 부동산을 대물변제받기로 하는 약정은 채권보전을 위한 담보방법으로 행하여진 것으로 보아야 할 것이므로(대법원 1997. 4. 25. 선고 96다32133 판결), 이 사건에 있어서 위 피고의 분양청구권도 기존의 금전채권을 담보하는 것으로 보는 이상 기존의 금전채권과 마찬가지로 위 피고의 기성 공사대금채권의 액수가 확정된 1998. 5.경부터 시효가 진행되어 그로부터 3년(민법 제163조 제3호)이 경과하면 시효로 소멸한다고 할 것이고(또한, 가사 당사자의 의사가 이 사건 건물의 일부를 분양받음으로써만 공사대금을 지급받기로 약정한 것이라면 위 피고의 OO종합건설에 대한 분양청구권은 원고가 이 사건 건물을 경락받음으로써 이행불능이 되었고 OO종합건설에 대한 손해배상청구권만이 남게 된다 할 것인데, 위 손해배상청구권은 채무자에 대한 채권일 뿐 이 사건 건물과 사이에 견련성이 없다 할 것이므로 위 채권을 기하여 원고에게 유치권을 행사할 여지가 없다 할 것이다)(서울고등법원 2005.10.11. 선고 2005나13129).

☞ 소멸시효의 기산점(공사중단시점이 아닌 합의해지 시점임)

　피고 회사는 원고에 대하여 이 사건 공사대금 채권 81,729,513원을 갖는다고 할 것이고, 그 채권은 이 사건 공사계약이 합의해지된 날의 다음날인 1999.12.31. 그 이행기가 도래하였다고 할 것이다. 따라서 피고 회사는 위 공사대금 채권을 모두 변제받을 때까지는 그 채권과 '견련성이 인정되는' 이 사건 공사계약 목적 토지인 별지목록 2, 3, 4 기재 각 대지를 유치할 권리가 있다고 할 것이다.

　이에 대해 원고는, 피고 회사의 이 사건 공사대금 채권은 민법 제163조 제3호에 의하여 3년의 단기소멸시효가 적용되는 채권인바, 피고 회사가 1996. 11. 중순경 이 사건 공사를 중단하였으므로 피고 회사의 이 사건 공사대금 채권은 그로부터 3년이 경과한 1999. 11. 중순경 소멸시효가 완성되어 이미 소멸하였고, 따라서 피고 회사는 이 사건 공사대금 채권에 기한 유치권을 행사할 수 없다고 주장한다. 살피건대, 이 사건 공사계약이 1999. 12. 30. 합의해지된 사실은 앞서 본 바와 같으므로, 피고 회사의 이 사건 공사대금 채권의 소멸시효는 그 채권이 이행기에 도달한 합의해지 다음날인 1999. 12. 31.부터 진행된다고 보아야 할 것이고, 따라서 이 사건 공사대금 채권의 소멸시효는 그로부터 3년이 경과한 2002. 12. 31. 완성된다 할 것이다. 따라서 이 사건 공사대금 채권이 시효로 소멸하기 전인 2000. 2. 1.부터 2001. 10. 23.까지의 기간 동안에는 피고 회사는 이 사건 공사대금 채권을 변제받기 위해 별지목록 2, 3, 4 기재 각 대지에 대하여 유치권을 행사할 수 있었다 할 것이므로, 원고의 위 주장도 받아들일 수 없다(서울고등법원 2007.11.29. 선고 2006나31766 [손해배상(기)]).

▣ 부동산을 취득한 제3자는 피담보채권의 시효소멸을 원용할 수 있다.

　소멸시효를 원용할 수 있는 자는 권리의 소멸에 의하여 직접 이익을 받는 자에 한정된다고 할 것인데, 채권담보의 목적으로 매매예약의 형식을 빌어 소유권이전청구권 보전을 위한 가등기가 경료된 부동산을 양수하여 소유권이전등기를 마친 제3자는 당해 가등기담보권의 피담보채권의 소멸에 의하여 직접이익을 받는 자라 할 것이므로 위 부동산의 가등기담보권에 의하여 담보된 채권의 채무자가 아니라도 그 피담보채권에 관하여 소멸시효가 완성된 경우 이를 원용할 수 있다고 보아야 할 것이고, 이러한 직접수익자의 소멸시효 원용권은 채무자의 소멸시효 원용권에 기초한 것이 아닌 독자적인 것으로서 채무자를 대위하여서만 시효이익을 원용할 수 있음에 지나지 아니하는 것은 아니다(당원 1991.3.12.선고 90다카27570 판결 참조).

그렇다면 채권담보의 목적으로 가등기가 경료된 후 이 사건 부동산을 취득한 제3자에 해당하는 원고들로서는 가등기담보권의 피담보채권에 대한 소멸시효가 완성된 이상 그 피담보채권의 시효소멸을 원용할 수 있고, 비록 시효원용 이전에 이미 피담보채권이 시효소멸된 담보가등기에 기하여 위 부동산에 관하여 채권자들 앞으로 본등기가 경료되었다고 하더라도 달리 볼 것은 아니며, 가사 위 가등기에 기한 본등기 경료를 채무자의 채권자들에 대한 시효이익의 포기로 볼 수 있다고 하더라도 그 시효이익의 포기는 상대적 효과가 있음에 지나지 아니하여 채무자 이외의 이해관계자에 해당하는 원고들로서는 여전히 독자적으로 시효를 원용할 수 있다고 할 것이다(대법원 1995. 7. 11. 선고 95다12446 판결).

6. 임차인의 필요비.유익비

☞ 임차인의 유익비 상환청구

임차인이 임차목적물에 대하여 가지는 유익비상환청구권은 임대차계약이 종료한 때에 행사할 수 있는 것이며 이때 임차인은 유익비상환청구권에 대해서 유치권을 행사할 수 있고 유치권을 행사한 임차인은 임대인으로부터의 명도청구도 거절할 수 있는 것이므로 임차인인 원고가 위와 같은 유치권을 행사하고 있다고 보아야 할 이 사건에 있어서 임차목적물의 명도없이 유익비상환청구를 할 수 없다는 취지의 논지 또한 이유없다(대법원 1988. 4. 25. 선고 87다카458 판결 [임차보증금]). 또한 유치물의 소유자변동 후 유치물에 새로이 유익비를 지급한 경우에는 유치권자의 점유하에 있는 유치물의 소유자가 변동하더라도 유치권자의 점유는 유치물에 대한 보존행위로서 하는 것이므로 적법하고 그 소유자변동 후 유치권자가 유치물에 관하여 새로이 유익비를 지급하여 그 가격의 증가가 현존하는 경우에는 이 유익비에 대하여도 유치권을 행사할 수 있다(대법원 1972. 1. 31. 선고 71다2414 판결). 따라서 유치권자가 유치물에 대한 보존행위로서 목적물을 사용하는 것은 적법행위이므로 불법점유로 인한 손해배상책임이 없는 것이다. 유익비의 상환청구시 유익비상환청구에 관하여 민법 제203조 제2항은 점유자가 점유물을 개량하기 위하여 지출한 금액 기타 유익비에 관하여는 그 가액의 증가가 현존한 경우에 한하여 회복자의 선택에 좇아 그 지출금액이나 증가액의 상환을 청구할 수 있다고 규정하고 있고, 민법 제626조 제2항은 임차인이 유익비를 지출한 경우에는 임대인은 임대차종료시에 그 가액의 증가가 현존한 때에 한하여 임차인의 지출한 금액이나 그 증가액을 상환하여야 한다고 규정하고 있으므로, 유익비의 상환범위는 점유자 또는 임차인이 유익비로 지출한 비용과 현존하는 증가액 중 회복자 또는 임대인이 선택하는 바에 따라 정하여진다고 할 것이다 (대법원 1987. 4. 14. 선고 86다카2342 판결 등 참조). 그럼에도 불구하고, 원심은 옹벽 부분의 성토에 따른 원고의 실제 지출비용에 대하여는 아무런 심리·판단을 하지 아니한 채 이 사건 토지 가치의 현존 증가액만을 산정하여 461,004,000원이 피고가 상환하여야 할 유익비에 해당한다고 판단하였는바, 이러한 원심판결에는 유익비 상환의무의 범위에 관한 법리를 오해하고 필요한 심리를 다하지 아니함으로써 판결 결과에 영향을 미친 위법이 있다고 하지 않을 수 없고, 이 점을 지적하는 상고이유의 주장은 정당하다(대법원 2002. 11. 22. 선고 2001다40381 판결 [유익비등]).

7. 유치권에 의한 경매

유치권에 의한 경매절차가 소멸주의를 원칙으로 하여 진행된 경우와는 달리 특별매각조건에 의한 경우 그 유치권은 소멸하지 않는다.

☞ 유치권자인 갑의 신청으로 점포 등에 대하여 유치권에 의한 경매절차가 개시되어 진행되던 중 근저당권자의 신청으로 점포 등에 대해 경매절차가 개시되어 유치권에 기한 경매절차는 정지되었고 을이 담보권 실행 등을 위한 경매절차에서 점포를 낙찰받아 소유권을 취득하였는데, 이후 점포에 대하여 다시 개시된 경매절차에서 병 등이 점포를 낙찰받아 소유권을 취득한 사안에서, 유치권에 의한 경매절차는 근저당권에 의한 경매절차가 개시됨으로써 정지되었고 을이 경매절차에서 점포를 낙찰받아 유치권 부담까지 함께 인수받았다고 보아야 하므로, 유치권자인 갑은 공사대금 중 미변제된 부분을 모두 변제받을 때까지 점포를 유치할 권리가 있다고 본 원심판단을 수긍한 사례

민법 제322조 제1항에 의하여 실시되는 유치권에 의한 경매도 강제경매나 담보권 실행을 위한 경매와 마찬가지로 목적부동산 위의 부담을 소멸시키는 것을 법정매각조건으로 하여 실시되고 우선채권자뿐만 아니라 일반채권자의 배당요구도 허용되며, 유치권자는 일반채권자와 동일한 순위로 배당을 받을 수 있다고 봄이 상당하다. 다만 집행법원은 부동산 위의

이해관계를 살펴 위와 같은 법정매각조건과는 달리 매각조건 변경결정을 통하여 목적부동산 위의 부담을 소멸시키지 않고 매수인으로 하여금 인수하도록 정할 수 있다 (대법원 2011. 6. 15.자 2010마1059 결정, 대법원 2011. 6. 17.자 2009마2063 결정 등 참조).

그런데 부동산에 관한 강제경매 또는 담보권 실행을 위한 경매절차에서의 매수인은 유치권자에게 그 유치권으로 담보하는 채권을 변제할 책임이 있고(민사집행법 제91조 제5항, 제268조), 유치권에 의한 경매절차는 목적물에 대하여 강제경매 또는 담보권 실행을 위한 경매절차가 개시된 경우에는 정지되도록 되어 있으므로(민사집행법 제274조 제2항), 유치권에 의한 경매절차가 정지된 상태에서 그 목적물에 대한 강제경매 또는 담보권 실행을 위한 경매절차가 진행되어 매각이 이루어졌다면, 유치권에 의한 경매절차가 소멸주의를 원칙으로 하여 진행된 경우와는 달리 그 유치권은 소멸하지 않는다고 봄이 상당하다.(대법원 2011. 8. 18. 선고 2011다35593 판결 [건물명도])

Chapter 14. 법정지상권 경매

1. 법정지상권

법정지상권은 당사자사이에 계약을 요건으로 효력이 발생하는 것이 아니라 일정요건을 구비한 경우에 법률의 규정 또는 관습법에 의해서 당연히 성립하는 지상권을 말한다.

"저당물의 경매로 인하여 토지와 그 지상건물이 다른 소유자에 속한 경우에는 토지 소유자는 건물소유자에 대하여 지상권을 설정한 것으로 본다. 그러나 지료는 당사자의 청구에 의하여 법원이 이를 정한다."(민법 제366조)

2. 법정지상권 성립요건

판단기준	민법 제366조 규정	관습법상 법정지상권
소유권판단	저당권 설정할 당시 토지와 건물이 동일인 소유였을 것	토지와 건물이 동일인 소유였을 것
지상물판단	저당권설정 당시에 건물이 존재할 것	건물철거에 대한 약정이 없을 것
저당권판단	저당물의 경매로 인하여 건물과 토지가 각각 소유가 달라질 것	매매,증여 등 기타원인에 의해 건물과 토지가 각각 그 소유가 달라질 것

3. 민법 제366조 법정지상권

1) 법정지상권에서 소유권에 대한 판단

(1) 토지와 건물의 소유자 동일성 확인

민법 제366조에 의한 법정지상권은 담보설정당시 토지와 건물의 소유자가 동일인의 소유이면 되지만, 관습법상 법정지상권은 과거 어느 때 한 번만 토지와 건물이 동일소유자이면 성립된다. 토지와 건물의 동일인 소유여부는 종전의 토지, 건물 소유권까지 살펴야만 정확하게 그 성립여부를 판단할 수 있다.

(2) 소유권은 정당한 법의 보호를 받을 수 있는 권리변동으로 인한 것이어야 한다.

"관습상의 법정지상권은 토지와 건물이 동일인에게 속하였다가 그 중 어느 하나가 일정한 원인으로 토지와 건물의 소유자를 달리하게 되는 경우 그 건물을 철거한다는 특약이 없으면 성립되는 것으로 동일인에게 그 소유권 귀속이 원인무효로 이루어졌다가 그 뒤 원인무효임이 밝혀져 그 등기가 말소됨으로써 그 건물과 토지의 소유자가 달라지게 된다면 관습상의 법정지상권을 허용할 수 없다."[대법원 1999. 3. 26. 선고 98다64189 판결]

☞ 저당권설정당시 건물이 없었다가 이후 건물을 신축하였고 매매나 강제경매에 의해서 건물의 소유자가 바뀌었다면 관습법상 법정지상권이 성립할 여지가 있어 보이나 최초에 저당권설정당시 법정지상권이 성립하지 않으므로 저당권자를 보호하기 위하여 법정지상권이 성립하지 않는다.

2) 법정지상권에서 지상물에 대한 판단

(1) 건물의 범위

건물이 건물로서의 요건을 갖추고 있는 한 무허가 또는 미등기 건물을 포함한다. 즉 모든 건물이 해당되는 것이다. 그러나 건물이 독립한 부동산일 것을 성립의 전제로 한다. 만약 건물이 독립한 부동산이 아니라면 토지에 부합되어 토지의 처분에 따라서 소유권이 같이 넘어간다. 따라서 건축 중인 건물이 부동산으로서의 독립성을 갖는 시기가 언제인가가 매우 중요하다. 독립성을 갖추었다면 건물의 건축주명, 건축허가일자, 착공일자, 준공일자 등을 참조하여 판단하여야 한다.

(2) 무허가 또는 미등기건물을 소유하기 위한 관습상의 법정지상권 취득여부

"동일인의 소유에 속하였던 토지와 건물이 매매, 증여, 강제경매, 국세징수법에 의한 공매 등으로 그 소유권자를 달리하게 된 경우에 그 건물을 철거한다는 특약이 없는 한 건물소유자는 그 건물의 소유를 위하여 그 부지에 관하여 관습상의 법정지상권을 취득하는 것이고, 그 건물은 건물로서의 요건을 갖추고 있는 이상 무허가건물이거나 등기건물이거나를 가리지 않는다."[대법원 1988.4.12.선고 87다카2404 판결]

(3) 미등기건물을 그 대지와 함께 매수한 사람이 그 대지에 관하여만 소유권이전등기를 넘겨받고 저당권을 설정한 후 그 저당권의 실행된 경우

"민법 제366조의 법정지상권은 저당권 설정 당시에 동일인의 소유에 속하는 토지와 건물이 저당권의 실행에 의한 경매로 인하여 각기 다른 사람의 소유에 속하게 된 경우에 건물의 소유를 위하여 인정되는 것이므로, 미등기건물을 그 대지와 함께 매수한 사람이 그 대지에 관하여만 소유권이전등기를 넘겨받고 건물에 대하여는 그 등기를 이전 받지 못하고 있다가, 대지에 대하여 저당권을 설정하고 그 저당권의 실행으로 대지가 경매되어 다른 사람의 소유로 된 경우에는, 그 저당권의 설정 당시에 이미 대지와 건물이 각각 다른 사람의 소유에 속하고 있었으므로 법정지상권이 성립될 여지가 없다."(**대법원** 2002.6.20., **선고,** 2002다 9660, **전원합의체 판결**)

(4) 독립된 부동산으로서의 건물의 요건

"독립된 부동산으로서의 건물이라고 하기 위하여는 최소한의 기둥과 지붕 그리고 주벽이 이루어지면 된다고 할 것이다(대법원 2001.1.16. 선고 2000다51872 판결 참조).기록에 의하면 신축 건물은 경락대금 납부 당시 이미 지하 1층부터 지하 3층까지 기둥, 주벽 및 천장 슬라브 공사가 완료된 상태이었을 뿐만 아니라 지하1층의 일부 점포가 일반에 분양 되기까지 한 사정을 엿볼 수 있는바, 비록 피고 등이 경락을 원인으로 이 사건 토지의 소유권을 취득할 당시 신축 건물의 지상층 부분이 골조공사만 이루어진 채 벽이나 지붕 등이 설치된 바가 없다 하더라도, 지하층 부분만으로도 구분소유권의 대상이 될 수 있는 구조라는 점에서 신축건물은 경락 당시 미완성 상태이기는 하지만 독립된 건물로서의 요건을 갖추었다고 봄이 상당하다."(대법원 2003.5.30.선고 2002다21592, 21608판결)

3) 단독저당과 공동저당에서의 법정지상권 판단여부

(1) 단독저당

　단독저당의 경우에는 건물이 멸실 내지 철거된 후 신축된 건물에 대하여도 구 건물의 범위에서 법정지상권의 성립이 인정되는데 이는 법정지상권을 인정한다 해도 애당초 건물이 있는 토지의 교환가치를 파악하여 토지에 저당권설정을 한 저당권자의 기대 내지는 의사에 반하지 않기 때문이다. "민법 제366조 소정의 법정지상권이 성립하려면 저당권 설정 당시 저당권의 목적이 되는 토지 위에 건물이 존재하여야 하는데, 저당권 설정 당시의 건물을 그 후 개축·증축한 경우는 물론이고 그 건물이 멸실되거나 철거된 후 재건축·신축한 경우에도 법정지상권이 성립 하며, 이 경우 신 건물과 구 건물 사이에 동일성이 있거나 소유자가 동일할 것을 요하는 것은 아니라 할 것이지만, 그 법정지상권의 내용인 존속기간·범위 등은 구 건물을 기준으로 하여야 할 것이다."(대법원 2001.3.13. 선고 2000다48517, 48524, 48531 판결)

(2) 공동저당

　토지, 건물 양쪽에 공동저당이 되어 있는 경우에는 구건물의 철거에 따라 건물에 설정된 저당권은 부종성의 원칙에 따라 소멸된 것이고, 이는 곧 토지에 저당권이 설정된 다음에 새로 건물을 신축한 것과 다름이 없으므로 법정지상권이 성립될 수 없다.

▶ 대법원 2003. 12.18선고 98다43601 전원합의체 판결

　"동일인의 소유에 속하는 토지 및 그 지상건물에 관하여 공동저당권이 설정된 후 그 지상건물이 철거되고 새로 건물이 신축된 경우에는, 그 신축건물의 소유자가 토지의 소유자와 동일하고, 토지의 저당권자에게 신축건물에 관하여 토지의 저당권과 동일한 순위의 공동저당권을 설정해 주는 등 특별한 사정이 없는 한, 저당물의 경매로 인하여 토지와 그 신축 건물이 다른 소유자에 속하게 되더라도 그 신축건물을 위한 법정지상권은 성립하지 않는다고 해석함이 상당하다. 왜냐하면, 동일인의 소유에 속하는 토지 및 그 지상건물에 관하여 공동

저당권이 설정된 경우에는, 처음부터 지상 건물로 인하여 토지의 이용이 제한 받는 것을 용인 하고 토지에 대하여만 저당권을 설정하여 법정지상권의 가치만큼 감소된 토지의 교환 가치를 담보로 취득한 경우와는 달리, 공동저당권자는 토지 및 건물 각각의 교환가치 전부를 담보로 취득한 것으로서, 저당권의 목적이 된 건물이 그대로 존속하는 이상은 건물을 위한 법정지상권이 성립해도 그로 인하여 토지의 교환가치에서 제외된 법정지상권의 가액 상당가치는 법정지상권이 성립하는 건물의 교환가치에서 되찾을 수 있어 궁극적으로 토지에 관하여 아무런 제한이 없는 대지로서의 교환가치 전체를 실현시킬 수 있다고 기대하지만, 건물이 철거된 후 신축된 건물에 토지와 동순위의 공동저당권이 설정되지 아니 하였는데도 그 신축 건물을 위한 법정지상권이 성립한다고 해석하게 되면, 공동저당권자가 법정지상권이 성립하는 신축 건물의 교환가치를 취득할 수 없게 되는 결과 법정지상권의 가액 상당가치를 되찾을 길이 막혀 위와 같이 당초 나대지로서의 토지의 교환가치 전체를 기대하여 담보를 취득한 공동저당권자에게 불측의 손해를 입게 하기 때문이다."

4. 관습법상 법정지상권

관습법상 법정지상권은 민법에서 규정하는 요건을 갖추지 않았다 하더라도 동일인에게 속하였던 토지와 건물 중 어느 일방이 매매 기타 일정 원인에 의해 각각 소유자를 달리하게 된 때에 그 건물을 철거한다는 특약이 없으면 건물소유자가 당연히 취득하게 되는 지상권이다. 이는 현행법이 인정하는 법정지상권(민법, 입목에 관한 법률 등)과는 달리 판례에 의하여 인정된 법정지상권이다.

대법원은 오래 전부터 '동일인의 소유이던 토지와 그 지상 건물이 매매, 증여, 강제경매, 국세징수법에 의한 공매 등 기타 적법한 원인으로 인하여 토지와 건물의 소유자가 다르게 된 때 그 건물을 철거한다는 특약이 없는 한 토지 소유자에 대하여 건물 소유자는 그 건물의 소유를 위한 관습법상 법정지상권을 취득하다'고 판시하였다(대법원 2013.4.11. 선고 2009다62059 판결 등)

토지 또는 건물 중의 어느 일방에 제한물권(저당권, 전세권 등)의 존재를 전제하지 않는 점에서 법에서 정한 법정지상권과는 다르다. 관습법상의 법정지상권이 성립하기 위해서는 ① 토지와 건물이 동일인의 소유에 속할 것 ② 토지나 건물 중 일방이 매매·증여·국세징수법에 의한 공매· 강제경매 등의 원인으로 처분되어 토지와 건물의 소유자를 달리할 것 ③

건물철거의 특약이 없을 것을 그 요건으로 한다. 이러한 요건에 해당된 법정지상권은 관습법상 당연히 성립되므로 등기를 요하지 않는다(민법 제187조). 또한 그 효력은 건물이용에 적당한 범위에 미치고 지료는 당사자 간의 협정에 의해 정해지며 존속기간은 기간의 약정이 없는 경우의 예에 의한다

▶ 미등기 건물을 그 대지와 함께 양수한 경우의 관습상 법정지상권 성립여부

"관습상의 법정지상권은 동일인의 소유이던 토지와 그 지상건물이 매매 기타 원인으로 인하여 각각 소유자를 달리하게 되었으나 그 건물을 철거한다는 등의 특약이 없으면 건물 소유자로 하여금 토지를 계속 사용하게 하려는 것이 당사자의 의사라고 보아 인정되는 것이므로 토지의 점유·사용에 관하여 당사자 사이에 약정이 있는 것으로 볼 수 있거나 토지 소유자가 건물의 처분권까지 함께 취득한 경우에는 관습상의 법정지상권을 인정할 까닭이 없다 할 것이어서, 미등기건물을 그 대지와 함께 매도하였다면 비록 매수인에게 그 대지에 관하여만 소유권이전등기가 경료 되고 건물에 관하여는 등기가 경료되지 아니하여 형식적으로 대지와 건물이 그 소유 명의자를 달리하게 되었다 하더라도 매도인에게 관습상의 법정지상권을 인정할 이유가 없다."[대법원 2002.6.20., 선고, 2002다9660, 전원합의체 판결]

▶ 미등기 건물을 그 대지와 함께 양수한 후 대지에 저당권이 설정되고 그 후 저당권의 실행으로 대지가 경매된 경우 법정지상권(민법 제366조)의 성립여부

"미등기 건물을 그 대지와 함께 양수한 사람이 그 대지에 관하여서만 소유권이전등기를 넘겨받고 건물에 대하여는 그 등기를 이전받지 못하고 있는 상태에서 그 대지가 경매되어 소유자가 달라지게 된 경우에는, 미등기 건물의 양수인은 미등기 건물을 처분할 수 있는 권리는 있을지언정 소유권은 가지고 있지 아니하므로 대지와 건물이 동일인의 소유에 속한 것이라 볼 수 없어 법정지상권이 발생할 수 없다."(대법원 1998.4.24. 선고 98다4798 판결)

▫ **민법제186조(부동산물권변동의 효력)** 부동산에 관한 법률행위로 인한 물권의 득실변경은 등기하여야 그 효력이 생긴다.

▫ **민법제187조(등기를 요하지 아니하는 부동산물권취득)** 상속, 공용징수, 판결, 경매 기타 법률의 규정에 의한 부동산에 관한 물권의 취득은 등기를 요하지 아니한다. 그러나 등기를 하지 아니하면 이를 처분하지 못한다.

5. 법정지상권의 소멸

1) 건물이 소멸할 경우 법정지상권도 함께 소멸한다.

"법정지상권 취득 당시의 건물이 멸실되어 다시 신축하였거나 건물의 독립성을 인정할 수 없었을 정도로 훼멸된 것을 새로운 독립된 건물로 개축하여 양 건물이 동일성을 상실한 경우에는 기왕의 건물소유를 위한 법정지상권은 소멸하고 위 새로운 건물을 위하여 위 법정지상권은 존속할 수 없다."(대법원 1985.5.14. 선고 85다카13 판결)

☞ 건물의 일부를 증, 개축하여 그 면적에 다소의 증감이 있었거나 지붕이나 구조에 일부 변동이 있는 사실만으로는 증, 개축 전후의 건물이 동일성을 상실한다고 볼 수 없어 이러한 경우에는 그 건물의 소유를 위한 법정지상권은 여전히 존속한다고 본다.

2) 지료연체로 인한 지상권소멸청구권

(1) 정기적으로 지료를 지급해야 하는 지상권자가 2기 이상의 지료를 지급하지 아니한 때에는 지상권설정자는 지상권의 소멸을 청구할 수 있다(민법 제287조).

(2) 단, 법정지상권에 관한 지료가 결정되지 않았다면 지료 지급이 2기 이상 연체되었다는 사실 만으로 지상권의 소멸청구를 할 수 없다.

"법정지상권자가 2년 이상 지료를 지급하지 않은 경우라도 당사자의 합의나 법원의 판결로 지료가 정하여지지 않는 한 법정지상권자에게 지료의 지급지체가 있다고 할 수 없으므로 대지소유자는 지상권의 소멸을 청구할 수 없다."(서울지법 남부지원 1985.10.8.선고 85 가합153, 85가합1414)

(3) 지체된 지료가 판결확정의 전후에 걸쳐 2년분 이상일 경우에 토지소유자는 지상권의 소멸을 청구할 수 있다.

"법정지상권이 성립되고 지료액수가 판결에 의하여 정해진 경우 지상권자가 판결확정 후 지료의 청구를 받고도 책임 있는 사유로 상당한 기간 동안 지료의 지급을 지체한 때에는 지체된 지료가 판결확정의 전후에 걸쳐 2년분 이상일 경우에도 토지소유자는 민법 제287조에 의하여 지상권의 소멸을 청구할 수 있고, 판결확정일로부터 2년 이상 지료지급을 지체하여야만 지상권의 소멸을 청구할 수 있는 것은 아니라고 할 것이다."(대법원 2005.10.13. 선고 2005다37208 판결).

(4) 지상권에 있어서 유상인 지료에 관한 약정을 제3자에게 대항하기 위하여 이를 등기하여야 한다. 지료결정청구에 의해서도 등기를 하여야 소유권이 바껴도 대항력을 주장할 수 있다.

"지상권에 있어서 지료의 지급은 그의 요소가 아니어서 지료에 관한 유상 약정이 없는 이상 지료의 지급을 구할 수 없는 것이며, 유상인 지료에 관하여 지료 액 또는 그 지급시기 등의 약정은 이를 등기하여야만 그 뒤에 토지소유권 또는 지상권을 양수한 사람 등 제3자에게 대항할 수 있는 것이다. 그리고 지료에 관하여 등기되지 않은 경우에는 무상의 지상권으로서 지료증액청구권도 발생할 수 없다."(대법원 1999.9.3. 선고 99다24874 판결)

(5) 동일인 소유였던 토지와 그 지상건물의 소유권이 분리되어 건물소유자가 관습상의 법정지상권을 취득한 후 토지소유자와 간에 건물소유를 위한 임대차계약을 체결하고 임차권을 취득한 경우에는 관습상의 법정지상권을 포기한 것으로 본다(대법원 1979. 6. 5. 선고 79다572 판결)

6. 집합건물에서 법정지상권이 성립하지 않는 경우

집합건물 부지의 소유자가 대지사용권을 갖지 아니한 구분소유자에 대하여 철거를 구하는 외에 집합건물법 제7조에 따라 전유부분에 관한 매도청구권을 행사할 수 있다고 하더라도 위 조항에 따른 매도청구권의 행사가 반드시 철거청구에 선행하여야 하는 것은 아니다. 또한 구분소유한 전유부분만을 철거하는 것이 사실상 불가능하다고 하더라도 이는 집행개시의 장애요건에 불과할 뿐이어서 원고의 철거청구를 기각할 사유에 해당하지 아니하므로, 이를 구할 소의 이익이 없다고 볼 수 없다.(대법원 2011. 9. 8. 선고 2011다23125 판결)

7. 법정지상권 문제에 대한 해결방안

1) 토지만 매각 대상일때 법정지상권이 성립되는 경우

장기임대방식으로 검토한다. 법정지상권 존속기간까지 지료청구를 하여 수익률을 계산하여야 하며, 건물소유자와 협의하여 토지와 건물의 소유권을 모두 행사할 수 있도록 하는 방법을 찾아야 한다.

2) **토지만 매각대상일때 법정지상권이 성립되지 않는 경우**

① 토지소유자는 소송을 통하여 법정지상권이 성립하지 않음을 우선 밝혀야 한다. 그리고 건물에 대하여 토지인도 및 부당이득(지료)을 청구 한다.

② 토지를 낙찰 받게 되면 건물철거판결을 받고 부당이득(지료)를 청구한 후 협의를 통해 건축주로부터 건물을 저렴하게 매입하거나 건물소유자가 매입능력에 따라 건물소유자에게 토지를 되 팔수 있다. 협의가 안될 경우 대체집행으로 건물을 철거해야 하는 경우도 발생할 수 있다(건물철거 비용은 건물주가 부담).

☞ 법정지상권 경매물건 낙찰시 일반적인 소송절차
 1. 지료청구 가압류(무임여방지)
 2. 처분금지 가처분
 3. 건물철거 및 지료청구의 소
 4. 건물 강제경매신청
 5. 협의에 의해 해결유도

3) 건물만 매각 대상일때 법정지상권이 성립되는 경우

① 건물에 대한 사용수익률이 지료보다 높을 때 존속기간 내에서 장기간 사용할 수 있다.
② 토지소유자가 건물을 매입할 능력이 있다고 판단하여 매도 계획을 세운 때.

역세권 위주나 번화가 또는 개발호재가 있는 지역의 물건에 투자한다면 장기간의 소송기간 중에도 부동산 가치가 상승될 수 있으며, 토지인도 시까지 건물주로부터 토지사용료 상당의 부당이득을 높게 받을 수 있다. 또한 낙찰 받은 후에는 건물소유자 및 임차인등을 상대로 처분금지가처분 또는 점유이전금지가처분 신청한 후, 본안소송으로 건물소유자 및 점유자를 상대로 퇴거 및 건물철거소송 등 법적인 절차를 밟을 수 있다.

8. 법정지상권과 유치권 해결방법

1) 법정지상권 성립하고 유치권도 성립여지 있는 경우

법정지상권이 성립한다면 지료 연체를 이유로 법정지상권 소멸 청구 한다. 또한 건축주를 상대로 건물철거 소송을 한다. 건물이 철거되면 유치권은 자동으로 소멸 된다.

2) 법정지상권 불성립하나 유치권이 성립여지 있는 경우
법정지상권이 성립하지 않는다면 유치권해결방법이 비교적 수월할 수 있다.

① 우선 예비적 조치로 건축주를 상대로 토지출입금지 가처분 및 공사 중지가처분을 신청한다. 그리고 본안소송으로 "토지인도 및 건물철거 소송"과 "부당이득 반환금 청구의 소"를 제기하고, 유치권자를 상대로 "토지퇴거소송"을 제기 한다.
② 1심에서 가집행 선고를 받은 후 유치권자를 상대로 인도집행 강행과 건축주 상대로 건물 철거(대집행)를 집행할 수 있다

9. 구분 소유적 공유관계에서의 법정지상권

"공유로 등기된 토지의 소유관계가 구분소유적 공유관계에 있는 경우에는 공유자 중 1인이 소유하고 있는 건물과 그 대지는 다른 공유자와의 내부관계에 있어서는 그 공유자의 단독소유로 되었다 할 것이므로 건물을 소유하고 있는 공유자가 그 건물 또는 토지지분에 대하여 저당권을 설정하였다가 그 후 저당권의 실행으로 소유자가 달라 지게 되면 건물소유자

는 그 건물의 소유를 위한 법정지상권을 취득하게 되며, 이는 구분 소유적 공유관계에 있는 토지의 공유자들이 그 토지 위에 각자 독자적으로 별개의 건물을 소유하면서 그 토지 전체에 대하여 저당권을 설정하였다가 그 저당권의 실행으로 토지와 건물의 소유자가 달라지게 된 경우에도 마찬가지라 할 것이다."(대법원 2004. 6. 11. 선고 2004다13533 판결[건물철거 및 토지인도등])

10. 입찰에서 제외되는 수목이 존재하는 경우

 토지소유자와 수목소유자가 동일하고 입목등기를 하지 않은 경우라면, 수목은 토지의 부합물로서 낙찰자에게 소유권이 귀속 되지만 입목등기가 된 경우라면, 부동산으로서 법정지상권이 성립할 가능성이 있다. 입목등기가 등재되었는지 여부는 토지등기부등본과 토지대장 또는 임야대장을 통해 확인할 수 있다. 만약 제3자가 적법한 권원에 의해 식재한 경우라면, 적정가격으로 매입협상을 하거나 수목취거 및 토지인도소송을 고려해야 한다. 단, 농작물의 경우에는 수목과는 달리 어떤 경우에도 수확기까지 경작자의 소유권이 인정되므로 이를 확인하여야 한다.

Chapter 15. 분묘기지권

1. 분묘기지권의 성립 가능성이 있는 물건

1) 의의

관습법상 법정지상권의 한 유형으로서 타인의 토지 위에 분묘를 소유하기 위하여, 그 토지를 사용할 수 있는 물권이다.

2) 성립요건
 (1) 타인의 토지 내에 그 소유자의 승낙을 얻어 분묘를 설치한 경우
 (2) 자기 소유의 토지에 분묘를 설치하였는데, 후에 그 분묘기지에 대한 소유권을 보유하거나 분묘를 이전 한다는 특별한 약정이 없이 그 토지를 처분한 경우
 (3) 타인 소유의 토지에 그 승낙 없이 분묘를 설치한 후 20년간 평온·공연하게 그 분묘의 기지를 점유한 경우

3) 일반지상권과의 차이점
 (1) 분묘를 소유하는데 있어 시신의 안장이 있어야 한다.
 (2) 등기는 불필요함.
 (3) 그 분묘를 소유할 수 있을 뿐, 새로운 분묘를 설치할 수 없다.
 (4) 존속기간은 관리자가 분묘의 수호와 봉사를 계속하는 동안 존속한다.

2. 분묘기지권의 효력

지상권과 유사한 물권으로서 분묘를 소유하기 위하여 그 토지를 사용할 권리를 갖는다. 다만, 토지소유자는 분묘기지의 주변을 침범하여 공작물을 설치할 수 없으며 분묘를 수호하고 봉사하는 목적을 달성하는 범위에서 효력이 있다.

3. 무연고 묘 처리방법

토지소유자의 승낙 없이 해당 토지에 설치한 분묘, 분묘설치자 또는 연고자의 승낙 없이 설치한 분묘는 시장과 군수, 구청장의 허가를 받아 미리 3개월 이상의 기간을 정해 그 뜻을 해당분묘의 설치자 또는 연고자에게 통보해야 하며, 분묘의 연고자를 알 수 없는 경우에는 그 뜻을 공고한 후 분묘에 매장된 시체 또는 유골을 개장할 수 있다(장사 등에 관한 법률 제27조 제1항, 제2항). 분묘의 연고자를 알 수 없는 경우 중앙일간신문을 포함한 둘 이상의 일간신문 또는 관할 시, 도 및 시, 군, 구 인터넷 홈페이지와 하나 이상의 일간신문에 개장에 필요한 사항들을 2회 이상 공고해야 한다(1회 공고일 1개월 후 2번째 공고).(장사 등에 관한 법률 시행규칙 제18조). 2001년 1월 13일 이후 소유자의 동의나 승낙 없이 설치된 분묘의 경우 분묘의 연고자는 당해 토지의 소유자, 묘지 설치자 또는 연고자에 대해 토지사용권 기타 분묘의 보존을 위한 권리를 주장할 수 없다. 연고자가 없는 분묘일 경우 시, 도지사 또는 시장, 군수, 구청장은 유골을 화장해 일정기간 봉안할 수도 있다.

4. 양도형 분묘기지권의 지료(관련사건: 의정부 2011타경3964(3))

[1] 분묘의 기지인 토지가 분묘의 수호·관리권자 아닌 다른 사람의 소유인 경우에 그 토지 소유자가 분묘 수호·관리권자에 대하여 분묘의 설치를 승낙한 때에는 그 분묘의 기지에 관하여 분묘기지권을 설정한 것으로 보아야 한다. 이와 같이 승낙에 의하여 성립하는 분묘기지권의 경우 성립 당시 토지 소유자와 분묘의 수호·관리자가 지료 지급의무의 존부나 범위 등에 관하여 약정을 하였다면 그 약정의 효력은 분묘 기지의 승계인에 대하여도 미친다. [2] 자기 소유 토지에 분묘를 설치한 사람이 그 토지를 양도하면서 분묘를 이장하겠다는 특약을 하지 않음으로써 분묘기지권을 취득한 경우, 특별한 사정이 없는 한 분묘기지권자는 분묘기지권이 성립한 때부터 토지 소유자에게 그 분묘의 기지에 대한 토지사용의 대가로서 지료를 지급할 의무가 있다.(대법원 2021. 9. 16. 선고 2017다271834 , 271841 판결)

5. 취득시효형 분묘기지권 지료(관련사건 여주지원 2013타경6020, 2013타경6037)

[다수의견] 2000. 1. 12. 법률 제6158호로 전부 개정된 구 장사 등에 관한 법률(이하 '장사법'이라 한다)의 시행일인 2001. 1. 13. 이전에 타인의 토지에 분묘를 설치한 다음 20년간 평온·공연하게 분묘의 기지를 점유함으로써 분묘기지권을 시효로 취득하였더라도, 분묘기지권자는 토지소유자가 분묘기지에 관한 지료를 청구하면 그 청구한 날부터의 지료를 지급할 의무가 있다고 보아야 한다. 관습법으로 인정된 권리의 내용을 확정함에 있어서는 그 권리의 법적 성질과 인정 취지, 당사자 사이의 이익형량 및 전체 법질서와의 조화를 고려하여 합리적으로 판단하여야 한다. 취득시효형 분묘기지권은 당사자의 합의에 의하지 않고 성립하는 지상권 유사의 권리이고, 그로 인하여 토지 소유권이 사실상 영구적으로 제한될 수 있다. 따라서 시효로 분묘기지권을 취득한 사람은 일정한 범위에서 토지소유자에게 토지 사용의 대가를 지급할 의무를 부담한다고 보는 것이 형평에 부합한다. 취득시효형 분묘기지권이 관습법으로 인정되어 온 역사적·사회적 배경, 분묘를 둘러싸고 형성된 기존의 사실관계에 대한 당사자의 신뢰와 법적 안정성, 관습법상 권리로서의 분묘기지권의 특수성, 조리와 신의성실의 원칙 및 부동산의 계속적 용익관계에 관하여 이러한 가치를 구체화한 민법상 지료증감청구권 규정의 취지 등을 종합하여 볼 때, 시효로 분묘기지권을 취득한 사람은 토지소유자가 분묘기지에 관한 지료를 청구하면 그 청구한 날부터의 지료를 지급하여야 한다고 봄이 타당하다.(대법원 2021. 4. 29. 선고 2017다228007 전원합의체 판결)

Chapter 16. 선순위 가등기 소멸방법

1. 혼동으로 소멸

혼동이란 채권 채무와 같이 서로 대립하는 2개의 법률상 지위가 동일인에게로 귀속되는 것을 말한다. 선순위 가등기권자가 그 소유권이전청구권에 기해 본등기를 한 것이 아니라 소유권이전등기를 하였다면 가등기권자를 상대로 가등기말소 청구의 소송을 제기하여 가등기를 말소하는 절차를 밟아야 한다.

☞ 가등기에 의한 본등기 사례

순위번호1	소유권이전청구권가등기(매매예약) 홍길동
	소유권이전 소유자 홍길동

☞ 매매에 의한 본등기 사례

순위번호 1	소유권 ㈜달동네종합건설
순위번호 2	소유권이전청구권보전 가등기 진미남
순위번호 3	소유권이전(매매) 진미남

선순위 가등기권자가 그 소유권이전청구권에 기해 본등기를 한 것이 아니라 별도의 절차를 거쳐 소유권이전등기를 한 경우에도 혼동을 등기원인으로 가등기를 말소할 수 있으나 가등기권자의 승낙서를 받아 말소하기는 쉽지 않다. 이럴 때는 가등기권자를 상대로 가등기말소 청구의 소송을 제기하여 가등기를 말소하는 절차를 밟아야 한다.

2. 제척기간 만료로 소멸

  매매예약완결권은 소유자의 동의가 없어도 일방적으로 매매계약을 성립시킬 수 있는 형성권으로서 일단 가등기만으로는 매매가 성립된 것으로 보지 않고 추후 가등기권자가 매매를 원한다는 의사를 소유자에게 표시하면 그 의사 표시만으로 매매계약이 체결된 것으로 보는 것이다. 따라서 매매예약완결권 행사가 없으면 예약일로 부터 10년이 지나면 소멸하는 것이 제척기간 만료에 의한 소멸이다. "제척기간은 권리자로 하여금 당해 권리를 신속하게 행사하도록 함으로써 법률관계를 조속히 확정 시키는데 그 제도의 취지가 있는 것으로서, 소멸시효가 일정한 기간의 경과와 권리의 불행사라는 사정에 의하여 권리소멸의 효과를 가져 오는 것과는 달리 그 기간의 경과 자체만으로 곧 권리소멸의 효과를 가져 오게 하는 것이므로 그 기간 진행의 기산점은 특별한 사정이 없는 한 **원칙적으로 권리가 발생한 때**이고, 당사자 사이에 매매예약완결권을 행사할 수 있는 시기를 특별히 약정한 경우에도 그 제척기간은 당초 권리의 발생일로부터 10년간의 기간이 경과하면 만료되는 것이지 그 기간을 넘어서 그 약정에 따라 권리를 행사할 수 있는 때로부터 10년이 되는 날까지로 연장된다고 볼 수 없다(대법원 1995. 11.10. 선고 94다22682호)".

3. 소멸시효 경과로 소멸

  매매계약에 의한 가등기는 이미 계약이 체결된 상태라는 점에서 10년 동안 권리행사를 하지 못하였다면 소유권이전등기청구권은 10년 소멸시효로 소멸한다. 매매예약완결권에 기해서 가등기권자가 소유자를 상대로 가등기에 기한 본등기소송을 제기한다며 언제든지 본등기를 할 가능성이 있으므로 판결문이 있는지 확인할 필요가 있다.

☞ 매매계약에 의한 가등기와 매매예약을 원인으로 한 가등기의 차이.

  매매계약에 의한 가등기는 이미 계약이 체결된 상태라는 점에서 그 후 매매계약이 해제되었는지 아니면 장기간에 걸쳐 권리행사를 하지 못해 이전등기청구권이 10년 시효로 소멸해 버렸는지와 같은 측면에서 가등기말소가 검토되는 반면, 매매예약에 의한 가등기는 매매예약의 단계에서는 완전한 계약이 성립되지는 않았기 때문에 예약 이후에 예약완결권이 제척기간 내에 제대로 행사되었는지를 먼저 살피는 것이 순서이고, 만약 적법한 완결권행사로 인해 계약으로서 성립되었다면 그 다음에서야 위에서 본 계약의 해제여부, 소멸시효 기간도과 여부가 검토될 수 있다. 그 때문에, 매매계약이 아닌 매매예약을 원인으로 한 가등기 말소가 쟁점이 된 사례에서는 예약완결권의 행사가 일정한 제척기간 내에 이루어졌는지에 따라 가등기말소를 좌우하는 쟁점이 되는 경우가 대부분이다.

민법 제564조가 정하고 있는 매매의 일방예약에서 예약자의 상대방이 매매예약 완결의 의사표시를 하여 매매의 효력을 생기게 하는 권리, 즉 매매예약의 완결권은 일종의 형성권으로서 당사자 사이에 행사기간을 약정한 때에는 그 기간 내에, 약정이 없는 때에는 예약이 성립한 때로부터 10년 내에 이를 행사하여야 하고, 그 기간을 지난 때에는 예약 완결권은 제척기간의 경과로 인하여 소멸한다. 한편 당사자 사이에 약정하는 예약 완결권의 행사기간에 특별한 제한은 없다.(대법원 2017. 1. 25., 선고, 2016다42077, 판결)

Chapter 17. 선순위 가처분

1. 가처분이란

　소유권에 관한 분쟁이 발생할 경우 소송결과에 대한 위험성을 경고하기 위하여 법원의 결정으로 하는 예고등기가 폐지되었기 때문에 현재는 "가처분등기"로 표시하고 진행하고 있다. 가처분이란 부동산에 대한 인도. 명도 청구권을 보전하기 위하여 채무자가 목적 부동산에 대하여 인적. 물적 현상을 변경시키는 행위를 금지하도록 하기 위한 절차이다. 채권자는 채무자의 재산에 가처분등기를 하여 채무자가 제3자의 소유권이전, 근저당권, 전세권, 임차권 설정 등 처분행위를 금지하는 것이다. 청구권을 보전하기 위한 가압류는 금천채권이나 가처분은 금전이외의 채권을 보전하기 위한 권리이다. 가처분은 권리분석하기가 다소 어려운 부분이 있다. 대부분이 권리들은 말소기준권리를 찾아서 그 이후에 등기된 권리들이 모두 말소되는데, 가처분 등기는 후순위 권리여도 말소되지 않는 경우가 있기 때문이다. 처분금지 가처분으로는 매매예약을 원인으로 소유권이전등기 청구의 가처분, 사해행위취소를 원인으로 하는 소유권말소 청구의 가처분, 진정명의 회복을 위한 소유권이전등기 청구의 가처분 등이 있다. 경매법원에서는 만약 선순위 가처분등기가 유효할 수 있다는 판단이 들면 경매진행을 사실상 중지하고, 본안소송의 결과에 따라 재진행 한다. 선순위 가처분사건에 입찰해도 되는 경우는 이미 본안 소송이 끝났는데 등기부에 가처분 등기가 말소되지 않은 경우인데 만약 가처분이 있는 경매사건에 입찰하여 소유권이 말소되면 배당받은 채권자들을 상대로 '부당이득반환 청구의 소'를 제기하여 돈을 돌려받아야 한다.
　소유권이전등기채권을 보전하기 위한 일반적인 처분금지가처분이 아니라 저당권설정채권을 보전하기 위한 처분금지가처분이 선순위로 되어있는 경우는 일반적인 처분금지가처분과 다르게 취급될 수 있다. 예를 들어, 수분양자에 대해 금융회사가 분양대금을 대출하면서 향후 분양대상 아파트가 준공되고 등기되면 대출금을 피담보채권으로 해서 저당권을 설정하기로 대출채무자와 약속하는 경우와 건물을 신축한 공사업자가 받지 못한 공사대금을 피담보채권으로 자신이 신축한 건물에 대해서 저당권설정을 요구할 수 있는 권리(민법 666조)를 갖는 경우에 저당권 설정을 위한 처분금지가처분이 많다

2. 가처분의 소멸

 1) 가처분의 목적을 달성해 더 이상 존립의 근거가 없는 가처분.

      1. 소유권보존 홍길동
      2. 소유권이전 성춘향(채무면탈로 소유권이전)
      3. 소유권이전금지 가처분 임꺽정(채권자취소권)   4. 가압류 국민카드
      5. 강제경매신청 임꺽정

☞ 임꺽정이 소유권이전등기 가처분 후 승소하여 홍길동을 상대로 강제경매를 신청하였으므로 가처분의 목적을 달성하였다고 볼 수 있다. 따라서 낙찰자는 가처분에 대해 말소촉탁을 신청할 수 있다.

 2) 선순위 가처분권자와 근저당권자가 동일한 경우

      1. 소유권이전(매매) 홍길동
      2. 근저당권설정등기청구권 가처분 신한은행
      3. 근저당권설정 신한은행(2번 가처분에 의함)
      4. 임의경매 신한은행

☞ 신한은행의 가처분은 근저당을 설정함으로 그 목적을 달성하였으므로 낙찰자가 잔금을 납부하면서 가처분해제신청을 하면 경매법원은 말소촉탁을 하게 된다.

 3) 명의신탁등 상대적사유인 경우

      1. A 소유권
      2. B 근저당
      3. C 가처분 (소유권이전)
      4. D 전세권

☞ 후순위로 설정된 권리로 인해 선순위의 권리자(근저당권)가 피해를 본다면, 이는 불측의 피해로서 허용될 수 없다(선의의 제3자). 이런 경우 낙찰자는 소유권을 취득한다(명의신탁 등 상대적사유로서 후순위 가처분으로 선의의 제3자에게 대항할 수 없다).

4) 사문서위조 등 절대적사유인 경우_예고등기적 성격인 가처분
   1. C 소유권
   2. A 소유권
   3. B 근저당
   4. C 가처분(A 소유권이전등기 말소 청구 가처분)
   5. D 전세권

☞ B 근저당권자의 선의, 악의를 불문하고 낙찰자는 소유권을 잃을 수 있다. 가처분은 소유권이전에 대한 위험을 경고하고 있으며, 원고의 승소만으로 선의의 제3자까지도 불측의 피해를 볼 수 있는 것이 이러한 가처분이다.

5) 경매신청권자에 따라 가처분의 권리분석이 달라진다
   1. A 소유권
   2. B 근저당
   3. C 소유권
   4. D 근저당
   5. E 가압류
   6. A 가처분(C 소유권반환 청구권)

☞ A의 가처분 신청 판결에서 A가 승소한다면 C에로의 소유권 이전등기는 무효가 되고, D 근저당권도 무효가 된다. 따라서 D 근저당권에 의한 경매가 신청되어 진행될 경우 D 근저당 이후의 모든 권리는 무효가 되어 낙찰자의 소유권도 잃게 된다. 그러나 B 근저당권에 의한 경매 신청이라면 원래 A가 소유주였던 부동산에 설정한 근저당권이므로 경매로 매각되면 B 근저당권을 포함한 모든 권리가 소멸되므로 낙찰자는 소유권을 취득하게 된다.

6) 시효에 의한 소멸(본안이 소 제소기간 경과규정)

장기간 가처분상태가 방치되어 취소기간을 도과한 경우는경과규정처럼 본안소송 제소시간의 도과되었다면 말소가 가능하다.

취소기간	보전처분 취소 경과규정
2002.6.30.이전	10년(구 민소법 706조2항)
2002.7.1.~2005.7.27.	5년경과 후 취소 가능.
2005.7.28.이후~	3년간 본안소송을 제기하지 않았다면 채무자나 제3취득자는 '사정변경에 의한 가처분취소'를 구할 수 있다[법288조 1항3호]

3. 후순위 가처분이 말소되지 않는 경우

1) 진정명의회복을 위한 가처분(예고등기 성격)
1. A 소유권
2. B 소유권이전(사문서 위조등 절대적 무효사유)
3. C 근저당권
4. A 가처분(B 소유권 이전등기 말소)
5. C 임의경매

후순위로 설정된 권리로 인해 선순위의 권리자가 피해를 본다면 이는 불측의 피해로서 허용될 수 없지만 소송결과에 대한 위험성을 경고하기 위하여 "예고등기"성격인 가처분을 하는 경우라면 낙찰자는 소송의 결과에 따라서 소유권을 잃어버릴 수도 있다(절대적 무효사유). 위 사례에서 A의 가처분이 소유건이전등기를 말소해 달라는 처분금지가처분이라면 원고(A)의 승소로 선의의 제3자(C 근저당권)도 불측의 피해를 볼 수 있는 것이다. 현재는 예고등기가 폐지되었지만 가처분을 통해서 소유권이전에 대한 위험을 경고하고 있으므로 이 가처분의 성격을 파악하는 것이 중요하다.

2) 경매신청권자에 따른 소유권 취득여부
1. A 소유권
2. B 근저당권
3. C 소유권
4. D 근저당권
5. A 가처분(C소유권 이전등기 말소)

A의 가처분이 승소한다면 경매신청권자가 누구냐에 따라 소유권취득여부가 결정되므로 권리분석 시 매우 주의해서 살펴 볼 필요가 있다. B 근저당권자가 경매를 신청 할 경우 낙찰자는 소유권을 취득하는데 아무런 문제가 없지만 D 근저당권자의 경매신청에 의해서 경매가 진행 된다면 소송결과에 따라서 낙찰자의 소유권취득 여부가 달라질 수 있다. 만약 A 가처분권자가 승소한다면 D 근저당권의 경매신청은 무효가 되고 경락자도 소유권을 취득할 수 없게 된다.

5. 가처분의 종류

1) 점유이전금지 가처분
2) 건물철거 및 토지인도청구권 보전을 위한 처분금지가처분

토지소유자가 그 지상건물 소유자를 상대로 '건물철거 및 토지인도'를 구하기 위하여 건물에 대한 처분금지가처분을 한 경우 비록 후순위라 하더라도 건물의 낙찰로 인하여 소멸되지 않는다.

3) 수인을 명하는 가처분
① 통행방해금지 가처분
② 공사방해금지 가처분
③ 점유방해금지 가처분
4) 부동산명도단행 가처분
① 명도소소중 합의금 수령한 경우
② 강제집행하였으나 재침입한 경우
③ 반사회적인 영업을 한 경우(도박, 매춘 등)

Chapter 17. NPL(부실채권)

1. NPL은 무엇인가

　NPL(Non Performing Loan)은 무수익여신이다. 부실대출금과 부실지급보증금을 합친 개념으로 금융기관의 대출 및 지급보증 중 원리금이나 이자 등 대출금의 회수가 불가능하거나 어렵게 된 돈이다. 부실채권은 은행이 대출을 해주었으나 원리금을 제때 못 받아 3개월 이상 이자가 연체 되거나, 법정관리 기업의 대출금 등이 연체된 경우를 무수익여신으로 분류하고 경매로 진행된다. 채무를 진 사람이 채무를 위해 부동산을 담보로 제공하였다면 담보부 부실채권이라고 하며, 개인의 신용만을 이용해서 채무를 지게 되면 이는 무담보부 부실채권이라 한다. 부실채권이 발생하면 금융기관에서는 특수목적회사인 SPC(Special Purpose Company) 법인을 만들고 이를 통해 부실채권을 매각한다. 그리고 채권매각이 끝나면 SPC는 자동으로 없어진다(페이퍼컴퍼니). 유동화전문회사(SPC)는 금융기관과 거래하는 기업이 부실해져 대출금등 여신을 회수할 수 없게 되면 이 부실채권을 인수해 국내외의 적당한 투자자를 물색해 팔아넘기는 중개기관 역할을 하게 된다. 이를 위해 외부 평가 기관을 동원해 부실채권을 현재 가치로 환산하고 이에 해당하는 자산담보부채권(ABS)을 발행하는 등 다양한 방법을 동원한다. SPC가 발행한 ABS는 주간사와 인수사를 거쳐 기관과 일반 투자자들에게 판매 된다. 투자자들은 만기 때까지 채권에 표시된 금리만큼의 이자를 받고 만기에 원금을 돌려받는다. 자산 관리와 매각 등을 통해 투자 원리금을 상환하기 위한 자금을 마련하는 작업이 끝나면 SPC는 자동 해산된다.
　금융기관이 보유하고 있는 여신은 건전성에 따라 정상, 요주의, 고정. 회수의문. 추정손실 등 5가지로 구분한다.

☞ 담보부 NPL: 부동산을 담보로 대출한 채권이 3개월 이상 연체된 채권
☞ 부담보부 NPL: 신용카드, 신용대출 등 담보없이 대출한 3개워 이사 연체된 채권
　금융기관에서 1억대출시 1억2천만~1억3천만 원의 채권최고액으로 설정하는 것은 원금과 정상이자 그리고 연체이자와 경매비용까지 감안하여 설정하는 것이다. 따라서 NPL을 매입하면 채권최고액 범위 내에서 낙찰 받아 상계하거나 배당을 받는 것이다.

최근 경제상황과 대내외 경제 등 불확실성이 높아지고 있어 채무상환 능력이 빠르게 악화되고 있다. 이에 금융기관에서는 손실 흡수능력 제고를 위해 다음과 같이 대손충당금을 적립하고 있다.

종류	기준		내용	적립비율 (대손충당금)
담보대출	정상		연체없이 정상적으로 채무가 이해(GPL)	0.5% 이상
	요주의		1개월 이상 3개월 미만 연체된 대출	2% 이상
	고정	부실채권	3개월 이상 연체로 채무 상환 능력이 의심되는 대출	20% 이상
	회수의문		3개월 이상 연체(12개월 미만)로 채권 회수가 심각	50% 이상
	추정손실		12개월 이상 연체로 사실상 채권 회수가 불가능	100% 이상

2. 금융기관에서 부실 채권을 매각하는 이유

1) BIS 자기자본 비율 유지하는데 1금융권은 8%, 2금융권은 5%이다. BIS(국제 결제 은행) 자기자본비율은 은행의 위험자산 대비 자기자본 비율로 위험자산에 대하여 최소한의 자기자본을 유지하도록 정해진 비율이다. BIS 비율을 높이려면 위험자산을 줄이거나 자기자본을 늘려야 한다.

☞ 자기자본비율= 자기자본 / 총자산 X 100%
☞ BIS 자기자본비율=자기자본 / 위험가중자산 X 100%

2) 대손충당금 적립비율 부담이 되어 매각하는데 대손충당금이란 대손은 외상매출금, 대출금 따위를 돌려받지 못하여 손해 볼 것을 대비하여 충당하기 위해 모아두는 돈이다. 받을어음, 외상매출금, 대출금 따위에서 받지 못할 것으로 예상하여 장부상으로 처리하는 추산액이다. 대차대조표에서 공제의 형식으로 부채의 부에 기재한다.또한 부실채권 여신 비율이 1.5% 이하여야 하고 국제 회계 기준 도입 연결 재무제표 적용을 해야 한다.

3. NPL 투자 장점

NPL 투자자는 경매를 신청한 자의 채권자 지위로 경매 절차에서 주도적인 역할을 한다. 낙찰 받을 경우 장부상 손실매각으로 다른 물건의 양도세 납부세액과 상계처리가 가능하며 수익금에 대한 비과세효과가 있다. 론세일 방식에서는 제3자가 낙찰받을 경우 배당금을 수령하므로 투자기간이 더 짧아질 수 있자는 장점이 있다.

1) 사전에 관계서류 열람 가능

일반경매참가자는 알 수 없는 '이해관계인'만 확인할 수 있는 상세정보를 획득할 정보 수집에 용이하여 경매신청서와 부속서류들 모두 열람 가능하다. 채권서류를 금융기관에서 인수받아 선순위 대항력권자의 위장 임차권확인(무상거주확인서와 인감증명서)과 선순위가등기의 진위여부, 유치권신고서 및 유치권 배제확인서 등 대출 취급 당시 금융기관에서 채권서류에 편철해둔 입증서류 확인이 가능 하다.

2) 우월한 낙찰자 지위에서 입찰 참가.

NPL매입을 통해 입찰할 경우 채권 상계가 가능한 금액만큼 낙찰가를 높게 쓸 수 있어 낙찰 받을 확률이 매우 높아진다. NPL 경매투자는 경매 배당금이 높을수록 낙찰가율이 높아지며 일반 경매입찰보다는 낙찰가율이 높다(채권 회수 금액으로 채권최고액 범위 내에서 채권을 행사할 수 있는 금액까지 입찰 가능). 또한 경매로 가기 전 임의매각으로 채권을 팔 수도 있다.

3) 양도세 절감효과이다.

NPL채권을 매입하고 경매에서 물건을 유입할 경우 양도세 절감효과도 얻을 수 있다. 낙찰가를 높게 했을 경우 양도 시에 양도차액이 줄어드는 효과가 있으며 NPL채권을 상계할 경우 채권에 대해서는 양도소득세를 부과하지 않아 양도세 부담이 없다.

▶ 2007년 판례로 서울행정법원은 부실채권 매매대금을 초과하여 지급받은 배당금의 본질은 채권에 대한 투자수익이나 매매차익에 해당되는 것이며 소득법상 이자나 배당소득에 해당되는 것은 아니므로 NPL부실채권 처분에 따른 이익을 과세대상의 소득에 해당되지 않는다고 판결했다.

▶ 민사집행법 제143조(특별한 지급방법)

① 매수인은 매각조건에 따라 부동산의 부담을 인수하는 외에 배당표의 실시에 관하여 매각대금의 한도에서 관계채권자의 승낙이 있으면 대금의 지급에 갈음하여 채무를 인수할 수 있다. ② 채권자가 매수인인 경우에는 매각결정기일이 끝날 때까지 법원에 신고하고 배당받아야 할 금액을 제외한 대금을 배당기일에 낼 수 있다. ③ 제1항 및 제2항의 경우에 매수인이 인수한 채무나 배당받아야 할 금액에 대하여 이의가 제기된 때에는 매수인은 배당기일이 끝날 때까지 이에 해당하는 대금을 내야 한다.

4. NPL 계약방식

1) 론세일 계약(채권양도방식)

론세일(loan sale)이란 대출채권을 판매한다는 의미로 근저당권부채권의 양도인(은행, 유동화회사, 기타 채권자 등)에게 양수인이 계약에 상응하는 대금을 지불하고 채권자의 권리 일체를 넘겨받는 것이다. 부실채권을 원리금기준으로 할인가로 대금을 전액 주고 매입하면 1순위 근저당채권자가 변경이 된다. 그 후 채권자의 지위로 본인이 경매입찰에 참가해 소유권을 취득하거나(직접낙찰), 경매절차를 통해 경매물건의 매각대금에서 배당기일에 배당을 받음으로 채권을 회수할 수 있다. 근저당권의 모든 권리와 의무를 가져오므로 확정적 채권양도라고 한다. 론세일방식은 일정규모의 자산관리회사(AMC)나 대부업체만 매입이 가능하다. 초기자금이 많이 들어가므로 근저당권부 질권 대출을 활용하는데, 일반투자자는 질권을 설정하는 방법으로 투자에 참여할 수 있다. 론세일방식은 유리한 위치에서 경매에 참여할 수 있으며 추후 매각 시 양도소득세에서 많은 혜택을 받을 수 있다. 자산관리회사가 유입을 결정하여 입찰에 참여하였는데 차순위 신고자가 있다면 채권을 회수하기 위하여 대금을 미납할 가능성도 있다. 이는 적정한 가격에 부실채권을 매각하여 자금회수를 하려는 회사의 취지와도 맞기 때문이다. 만약 자산관리회사가 채권매각예상가격보다 낮은 가격으로 낙찰이 예상되는 경우 자신들이 매수하고(유입) 나중에 매각을 진행하는 경우가 있는데 이때는 개인도 수의계약에 의하여 매수할 수 있다.

2) 채무인수계약

채무인수계약은 채무가 그 동일성이 유지하면서 그대로 양수인에게 이전되는 계약이다. 이는 관계채권자(은행, 유동화회사, 기타 채권자 등)와 양수인(새로운 채무자)간의 면책적 채무인수계약으로 채무자는 본인의 채무에서 벗어나는 면책적 효력이 있고 채권자는 변제능력이 떨어지는 구채무자를 변제능력이 있는 새로운 채무자로 변경시키는 효과가 있다. 채무인수방식은 기존 채무의 일부를 탕감해 주는 조건으로 새로운 채무자에게 일시적으로 채권을 인수시킨 다음 단시일 내에 채무관계를 해결하는 것이 채무인수방식의 특징이라고 볼 수 있다.

론세일방식에서는 채권자의 지위가 변경이 되지만 채무인수방식은 채무자 변경이 이루어지는 방식으로 이해하면 된다. 채권자의 지위를 양도 받는 론세일방식과 달리 채무자의 지위를 그대로 인수하는 형태로 채무의 동일성을 유지하면서 양수인에게 그 채무를 이전할 것을 약정하는 계약이다. 계약 이후 경매를 통하여 양수인이 직접 입찰에 참여해서 낙찰을 받아야 한다. 민법상 채무는 채무자의 승락이 있어야 하지만 Npl의 채무인수방식은 채권 양도인과 양수인의 계약에 의해서 성립되는데 이때 모든 채무를 인수하는 것이 아니라 유동화회사와 가격협상을 통하여 채무의 일정금액을 탕감 받는 조건으로 채무를 인수하게 된다. 이 방식이 활성화된 이유는 론세일방식은 자기자본이 많이 들어가는 반면 채무인수방식은 통상 계약금만으로도 매입이 가능하기 때문에 개인에게 부담이 없으며, 자산관리사 입장에서도 채권 투자금에 대한 금융비용과 관리비용이 절감되기 때문이다. 채무인수방식은 배당일에 잔금납부를 완납 시 채무자변경등기를 하지 않으므로 등기사항전부증명서에서는 확인 할 수 없다.

▣ 채무인수계약방법

1. 계약금은 계약 시 채권매각대금의 10%
2. 중도금 10%, 보통은 입찰보증금으로 하며, 선순위금액이 입찰보증금보다 많은 경우에는 그 금액을 법원에 납부 한다
3. 잔금은 배당기일이후 일정기간 정해진 날에 지급한다.

　채무인수양수인은 채권매각금액 이상으로 경매입찰에 참여해야 한다. 통상 이 가격을 계약서에 명시한다. 이때 양수인보다 더 높은 가격을 적은 최고가입찰자가 있다면 계약은 무효가 되고 계약금을 반환 받게 된다. 계약금만 지급하고 채권 양수도 계약을 체결한다는 점은 론세일과 비슷하지만 론세일의 경우 보통 근저당권자가 금융기관에서 NPL 투자자의 이름으로 변경되지만, 채무인수방식은 계약과 동시에 반드시 낙찰 받는 조건으로 계약이 이루어진다는 것이다. 즉, 채권자인 근저당권자는 그대로 남아 있다가 낙찰 후 채권자의 채무인수 동의서를 제출하여 상계처리를 한다.

3) 사후정산 방식

　사후정산방식이란 채무인수자가 직접 입찰하여 낙찰을 받고 경락잔금대출을 통해서 소유권 이전을 받은 이후 유동화 회사로부터 부실채권 매매가격을 초과하는 배당금을 환급받는 방식이다. 본인이 낙찰 받는다는 조건으로 계약을 할 수 있으며 만약. 낙찰 받지 못하면 계약은 자동으로 해지된다. 계약금을 지급하고 유동화회사 직원과 함께 경매법원에서 입찰을 하고 낙찰 받으면 잔금납부 후 정산하는 방식이다. 따라서 상계처리는 되지 않는다. 최근 자산유동화회사에서는 채무인수방식으로 하되 사후정산을 통한 계약을 주로 하고 있다.
배당요구종기일 이후에 채권을 매입하여야 선순위 채권(임차인 보증금, 국세. 지방세, 임금채권 등)을 확인하고 매매가격을 정할 수 있다. 채무인수 사후정산방식은 부실채권을 인수해서 해당 부동산을 직접 유입하고자 하는 경우에 많이 활용할 수 있다.

5. NPL 투자 사례

※ 감정가 3억, 채권설정액 2억 4,000만 원인 부동산의 NPL과 경매투자 비교

구분	NPL 채권 매입	일반경매참가시
NPL 매입액	대출원금 2억원	X
채권최고액	2억4천만 원	X
입찰참여가격	2억4천만 원	2억 원
실체투자금액	2억 원	2억 원

① **채권최고액**: 채권최고액 2억 4,000만 원은 근저당권 매입가격 2억 원에 대하여 설정된 120% 채권최고액을 의미한다(원금 2억 원×120%=2억 4,000만 원).

② **실제투자금액**: 입찰참여가격을 2억 4,000만 원으로 제시하여 낙찰을 받은 NPL 매입 근저당권자는 상계신청을 통하여 NPL 매입 대금 2억 원 외에 추가로 납부하는 금액이 없다. 즉, 2억 원으로 2억 4,000만 원과 동일한 낙찰가 전략이 가능하다.

③ 2억 원에 NPL 매입 → 채권최고액 2억 4,000만 원 근저당권 이전받는다. → 입찰할 때 2억 4,000만 원까지 쓴다→ 낙찰(낙찰대금은 상계처리) → 매매

☞ 낙찰가인 2억 4,000만 원 그대로 매각을 하여도 수익이 4,000만 원이 남는다. 일반경매 투자자가 매각으로 인해 4,000만 원의 소득이 있었다면 1년 이내 50%, 2년 이내 40%의 양도소득세를 내야 하는 것에 비하여 양도소득세를 과세하지 않는다.

3) NPL매입 근저당권자가 낙찰을 받지 못한 경우는 어떻게 할까?

위 케이스에서 누군가 제3자가 NPL 매입 근저당권자가 제시한 입찰가 2억 4,000만 원 보다 높게 입찰하여 낙찰을 받았다면 NPL 매입 근저당권자는 채권행사금액 2억4,000만 원 모두를 배당을 받게 되어 배당수익을 확보하게 된다.

6. NPL부실채권 매입방법

　투자자가 NPL채권을 매입하기 위해서 부실채권의 소유자인 이 유동화회사(SPC)를 통해야하지만 채권매각을 위한 일시적인 페이퍼컴퍼니로 실제 업무를 맡고 있는 곳은 AMC자산관리 회사이므로 이 회사의 AM과 접촉해야 한다. NPL로 채권이 시장에 나오는 시점은 금융권마다 다르다. 크게 1금융권은 채권 매각의 경우 매각회사는 유암코, 대신F&I, 우리F&I 등이고 매각기일 잡히기 직전에 매가하는 경우가 많다. 제2금융권의 경우 매각시기에 있어 경매 신청 전과 경매 신청 후로 나뉘어 진다. 따라서 마음에 드는 물건을 찾았다면 부실채권 매각이 가능한 물건인지 먼저 확인하고 조사를 해야 한다. 임장을 하여 현장조사를 통해 물건의 시세를 파악한 후에 매입 적정금액을 계산하여 자산관리회사와 협상을 진행한다.

1) 홈페이지를 통해 NPL물건 찾기

₽ 금융감독원 전자공시시스템 (https://dart.fss.or.kr/)

　홈페이지에 접속해서 기간선택을 한 후 회사명을 입력하면 회사별로 검색할 수 있다. 정기공시, 자산 유동화 등 필요항목별로 검색할 수도 있다. 유동화회사에 대한 공시내용을 확인하고 대표자, 주소, 실무책임자 성명, 전화번호 등 정보를 확인후 공시된 실무책임자 전화번호로 연락거나 회사로 전화해서 교환을 통해 자산관리자(AM)와 통화한다.

₽ 한국자산 관리공사(KAMCO)

　준정부기관인 캠코는 금융사의 부실채권 인수뿐만 아니라, 기업 구조조정, 금융소외자의 신용회복, 국유자산관리, 체납조세 정리 등의 업무를 담당한다. 캠코는 이해관계인이 아닌 제3자에게는 부실채권 매각을 꺼리고 있다.

📂 연합자산관리회사(UAMCO http://www.uamco.co.kr)

　국민,신한,우리,하나,기업,농협중앙회 우리나라 대표하는 6개 금융사가 주축이 되어 설립한 회사다. 우리나라에서 부실채권 1위 업체는 유암코다. 매입한 부실채권을 스스로 관리하기도 하지만 대부분 자산관리회사에 위탁 처리한다. 현재 제이원 자산관리, 마이에셋 자산운용, MG신용정보 등에 관리를 위탁하고 있다. /(유암코 홈페이지) 지역별,물건별, AM담당자별 부실채권을 검색해 매입할 수 있다.

📂 대신에이엠씨(http://www.daishinamc.com)

　매입한 부실채권을 직접 관리하거나 여러 자산관리회사에 위탁하는 유암코와는 달리 대부분의 물건을 대신 AMC직원들이 직접 관리하는 것이 특징이다. 지역별,AM별 ,용도별 검색이 가능하고 빠른 검색, 상세검색 등 다양한 방법으로 물건을 확인할 수 있다.

📂 농협자산관리회사(https://www.acamco.co.kr)

　농협협동조합에서 발생하는 부실채권을 주로 처리하는 유동화회사이다. 축협에서 발생한 부실채권도 관리하고 있다.

2) 대위변제(저축은행, 새마을금고 등 제 2금융권의 부실 채권 구입)
　📂 2016.7.25. 대부업법 계정으로 개인도 대위변제방식으로 NPL 투자 가능

3) 신뢰할 수 있는 자산관리회사(AMC)를 통한 구매

　등기부등본에 근저당권이 설정되고 대출이 발생한 금융기관의 지점이 명시되어 있으므로 해당 부실채권을 매입한 기관과 담당자 전화번호를 파악할 수 있다. 물건의 물리적 하자나 법적 하자를 인지하고 있다면 유리한 입장에서 협상 할 수 있다.

7. NPL 가격협상

1) 채권매수의향서 제출

　채권매수의향서는 구입하고자 하는 금액을 제시하는 것이지 최종 가격을 의미하지는 않는다. 유동화회사에서 채권구입원가에 회사이윤을 더한 금액을 AMP(Asset Management Price)라 하는데 자산관리회사는 이 금액을 상한가격으로 보고 협상한다. 서울과 수도권은 채권원금기준으로 AMP가 높지만, 지방은 AMP가 낮게 형성되는 경향이 있다.

2) 현장조사를 통한 물건분석
3) 선순위채권금액 및 유치권 등 권리분석 확인
4) 점유상황 및 명도확인

5) 채권권리행사금액 확인(배당기일까지)

　채권행사권리금액이 채권매입가격보다 높을수록 유리 하다. 채권매입가격은 자산관리회사와 협상을 통하여 정해지므로 사전에 현장조사를 통해 지역별로 해당사건과 유사한 물건의 급매물가격과 평균낙찰가율 등을 조사 한다.

☞ 채권행사권리금액은 채권최고액 범위 이내
채권권리행사금액= 채권원금 + (총연체 기간 X 월 연체이율)
전 회찰 유찰최저가 보다 채권행사권리금액이 높은 경우는 매입하기 좋은 채권이다

8. NPL 구입시 유의사항

1) 채권 매수의향서 쓰는 방법

　매수의향서는 물건의 소유자에게 매수할 의사가 있음을 알리는 문서이다. 실질적인 매매가 이루어지기 전에 당사자 간에 매수 조건에 대한 합의를 이루는 것을 목적으로 작성하는

데, 매수의향서는 매수를 희망하는 물건의 매매 가격, 매매 조건 등을 기재하는 것이지 매매 사실을 확인하는 문서는 아니다.

2) NPL경매 채권자변경신청(론세일방식으로 계약한 경우해당)

부실채권을 유동화회사에서 매입하면 채권자 변경을 법원에 통보해야 한다(채권자변경신청서 양식). 경매법원에 채권자 변경신청하면 이후 발생하는 경매의 취하, 연기, 상계처리, 채권계산서 제출, 배당이의, 임의매각 등 변경 내용은 변경된 채권자에게 송달한다. 또한 채권자는 배당요구의 종기까지 법원에 그 채권의 원금, 배당기일까지 이자, 비용 기타 부대채권의 계산서를 배당표 작성전까지 제출해야 한다. 채권자가 계산서를 제출하지 아니한 경우 법원은 배당요구서와 기타 기록에 첨부된 증빙서류에 의하여 채권액을 계산하게 된다. 매각은행에서 발급한 원금과 이자 상환조회표에 따라 실채권 매입당시의 채권 합계 금액 (투자금, 이자, 경매예납금)과 배당기일까지의 연체이자를 합하여 배당기일까지 채권금액을 산출한다.

3) 방어입찰과 유입

NPL 방어입찰은 부동산 자산의 가치가 떨어지는 것을 방지하기 위해 금융기관의 근저당채권인 NPL을 구입하여 본인이 경매에 직접 참여하는 방법이다. NPL투자는 은행이 경매에 내놓은 부실채권 부동산 물건을 유동화전문유한회사에 팔고, 이들이 다시 개인투자자들에게 경매로 넘기는 방식이다. 경매물건이 왜 계속 가격이 유찰되어 떨어지는 이유는 유치권, 법정지상권, 분묘기지권, 인수해야 할 선순위 등 복잡한 법적문제로 인한 문제이다. 유동화회사는 방어 목표가격이 있는데 대부회사는 가격이 떨어지면 유동화회사와 협상을 시도한다. 그런데 그 방어선이 깨지면 매각을 한다. 하지만 대부회사가 매수의향서를 쓰고도 매각이 안 되면 유동화회사에서 방어입찰이 나온다. 그리고 낙찰 받고 경락잔금대출 미납을 하고 경매기일 변경하며 시간을 지연시킨다. 그렇게 해서 다른 사람이 더 높은 금액이 낙찰 받아 가길 기대한다. 1순위 채권이므로 미납되어 몰수된 보증금도 유동화회사가 배당받아 가지만 아무도 낙찰 받지 않으면 유동화회사가 유입하는 것이 방어입찰이다.

4) 경매지연

　경매절차가 지연되는 것은 변경, 연기 또는 정지시키는 것이다. 경매가 지연될수록 이자가 증액이 되어 투자수익이 높아지기 때문이다. 경매지연이 되는 이유로 처음 NPL 채권을 매입하게 되면 근저당권의 소유자가 변경되어 등기부등본상에 등재되기 때문에 질권설정이나 송달불능 등의 사유 등이 있다. 또한 미납으로 몰수된 입찰보증금도 채권최고액 범위 안에 있다면 배당시 회수가능하므로 높은 금액에 입찰한 후 대금을 미납하기도 한다.

5) NPL 대출

　NPL대출은 5억 원의 법인(AMC 또는 대부업체)일 경우 NPL매입 한도는 10배 범위 내 50억 원 까지 가능하다. 대출기간은 NPL채권의 회수 일정에 따라 최대 60개월 이내에서 개별적으로 산정한다. 대출금리는 연 5.0~8.5%인데, 기준금리인상여부에 따라 달라지며 은행별로 차이가 있다. 질권대출 대출금액은 채권회수 가능성을 높게 보고 1순위 부실채권 매입채권 금액의 80~90%정도 대출해 준다고 보면 된다. 권리질권은 근저당권등기에 부기등기로 하며 배당은 근저당권보다 우선해 받게 된다. 경락잔금대출은 KB부동산 시세의 70% 또는 낙찰가의 80% 중 낮은 금액을 받을 수 있다.

주택임대차보호법(약칭 : 주택임대차법)

일부개정 2020. 7. 31. [법률 제17470호, 시행 2020. 7. 31.] 법무부

제1조(목적)
이 법은 주거용 건물의 임대차(임대차)에 관하여 「민법」에 대한 특례를 규정함으로써 국민 주거생활의 안정을 보장함을 목적으로 한다.
[전문개정 2008.3.21.]

제2조(적용 범위)
이 법은 주거용 건물(이하 "주택"이라 한다)의 전부 또는 일부의 임대차에 관하여 적용한다. 그 임차주택(임차주택)의 일부가 주거 외의 목적으로 사용되는 경우에도 또한 같다.
[전문개정 2008.3.21.]

제3조(대항력 등)
① 임대차는 그 등기(등기)가 없는 경우에도 임차인(임차인)이 주택의 인도(인도)와 주민등록을 마친 때에는 그 다음 날부터 제삼자에 대하여 효력이 생긴다. 이 경우 전입신고를 한 때에 주민등록이 된 것으로 본다.
② 주택도시기금을 재원으로 하여 저소득층 무주택자에게 주거생활 안정을 목적으로 전세임대주택을 지원하는 법인이 주택을 임차한 후 지방자치단체의 장 또는 그 법인이 선정한 입주자가 그 주택을 인도받고 주민등록을 마쳤을 때에는 제1항을 준용한다. 이 경우 대항력이 인정되는 법인은 대통령령으로 정한다. <개정 2015.1.6>
③ 「중소기업기본법」 제2조에 따른 중소기업에 해당하는 법인이 소속 직원의 주거용으로 주택을 임차한 후 그 법인이 선정한 직원이 해당 주택을 인도받고 주민등록을 마쳤을 때에는 제1항을 준용한다. 임대차가 끝나기 전에 그 직원이 변경된 경우에는 그 법인이 선정한 새로운 직원이 주택을 인도받고 주민등록을 마친 다음 날부터 제삼자에 대하여 효력이 생긴다. <신설 2013.8.13>
④ 임차주택의 양수인(양수인)(그 밖에 임대할 권리를 승계한 자를 포함한다)은 임대인(임대인)의 지위를 승계한 것으로 본다. <개정 2013.8.13>

⑤ 이 법에 따라 임대차의 목적이 된 주택이 매매나 경매의 목적물이 된 경우에는 「민법」 제575조제1항·제3항 및 같은 법 제578조를 준용한다. <개정 2013.8.13>
⑥ 제5항의 경우에는 동시이행의 항변권(항변권)에 관한 「민법」 제536조를 준용한다. <개정 2013.8.13>
[전문개정 2008.3.21.]

제3조의2(보증금의 회수)
① 임차인(제3조제2항 및 제3항의 법인을 포함한다. 이하 같다)이 임차주택에 대하여 보증금반환청구소송의 확정판결이나 그 밖에 이에 준하는 집행권원(집행권원)에 따라서 경매를 신청하는 경우에는 집행개시(집행개시)요건에 관한 「민사집행법」 제41조에도 불구하고 반대의무(반대의무)의 이행이나 이행의 제공을 집행개시의 요건으로 하지 아니한다. <개정 2013.8.13>
② 제3조제1항·제2항 또는 제3항의 대항요건(대항요건)과 임대차계약증서(제3조제2항 및 제3항의 경우에는 법인과 임대인 사이의 임대차계약증서를 말한다)상의 확정일자(확정일자)를 갖춘 임차인은 「민사집행법」에 따른 경매 또는 「국세징수법」에 따른 공매(공매)를 할 때에 임차주택(대지를 포함한다)의 환가대금(환가대금)에서 후순위권리자(후순위권리자)나 그 밖의 채권자보다 우선하여 보증금을 변제(변제)받을 권리가 있다. <개정 2013.8.13>
③ 임차인은 임차주택을 양수인에게 인도하지 아니하면 제2항에 따른 보증금을 받을 수 없다.
④ 제2항 또는 제7항에 따른 우선변제의 순위와 보증금에 대하여 이의가 있는 이해관계인은 경매법원이나 체납처분청에 이의를 신청할 수 있다. <개정 2013.8.13>
⑤ 제4항에 따라 경매법원에 이의를 신청하는 경우에는 「민사집행법」 제152조부터 제161조까지의 규정을 준용한다.
⑥ 제4항에 따라 이의신청을 받은 체납처분청은 이해관계인이 이의신청일부터 7일 이내에 임차인 또는 제7항에 따라 우선변제권을 승계한 금융기관 등을 상대로 소(소)를 제기한 것을 증명하면 해당 소송이 끝날 때까지 이의가 신청된 범위에서 임차인 또는 제7항에 따라 우선변제권을 승계한 금융기관 등에 대한 보증금의 변제를 유보(유보)하고 남은 금액을 배분하여야 한다. 이 경우 유보된 보증금은 소송의 결과에 따라 배분한다. <개정 2013.8.13>

⑦ 다음 각 호의 금융기관 등이 제2항, 제3조의3제5항, 제3조의4제1항에 따른 우선변제권을 취득한 임차인의 보증금반환채권을 계약으로 양수한 경우에는 양수한 금액의 범위에서 우선변제권을 승계한다. <신설 2013.8.13, 2015.1.6, 2016.5.29>
  1. 「은행법」에 따른 은행
  2. 「중소기업은행법」에 따른 중소기업은행
  3. 「한국산업은행법」에 따른 한국산업은행
  4. 「농업협동조합법」에 따른 농협은행
  5. 「수산업협동조합법」에 따른 수협은행
  6. 「우체국예금·보험에 관한 법률」에 따른 체신관서
  7. 「한국주택금융공사법」에 따른 한국주택금융공사
  8. 「보험업법」 제4조제1항제2호라목의 보증보험을 보험종목으로 허가받은 보험회사
  9. 「주택도시기금법」에 따른 주택도시보증공사
  10. 그 밖에 제1호부터 제9호까지에 준하는 것으로서 대통령령으로 정하는 기관
⑧ 제7항에 따라 우선변제권을 승계한 금융기관 등(이하 "금융기관등"이라 한다)은 다음 각 호의 어느 하나에 해당하는 경우에는 우선변제권을 행사할 수 없다. <신설 2013.8.13>
  1. 임차인이 제3조제1항·제2항 또는 제3항의 대항요건을 상실한 경우
  2. 제3조의3제5항에 따른 임차권등기가 말소된 경우
  3. 「민법」 제621조에 따른 임대차등기가 말소된 경우
⑨ 금융기관등은 우선변제권을 행사하기 위하여 임차인을 대리하거나 대위하여 임대차를 해지할 수 없다. <신설 2013.8.13>
[전문개정 2008.3.21.]

제3조의3(임차권등기명령)
① 임대차가 끝난 후 보증금이 반환되지 아니한 경우 임차인은 임차주택의 소재지를 관할하는 지방법원·지방법원지원 또는 시·군 법원에 임차권등기명령을 신청할 수 있다. <개정 2013.8.13>
② 임차권등기명령의 신청서에는 다음 각 호의 사항을 적어야 하며, 신청의 이유와 임차권등기의 원인이 된 사실을 소명(소명)하여야 한다. <개정 2013.8.13>
  1. 신청의 취지 및 이유

2. 임대차의 목적인 주택(임대차의 목적이 주택의 일부분인 경우에는 해당 부분의 도면을 첨부한다)

3. 임차권등기의 원인이 된 사실(임차인이 제3조제1항·제2항 또는 제3항에 따른 대항력을 취득하였거나 제3조의2제2항에 따른 우선변제권을 취득한 경우에는 그 사실)

4. 그 밖에 대법원규칙으로 정하는 사항

③ 다음 각 호의 사항 등에 관하여는 「민사집행법」 제280조제1항, 제281조, 제283조, 제285조, 제286조, 제288조제1항·제2항 본문, 제289조, 제290조제2항 중 제288조제1항에 대한 부분, 제291조 및 제293조를 준용한다. 이 경우 "가압류"는 "임차권등기"로, "채권자"는 "임차인"으로, "채무자"는 "임대인"으로 본다.

1. 임차권등기명령의 신청에 대한 재판
2. 임차권등기명령의 결정에 대한 임대인의 이의신청 및 그에 대한 재판
3. 임차권등기명령의 취소신청 및 그에 대한 재판
4. 임차권등기명령의 집행

④ 임차권등기명령의 신청을 기각(기각)하는 결정에 대하여 임차인은 항고(항고)할 수 있다.

⑤ 임차인은 임차권등기명령의 집행에 따른 임차권등기를 마치면 제3조제1항·제2항 또는 제3항에 따른 대항력과 제3조의2제2항에 따른 우선변제권을 취득한다. 다만, 임차인이 임차권등기 이전에 이미 대항력이나 우선변제권을 취득한 경우에는 그 대항력이나 우선변제권은 그대로 유지되며, 임차권등기 이후에는 제3조제1항·제2항 또는 제3항의 대항요건을 상실하더라도 이미 취득한 대항력이나 우선변제권을 상실하지 아니한다. <개정 2013.8.13>

⑥ 임차권등기명령의 집행에 따른 임차권등기가 끝난 주택(임대차의 목적이 주택의 일부분인 경우에는 해당 부분으로 한정한다)을 그 이후에 임차한 임차인은 제8조에 따른 우선변제를 받을 권리가 없다.

⑦ 임차권등기의 촉탁(촉탁), 등기관의 임차권등기 기입(기입) 등 임차권등기명령을 시행하는 데에 필요한 사항은 대법원규칙으로 정한다. <개정 2011.4.12>

⑧ 임차인은 제1항에 따른 임차권등기명령의 신청과 그에 따른 임차권등기와 관련하여 든 비용을 임대인에게 청구할 수 있다.

⑨ 금융기관등은 임차인을 대위하여 제1항의 임차권등기명령을 신청할 수 있다. 이 경우 제3항·제4항 및 제8항의 "임차인"은 "금융기관등"으로 본다. <신설 2013.8.13>

제3조의4(「민법」에 따른 주택임대차등기의 효력 등)
① 「민법」 제621조에 따른 주택임대차등기의 효력에 관하여는 제3조의3제5항 및 제6항을 준용한다.
② 임차인이 대항력이나 우선변제권을 갖추고 「민법」 제621조제1항에 따라 임대인의 협력을 얻어 임대차등기를 신청하는 경우에는 신청서에 「부동산등기법」 제74조제1호부터 제6호까지의 사항 외에 다음 각 호의 사항을 적어야 하며, 이를 증명할 수 있는 서면(임대차의 목적이 주택의 일부분인 경우에는 해당 부분의 도면을 포함한다)을 첨부하여야 한다. <개정 2011.4.12, 2020.2.4>
 1. 주민등록을 마친 날
 2. 임차주택을 점유(점유)한 날
 3. 임대차계약증서상의 확정일자를 받은 날
[전문개정 2008.3.21.]

제3조의5(경매에 의한 임차권의 소멸)
임차권은 임차주택에 대하여 「민사집행법」에 따른 경매가 행하여진 경우에는 그 임차주택의 경락(경락)에 따라 소멸한다. 다만, 보증금이 모두 변제되지 아니한, 대항력이 있는 임차권은 그러하지 아니하다.
[전문개정 2008.3.21.]

제3조의6(확정일자 부여 및 임대차 정보제공 등)
① 제3조의2제2항의 확정일자는 주택 소재지의 읍·면사무소, 동 주민센터 또는 시(특별시·광역시·특별자치시는 제외하고, 특별자치도는 포함한다)·군·구(자치구를 말한다)의 출장소, 지방법원 및 그 지원과 등기소 또는 「공증인법」에 따른 공증인(이하 이 조에서 "확정일자부여기관"이라 한다)이 부여한다.
② 확정일자부여기관은 해당 주택의 소재지, 확정일자 부여일, 차임 및 보증금 등을 기재한 확정일자부를 작성하여야 한다. 이 경우 전산처리정보조직을 이용할 수 있다.
③ 주택의 임대차에 이해관계가 있는 자는 확정일자부여기관에 해당 주택의 확정일자 부여일, 차임 및 보증금 등 정보의 제공을 요청할 수 있다. 이 경우 요청을 받은 확정일자부여기관은 정당한 사유 없이 이를 거부할 수 없다.

④ 임대차계약을 체결하려는 자는 임대인의 동의를 받아 확정일자부여기관에 제3항에 따른 정보제공을 요청할 수 있다.
⑤ 제1항·제3항 또는 제4항에 따라 확정일자를 부여받거나 정보를 제공받으려는 자는 수수료를 내야 한다.
⑥ 확정일자부에 기재하여야 할 사항, 주택의 임대차에 이해관계가 있는 자의 범위, 확정일자부여기관에 요청할 수 있는 정보의 범위 및 수수료, 그 밖에 확정일자부여사무와 정보제공 등에 필요한 사항은 대통령령 또는 대법원규칙으로 정한다.
[본조신설 2013.8.13.]

제4조(임대차기간 등)
① 기간을 정하지 아니하거나 2년 미만으로 정한 임대차는 그 기간을 2년으로 본다. 다만, 임차인은 2년 미만으로 정한 기간이 유효함을 주장할 수 있다.
② 임대차기간이 끝난 경우에도 임차인이 보증금을 반환받을 때까지는 임대차관계가 존속되는 것으로 본다.
[전문개정 2008.3.21.]

제5조
삭제 <1989.12.30.>

제6조(계약의 갱신)
① 임대인이 임대차기간이 끝나기 6개월 전부터 2개월 전까지의 기간에 임차인에게 갱신거절(갱신거절)의 통지를 하지 아니하거나 계약조건을 변경하지 아니하면 갱신하지 아니한다는 뜻의 통지를 하지 아니한 경우에는 그 기간이 끝난 때에 전 임대차와 동일한 조건으로 다시 임대차한 것으로 본다. 임차인이 임대차기간이 끝나기 2개월 전까지 통지하지 아니한 경우에도 또한 같다. <개정 2020.6.9>
② 제1항의 경우 임대차의 존속기간은 2년으로 본다. <개정 2009.5.8>
③ 2기(기)의 차임액(차임액)에 달하도록 연체하거나 그 밖에 임차인으로서의 의무를 현저히 위반한 임차인에 대하여는 제1항을 적용하지 아니한다.
[전문개정 2008.3.21.]

제6조의2(묵시적 갱신의 경우 계약의 해지)
① 제6조제1항에 따라 계약이 갱신된 경우 같은 조 제2항에도 불구하고 임차인은 언제든지 임대인에게 계약해지(계약해지)를 통지할 수 있다. <개정 2009.5.8>
② 제1항에 따른 해지는 임대인이 그 통지를 받은 날부터 3개월이 지나면 그 효력이 발생한다.
[전문개정 2008.3.21.]

제6조의3(계약갱신 요구 등)
① 제6조에도 불구하고 임대인은 임차인이 제6조제1항 전단의 기간 이내에 계약갱신을 요구할 경우 정당한 사유 없이 거절하지 못한다. 다만, 다음 각 호의 어느 하나에 해당하는 경우에는 그러하지 아니하다.
  1. 임차인이 2기의 차임액에 해당하는 금액에 이르도록 차임을 연체한 사실이 있는 경우
  2. 임차인이 거짓이나 그 밖의 부정한 방법으로 임차한 경우
  3. 서로 합의하여 임대인이 임차인에게 상당한 보상을 제공한 경우
  4. 임차인이 임대인의 동의 없이 목적 주택의 전부 또는 일부를 전대(전대)한 경우
  5. 임차인이 임차한 주택의 전부 또는 일부를 고의나 중대한 과실로 파손한 경우
  6. 임차한 주택의 전부 또는 일부가 멸실되어 임대차의 목적을 달성하지 못할 경우
  7. 임대인이 다음 각 목의 어느 하나에 해당하는 사유로 목적 주택의 전부 또는 대부분을 철거하거나 재건축하기 위하여 목적 주택의 점유를 회복할 필요가 있는 경우
   가. 임대차계약 체결 당시 공사시기 및 소요기간 등을 포함한 철거 또는 재건축 계획을 임차인에게 구체적으로 고지하고 그 계획에 따르는 경우
   나. 건물이 노후·훼손 또는 일부 멸실되는 등 안전사고의 우려가 있는 경우
   다. 다른 법령에 따라 철거 또는 재건축이 이루어지는 경우
  8. 임대인(임대인의 직계존속·직계비속을 포함한다)이 목적 주택에 실제 거주하려는 경우
  9. 그 밖에 임차인이 임차인으로서의 의무를 현저히 위반하거나 임대차를 계속하기 어려운 중대한 사유가 있는 경우
② 임차인은 제1항에 따른 계약갱신요구권을 1회에 한하여 행사할 수 있다. 이 경우 갱신되는 임대차의 존속기간은 2년으로 본다.
③ 갱신되는 임대차는 전 임대차와 동일한 조건으로 다시 계약된 것으로 본다. 다만, 차임

과 보증금은 제7조의 범위에서 증감할 수 있다.

④ 제1항에 따라 갱신되는 임대차의 해지에 관하여는 제6조의2를 준용한다.

⑤ 임대인이 제1항제8호의 사유로 갱신을 거절하였음에도 불구하고 갱신요구가 거절되지 아니하였더라면 갱신되었을 기간이 만료되기 전에 정당한 사유 없이 제3자에게 목적 주택을 임대한 경우 임대인은 갱신거절로 인하여 임차인이 입은 손해를 배상하여야 한다.

⑥ 제5항에 따른 손해배상액은 거절 당시 당사자 간에 손해배상액의 예정에 관한 합의가 이루어지지 않는 한 다음 각 호의 금액 중 큰 금액으로 한다.

1. 갱신거절 당시 월차임(차임 외에 보증금이 있는 경우에는 그 보증금을 제7조의2 각 호 중 낮은 비율에 따라 월 단위의 차임으로 전환한 금액을 포함한다. 이하 "환산월차임"이라 한다)의 3개월분에 해당하는 금액

2. 임대인이 제3자에게 임대하여 얻은 환산월차임과 갱신거절 당시 환산월차임 간 차액의 2년분에 해당하는 금액

3. 제1항제8호의 사유로 인한 갱신거절로 인하여 임차인이 입은 손해액

[본조신설 2020.7.31.]

제7조(차임 등의 증감청구권)

① 당사자는 약정한 차임이나 보증금이 임차주택에 관한 조세, 공과금, 그 밖의 부담의 증감이나 경제사정의 변동으로 인하여 적절하지 아니하게 된 때에는 장래에 대하여 그 증감을 청구할 수 있다. 이 경우 증액청구는 임대차계약 또는 약정한 차임이나 보증금의 증액이 있은 후 1년 이내에는 하지 못한다. <개정 2020.7.31>

② 제1항에 따른 증액청구는 약정한 차임이나 보증금의 20분의 1의 금액을 초과하지 못한다. 다만, 특별시·광역시·특별자치시·도 및 특별자치도는 관할 구역 내의 지역별 임대차 시장 여건 등을 고려하여 본문의 범위에서 증액청구의 상한을 조례로 달리 정할 수 있다. <신설 2020.7.31>[전문개정 2008.3.21.]

제7조의2(월차임 전환 시 산정률의 제한)

보증금의 전부 또는 일부를 월 단위의 차임으로 전환하는 경우에는 그 전환되는 금액에 다음 각 호 중 낮은 비율을 곱한 월차임(월차임)의 범위를 초과할 수 없다. <개정 2010.5.17, 2013.8.13, 2016.5.29>

1. 「은행법」에 따른 은행에서 적용하는 대출금리와 해당 지역의 경제 여건 등을 고려하여 대통령령으로 정하는 비율
 2. 한국은행에서 공시한 기준금리에 대통령령으로 정하는 이율을 더한 비율
[전문개정 2008.3.21.]

제8조(보증금 중 일정액의 보호)
① 임차인은 보증금 중 일정액을 다른 담보물권자(담보물권자)보다 우선하여 변제받을 권리가 있다. 이 경우 임차인은 주택에 대한 경매신청의 등기 전에 제3조제1항의 요건을 갖추어야 한다.
② 제1항의 경우에는 제3조의2제4항부터 제6항까지의 규정을 준용한다.
③ 제1항에 따라 우선변제를 받을 임차인 및 보증금 중 일정액의 범위와 기준은 제8조의2에 따른 주택임대차위원회의 심의를 거쳐 대통령령으로 정한다. 다만, 보증금 중 일정액의 범위와 기준은 주택가액(대지의 가액을 포함한다)의 2분의 1을 넘지 못한다. <개정 2009.5.8>[전문개정 2008.3.21.]

제8조의2(주택임대차위원회)
① 제8조에 따라 우선변제를 받을 임차인 및 보증금 중 일정액의 범위와 기준을 심의하기 위하여 법무부에 주택임대차위원회(이하 "위원회"라 한다)를 둔다.
② 위원회는 위원장 1명을 포함한 9명 이상 15명 이하의 위원으로 성별을 고려하여 구성한다. <개정 2020.7.31>
③ 위원회의 위원장은 법무부차관이 된다.
④ 위원회의 위원은 다음 각 호의 어느 하나에 해당하는 사람 중에서 위원장이 임명하거나 위촉하되, 제1호부터 제5호까지에 해당하는 위원을 각각 1명 이상 임명하거나 위촉하여야 하고, 위원 중 2분의 1 이상은 제1호·제2호 또는 제6호에 해당하는 사람을 위촉하여야 한다. <개정 2013.3.23, 2020.7.31>
 1. 법학·경제학 또는 부동산학 등을 전공하고 주택임대차 관련 전문지식을 갖춘 사람으로서 공인된 연구기관에서 조교수 이상 또는 이에 상당하는 직에 5년 이상 재직한 사람
 2. 변호사·감정평가사·공인회계사·세무사 또는 공인중개사로서 5년 이상 해당 분야에서 종사하고 주택임대차 관련 업무경험이 풍부한 사람

3. 기획재정부에서 물가 관련 업무를 담당하는 고위공무원단에 속하는 공무원
4. 법무부에서 주택임대차 관련 업무를 담당하는 고위공무원단에 속하는 공무원(이에 상당하는 특정직 공무원을 포함한다)
5. 국토교통부에서 주택사업 또는 주거복지 관련 업무를 담당하는 고위공무원단에 속하는 공무원
6. 그 밖에 주택임대차 관련 학식과 경험이 풍부한 사람으로서 대통령령으로 정하는 사람
⑤ 그 밖에 위원회의 구성 및 운영 등에 필요한 사항은 대통령령으로 정한다.
[본조신설 2009.5.8.]

제9조(주택 임차권의 승계)
① 임차인이 상속인 없이 사망한 경우에는 그 주택에서 가정공동생활을 하던 사실상의 혼인관계에 있는 자가 임차인의 권리와 의무를 승계한다.
② 임차인이 사망한 때에 사망 당시 상속인이 그 주택에서 가정공동생활을 하고 있지 아니한 경우에는 그 주택에서 가정공동생활을 하던 사실상의 혼인 관계에 있는 자와 2촌 이내의 친족이 공동으로 임차인의 권리와 의무를 승계한다.
③ 제1항과 제2항의 경우에 임차인이 사망한 후 1개월 이내에 임대인에게 제1항과 제2항에 따른 승계 대상자가 반대의사를 표시한 경우에는 그러하지 아니하다.
④ 제1항과 제2항의 경우에 임대차 관계에서 생긴 채권·채무는 임차인의 권리의무를 승계한 자에게 귀속된다.[전문개정 2008.3.21.]

제10조(강행규정)
이 법에 위반된 약정(약정)으로서 임차인에게 불리한 것은 그 효력이 없다.[전문개정 2008.3.21.]

제10조의2(초과 차임 등의 반환청구)
임차인이 제7조에 따른 증액비율을 초과하여 차임 또는 보증금을 지급하거나 제7조의2에 따른 월차임 산정률을 초과하여 차임을 지급한 경우에는 초과 지급된 차임 또는 보증금 상당금액의 반환을 청구할 수 있다.[본조신설 2013.8.13.]

제11조(일시사용을 위한 임대차)

이 법은 일시사용하기 위한 임대차임이 명백한 경우에는 적용하지 아니한다.

[전문개정 2008.3.21.]

제12조(미등기 전세에의 준용)

주택의 등기를 하지 아니한 전세계약에 관하여는 이 법을 준용한다. 이 경우 "전세금"은 "임대차의 보증금"으로 본다.

[전문개정 2008.3.21.]

제13조(「소액사건심판법」의 준용)

임차인이 임대인에 대하여 제기하는 보증금반환청구소송에 관하여는 「소액사건심판법」 제6조, 제7조, 제10조 및 제11조의2를 준용한다.

[전문개정 2008.3.21.]

제14조(주택임대차분쟁조정위원회)

① 이 법의 적용을 받는 주택임대차와 관련된 분쟁을 심의·조정하기 위하여 대통령령으로 정하는 바에 따라 「법률구조법」 제8조에 따른 대한법률구조공단(이하 "공단"이라 한다)의 지부, 「한국토지주택공사법」에 따른 한국토지주택공사(이하 "공사"라 한다)의 지사 또는 사무소 및 「한국감정원법」에 따른 한국감정원(이하 "감정원"이라 한다)의 지사 또는 사무소에 주택임대차분쟁조정위원회(이하 "조정위원회"라 한다)를 둔다. 특별시·광역시·특별자치시·도 및 특별자치도(이하 "시·도"라 한다)는 그 지방자치단체의 실정을 고려하여 조정위원회를 둘 수 있다. <개정 2020.7.31>

② 조정위원회는 다음 각 호의 사항을 심의·조정한다.

 1. 차임 또는 보증금의 증감에 관한 분쟁
 2. 임대차 기간에 관한 분쟁
 3. 보증금 또는 임차주택의 반환에 관한 분쟁
 4. 임차주택의 유지·수선 의무에 관한 분쟁
 5. 그 밖에 대통령령으로 정하는 주택임대차에 관한 분쟁

[본조신설 2016.5.29.]

주택임대차보호법 시행령

일부개정 2021. 5. 11. [대통령령 제31673호, 시행 2021. 5. 11.] 법무부

제1조(목적)
이 영은 「주택임대차보호법」에서 위임된 사항과 그 시행에 관하여 필요한 사항을 정함을 목적으로 한다.
[전문개정 2008.8.21.]

제2조(대항력이 인정되는 법인)
「주택임대차보호법」(이하 "법"이라 한다) 제3조제2항 후단에서 "대항력이 인정되는 법인"이란 다음 각 호의 법인을 말한다. <개정 2009.9.21, 2020.9.29>
 1. 「한국토지주택공사법」에 따른 한국토지주택공사(이하 "공사"라 한다)
 2. 「지방공기업법」 제49조에 따라 주택사업을 목적으로 설립된 지방공사
[전문개정 2008.8.21]
[제1조의2에서 이동, 종전 제2조는 제8조로 이동 <2013.12.30.>]

제3조(고유식별정보의 처리)
다음 각 호의 어느 하나에 해당하는 자는 법 제3조의6에 따른 확정일자 부여 및 임대차 정보제공 등에 관한 사무를 수행하기 위하여 불가피한 경우 「개인정보 보호법 시행령」 제19조제1호 및 제4호에 따른 주민등록번호 및 외국인등록번호를 처리할 수 있다. <개정 2016.1.22>
 1. 시장(「제주특별자치도 설치 및 국제자유도시 조성을 위한 특별법」 제11조에 따른 행정시장을 포함하며, 특별시장·광역시장·특별자치시장은 제외한다), 군수 또는 구청장(자치구의 구청장을 말한다)
 2. 읍·면·동의 장
 3. 「공증인법」에 따른 공증인[전문개정 2013.12.30]
[제1조의3에서 이동, 종전 제3조는 제10조로 이동 <2013.12.30.>]

제4조(확정일자부 기재사항 등)

① 법 제3조의6제1항에 따른 확정일자부여기관(지방법원 및 그 지원과 등기소는 제외하며, 이하 "확정일자부여기관"이라 한다)이 같은 조 제2항에 따라 작성하는 확정일자부에 기재하여야 할 사항은 다음 각 호와 같다.

1. 확정일자번호
2. 확정일자 부여일
3. 임대인·임차인의 인적사항

가. 자연인인 경우 성명, 주소, 주민등록번호(외국인은 외국인등록번호)

나. 법인이거나 법인 아닌 단체인 경우 법인명·단체명, 법인등록번호·부동산등기용등록번호, 본점·주사무소 소재지

4. 주택 소재지
5. 임대차 목적물
6. 임대차 기간
7. 차임·보증금
8. 신청인의 성명과 주민등록번호 앞 6자리(외국인은 외국인등록번호 앞 6자리)

② 확정일자는 확정일자번호, 확정일자 부여일 및 확정일자부여기관을 주택임대차계약증서에 표시하는 방법으로 부여한다.

③ 제1항 및 제2항에서 규정한 사항 외에 확정일자부 작성방법 및 확정일자 부여 시 확인사항 등 확정일자 부여 사무에 관하여 필요한 사항은 법무부령으로 정한다.

[본조신설 2013.12.30]

[종전 제4조는 제11조로 이동 <2013.12.30.>]

제5조(주택의 임대차에 이해관계가 있는 자의 범위)

법 제3조의6제3항에 따라 정보제공을 요청할 수 있는 주택의 임대차에 이해관계가 있는 자(이하 "이해관계인"이라 한다)는 다음 각 호의 어느 하나에 해당하는 자로 한다. <개정 2020.9.29>

1. 해당 주택의 임대인·임차인
2. 해당 주택의 소유자

3. 해당 주택 또는 그 대지의 등기기록에 기록된 권리자 중 법무부령으로 정하는 자

4. 법 제3조의2제7항에 따라 우선변제권을 승계한 금융기관

5. 법 제6조의3제1항제8호의 사유로 계약의 갱신이 거절된 임대차계약의 임차인이었던 자

6. 제1호부터 제5호까지의 규정에 준하는 지위 또는 권리를 가지는 자로서 법무부령으로 정하는 자

[본조신설 2013.12.30.]

[종전 제5조는 제12조로 이동 <2013.12.30.>]

제6조(요청할 수 있는 정보의 범위 및 제공방법)

① 제5조제1호 또는 제5호에 해당하는 자는 법 제3조의6제3항에 따라 확정일자부여기관에 해당 임대차계약(제5조제5호에 해당하는 자의 경우에는 갱신요구가 거절되지 않았더라면 갱신되었을 기간 중에 존속하는 임대차계약을 말한다)에 관한 다음 각 호의 사항의 열람 또는 그 내용을 기록한 서면의 교부를 요청할 수 있다. <개정 2020.9.29>

 1. 임대차목적물

 2. 임대인·임차인의 인적사항(제5조제5호에 해당하는 자는 임대인·임차인의 성명, 법인명 또는 단체명으로 한정한다)

 3. 확정일자 부여일

 4. 차임·보증금

 5. 임대차기간

② 제5조제2호부터 제4호까지 또는 제6호의 어느 하나에 해당하는 자이거나 임대차계약을 체결하려는 자는 법 제3조의6제3항 또는 제4항에 따라 확정일자부여기관에 다음 각 호의 사항의 열람 또는 그 내용을 기록한 서면의 교부를 요청할 수 있다. <개정 2020.9.29>

 1. 임대차목적물

 2. 확정일자 부여일

 3. 차임·보증금

 4. 임대차기간

③ 제1항 및 제2항에서 규정한 사항 외에 정보제공 요청에 필요한 사항은 법무부령으로 정한다.[본조신설 2013.12.30]

[종전 제6조는 제13조로 이동 <2013.12.30.>]

제7조(수수료)

① 법 제3조의6제5항에 따라 확정일자부여기관에 내야 하는 수수료는 확정일자 부여에 관한 수수료와 정보제공에 관한 수수료로 구분하며, 그 구체적인 금액은 법무부령으로 정한다.
② 「국민기초생활 보장법」에 따른 수급자 등 법무부령으로 정하는 사람에 대해서는 제1항에 따른 수수료를 면제할 수 있다.[본조신설 2013.12.30.]

제8조(차임 등 증액청구의 기준 등)

① 법 제7조에 따른 차임이나 보증금(이하 "차임등"이라 한다)의 증액청구는 약정한 차임등의 20분의 1의 금액을 초과하지 못한다.
② 제1항에 따른 증액청구는 임대차계약 또는 약정한 차임등의 증액이 있은 후 1년 이내에는 하지 못한다.
[전문개정 2008.8.21]
[제2조에서 이동, 종전 제8조는 제15조로 이동 <2013.12.30.>]

제9조(월차임 전환 시 산정률)

① 법 제7조의2제1호에서 "대통령령으로 정하는 비율"이란 연 1할을 말한다.
② 법 제7조의2제2호에서 "대통령령으로 정하는 이율"이란 연 2퍼센트를 말한다. <개정 2016.11.29, 2020.9.29>[전문개정 2013.12.30]
[제2조의2에서 이동, 종전 제9조는 제16조로 이동 <2013.12.30.>]

제10조(보증금 중 일정액의 범위 등)

① 법 제8조에 따라 우선변제를 받을 보증금 중 일정액의 범위는 다음 각 호의 구분에 의한 금액 이하로 한다. <개정 2010.7.21, 2013.12.30, 2016.3.31, 2018.9.18., 2021.5.11>

1. 서울특별시: 5천만원
2. 「수도권정비계획법」에 따른 과밀억제권역(서울특별시는 제외한다), 세종특별자치시, 용인시, 화성시 및 김포시: 4천300만원
3. 광역시(「수도권정비계획법」에 따른 과밀억제권역에 포함된 지역과 군지역은 제외한

다), 안산시, 광주시, 파주시, 이천시 및 평택시: 2천300만원

  4. 그 밖의 지역: 2천만원

② 임차인의 보증금 중 일정액이 주택가액의 2분의 1을 초과하는 경우에는 주택가액의 2분의 1에 해당하는 금액까지만 우선변제권이 있다.

③ 하나의 주택에 임차인이 2명 이상이고, 그 각 보증금 중 일정액을 모두 합한 금액이 주택가액의 2분의 1을 초과하는 경우에는 그 각 보증금 중 일정액을 모두 합한 금액에 대한 각 임차인의 보증금 중 일정액의 비율로 그 주택가액의 2분의 1에 해당하는 금액을 분할한 금액을 각 임차인의 보증금 중 일정액으로 본다.

④ 하나의 주택에 임차인이 2명 이상이고 이들이 그 주택에서 가정공동생활을 하는 경우에는 이들을 1명의 임차인으로 보아 이들의 각 보증금을 합산한다.

[전문개정 2008.8.21.]

제11조(우선변제를 받을 임차인의 범위)

법 제8조에 따라 우선변제를 받을 임차인은 보증금이 다음 각 호의 구분에 의한 금액 이하인 임차인으로 한다. <개정 2010.7.21, 2013.12.30, 2016.3.31, 2018.9.18, 2021.5.11>

  1. 서울특별시: 1억5천만원

  2. 「수도권정비계획법」에 따른 과밀억제권역(서울특별시는 제외한다), 세종특별자치시, 용인시, 화성시 및 김포시: 1억3천만원

  3. 광역시(「수도권정비계획법」에 따른 과밀억제권역에 포함된 지역과 군지역은 제외한다), 안산시, 광주시, 파주시, 이천시 및 평택시: 7천만원

  4. 그 밖의 지역: 6천만원

[전문개정 2008.8.21]

[제4조에서 이동, 종전 제11조는 제18조로 이동 <2013.12.30.>]

상가건물 임대차보호법

(약칭 : 상가임대차법)

일부개정 2022. 1. 4. [법률 제18675호, 시행 2022. 1. 4.] 법무부

제1조(목적)
이 법은 상가건물 임대차에 관하여 「민법」에 대한 특례를 규정하여 국민 경제생활의 안정을 보장함을 목적으로 한다.[전문개정 2009.1.30.]

제2조(적용범위)
① 이 법은 상가건물(제3조제1항에 따른 사업자등록의 대상이 되는 건물을 말한다)의 임대차(임대차 목적물의 주된 부분을 영업용으로 사용하는 경우를 포함한다)에 대하여 적용한다. 다만, 제14조의2에 따른 상가건물임대차위원회의 심의를 거쳐 대통령령으로 정하는 보증금액을 초과하는 임대차에 대하여는 그러하지 아니하다. <개정 2020.7.31>
② 제1항 단서에 따른 보증금액을 정할 때에는 해당 지역의 경제 여건 및 임대차 목적물의 규모 등을 고려하여 지역별로 구분하여 규정하되, 보증금 외에 차임이 있는 경우에는 그 차임액에 「은행법」에 따른 은행의 대출금리 등을 고려하여 대통령령으로 정하는 비율을 곱하여 환산한 금액을 포함하여야 한다. <개정 2010.5.17>
③ 제1항 단서에도 불구하고 제3조, 제10조제1항, 제2항, 제3항 본문, 제10조의2부터 제10조의9까지의 규정, 제11조의2 및 제19조는 제1항 단서에 따른 보증금액을 초과하는 임대차에 대하여도 적용한다. <신설 2013.8.13, 2015.5.13, 2020.9.29, 2022.1.4>[전문개정 2009.1.30.]

제3조(대항력 등)
① 임대차는 그 등기가 없는 경우에도 임차인이 건물의 인도와 「부가가치세법」 제8조, 「소득세법」 제168조 또는 「법인세법」 제111조에 따른 사업자등록을 신청하면 그 다음 날부터 제3자에 대하여 효력이 생긴다. <개정 2013.6.7>
② 임차건물의 양수인(그 밖에 임대할 권리를 승계한 자를 포함한다)은 임대인의 지위를 승

계한 것으로 본다.
③ 이 법에 따라 임대차의 목적이 된 건물이 매매 또는 경매의 목적물이 된 경우에는 「민법」 제575조제1항·제3항 및 제578조를 준용한다.
④ 제3항의 경우에는 「민법」 제536조를 준용한다.[전문개정 2009.1.30]

제4조(확정일자 부여 및 임대차정보의 제공 등)
① 제5조제2항의 확정일자는 상가건물의 소재지 관할 세무서장이 부여한다.
② 관할 세무서장은 해당 상가건물의 소재지, 확정일자 부여일, 차임 및 보증금 등을 기재한 확정일자부를 작성하여야 한다. 이 경우 전산정보처리조직을 이용할 수 있다.
③ 상가건물의 임대차에 이해관계가 있는 자는 관할 세무서장에게 해당 상가건물의 확정일자 부여일, 차임 및 보증금 등 정보의 제공을 요청할 수 있다. 이 경우 요청을 받은 관할 세무서장은 정당한 사유 없이 이를 거부할 수 없다.
④ 임대차계약을 체결하려는 자는 임대인의 동의를 받아 관할 세무서장에게 제3항에 따른 정보제공을 요청할 수 있다.
⑤ 확정일자부에 기재하여야 할 사항, 상가건물의 임대차에 이해관계가 있는 자의 범위, 관할 세무서장에게 요청할 수 있는 정보의 범위 및 그 밖에 확정일자 부여사무와 정보제공 등에 필요한 사항은 대통령령으로 정한다.[전문개정 2015.5.13.]

제5조(보증금의 회수)
① 임차인이 임차건물에 대하여 보증금반환청구소송의 확정판결, 그 밖에 이에 준하는 집행권원에 의하여 경매를 신청하는 경우에는 「민사집행법」 제41조에도 불구하고 반대의무의 이행이나 이행의 제공을 집행개시의 요건으로 하지 아니한다.
② 제3조제1항의 대항요건을 갖추고 관할 세무서장으로부터 임대차계약서상의 확정일자를 받은 임차인은 「민사집행법」에 따른 경매 또는 「국세징수법」에 따른 공매 시 임차건물(임대인 소유의 대지를 포함한다)의 환가대금에서 후순위권리자나 그 밖의 채권자보다 우선하여 보증금을 변제받을 권리가 있다.
③ 임차인은 임차건물을 양수인에게 인도하지 아니하면 제2항에 따른 보증금을 받을 수 없다.
④ 제2항 또는 제7항에 따른 우선변제의 순위와 보증금에 대하여 이의가 있는 이해관계인

은 경매법원 또는 체납처분청에 이의를 신청할 수 있다. <개정 2013.8.13>
⑤ 제4항에 따라 경매법원에 이의를 신청하는 경우에는 「민사집행법」 제152조부터 제161조까지의 규정을 준용한다.
⑥ 제4항에 따라 이의신청을 받은 체납처분청은 이해관계인이 이의신청일부터 7일 이내에 임차인 또는 제7항에 따라 우선변제권을 승계한 금융기관 등을 상대로 소(訴)를 제기한 것을 증명한 때에는 그 소송이 종결될 때까지 이의가 신청된 범위에서 임차인 또는 제7항에 따라 우선변제권을 승계한 금융기관 등에 대한 보증금의 변제를 유보(留保)하고 남은 금액을 배분하여야 한다. 이 경우 유보된 보증금은 소송 결과에 따라 배분한다. <개정 2013.8.13>
⑦ 다음 각 호의 금융기관 등이 제2항, 제6조제5항 또는 제7조제1항에 따른 우선변제권을 취득한 임차인의 보증금반환채권을 계약으로 양수한 경우에는 양수한 금액의 범위에서 우선변제권을 승계한다. <신설 2013.8.13, 2016.5.29>
  1. 「은행법」에 따른 은행
  2. 「중소기업은행법」에 따른 중소기업은행
  3. 「한국산업은행법」에 따른 한국산업은행
  4. 「농업협동조합법」에 따른 농협은행
  5. 「수산업협동조합법」에 따른 수협은행
  6. 「우체국예금·보험에 관한 법률」에 따른 체신관서
  7. 「보험업법」 제4조제1항제2호라목의 보증보험을 보험종목으로 허가받은 보험회사
  8. 그 밖에 제1호부터 제7호까지에 준하는 것으로서 대통령령으로 정하는 기관
⑧ 제7항에 따라 우선변제권을 승계한 금융기관 등(이하 "금융기관등"이라 한다)은 다음 각 호의 어느 하나에 해당하는 경우에는 우선변제권을 행사할 수 없다. <신설 2013.8.13>
  1. 임차인이 제3조제1항의 대항요건을 상실한 경우
  2. 제6조제5항에 따른 임차권등기가 말소된 경우
  3. 「민법」 제621조에 따른 임대차등기가 말소된 경우
⑨ 금융기관등은 우선변제권을 행사하기 위하여 임차인을 대리하거나 대위하여 임대차를 해지할 수 없다. <신설 2013.8.13>
[전문개정 2009.1.30.]

제6조(임차권등기명령)

① 임대차가 종료된 후 보증금이 반환되지 아니한 경우 임차인은 임차건물의 소재지를 관할하는 지방법원, 지방법원지원 또는 시·군법원에 임차권등기명령을 신청할 수 있다. <개정 2013.8.13>

② 임차권등기명령을 신청할 때에는 다음 각 호의 사항을 기재하여야 하며, 신청 이유 및 임차권등기의 원인이 된 사실을 소명하여야 한다.

 1. 신청 취지 및 이유

 2. 임대차의 목적인 건물(임대차의 목적이 건물의 일부분인 경우에는 그 부분의 도면을 첨부한다)

 3. 임차권등기의 원인이 된 사실(임차인이 제3조제1항에 따른 대항력을 취득하였거나 제5조제2항에 따른 우선변제권을 취득한 경우에는 그 사실)

 4. 그 밖에 대법원규칙으로 정하는 사항

③ 임차권등기명령의 신청에 대한 재판, 임차권등기명령의 결정에 대한 임대인의 이의신청 및 그에 대한 재판, 임차권등기명령의 취소신청 및 그에 대한 재판 또는 임차권등기명령의 집행 등에 관하여는 「민사집행법」 제280조제1항, 제281조, 제283조, 제285조, 제286조, 제288조제1항·제2항 본문, 제289조, 제290조제2항 중 제288조제1항에 대한 부분, 제291조, 제293조를 준용한다. 이 경우 "가압류"는 "임차권등기"로, "채권자"는 "임차인"으로, "채무자"는 "임대인"으로 본다.

④ 임차권등기명령신청을 기각하는 결정에 대하여 임차인은 항고할 수 있다.

⑤ 임차권등기명령의 집행에 따른 임차권등기를 마치면 임차인은 제3조제1항에 따른 대항력과 제5조제2항에 따른 우선변제권을 취득한다. 다만, 임차인이 임차권등기 이전에 이미 대항력 또는 우선변제권을 취득한 경우에는 그 대항력 또는 우선변제권이 그대로 유지되며, 임차권등기 이후에는 제3조제1항의 대항요건을 상실하더라도 이미 취득한 대항력 또는 우선변제권을 상실하지 아니한다.

⑥ 임차권등기명령의 집행에 따른 임차권등기를 마친 건물(임대차의 목적이 건물의 일부분인 경우에는 그 부분으로 한정한다)을 그 이후에 임차한 임차인은 제14조에 따른 우선변제를 받을 권리가 없다.

⑦ 임차권등기의 촉탁, 등기관의 임차권등기 기입 등 임차권등기명령의 시행에 관하여 필요한 사항은 대법원규칙으로 정한다.

⑧ 임차인은 제1항에 따른 임차권등기명령의 신청 및 그에 따른 임차권등기와 관련하여 든 비용을 임대인에게 청구할 수 있다.
⑨ 금융기관등은 임차인을 대위하여 제1항의 임차권등기명령을 신청할 수 있다. 이 경우 제3항·제4항 및 제8항의 "임차인"은 "금융기관등"으로 본다. <신설 2013.8.13>
[전문개정 2009.1.30.]

제7조(「민법」에 따른 임대차등기의 효력 등)
① 「민법」 제621조에 따른 건물임대차등기의 효력에 관하여는 제6조제5항 및 제6항을 준용한다.
② 임차인이 대항력 또는 우선변제권을 갖추고 「민법」 제621조제1항에 따라 임대인의 협력을 얻어 임대차등기를 신청하는 경우에는 신청서에 「부동산등기법」 제74조제1호부터 제6호까지의 사항 외에 다음 각 호의 사항을 기재하여야 하며, 이를 증명할 수 있는 서면(임대차의 목적이 건물의 일부분인 경우에는 그 부분의 도면을 포함한다)을 첨부하여야 한다. <개정 2011.4.12, 2020.2.4>
 1. 사업자등록을 신청한 날
 2. 임차건물을 점유한 날
 3. 임대차계약서상의 확정일자를 받은 날[전문개정 2009.1.30.]

제8조(경매에 의한 임차권의 소멸)
임차권은 임차건물에 대하여 「민사집행법」에 따른 경매가 실시된 경우에는 그 임차건물이 매각되면 소멸한다. 다만, 보증금이 전액 변제되지 아니한 대항력이 있는 임차권은 그러하지 아니하다.
[전문개정 2009.1.30.]

제9조(임대차기간 등)
① 기간을 정하지 아니하거나 기간을 1년 미만으로 정한 임대차는 그 기간을 1년으로 본다. 다만, 임차인은 1년 미만으로 정한 기간이 유효함을 주장할 수 있다.
② 임대차가 종료한 경우에도 임차인이 보증금을 돌려받을 때까지는 임대차 관계는 존속하는 것으로 본다.[전문개정 2009.1.30.]

제10조(계약갱신 요구 등)

① 임대인은 임차인이 임대차기간이 만료되기 6개월 전부터 1개월 전까지 사이에 계약갱신을 요구할 경우 정당한 사유 없이 거절하지 못한다. 다만, 다음 각 호의 어느 하나의 경우에는 그러하지 아니하다. <개정 2013.8.13>

1. 임차인이 3기의 차임액에 해당하는 금액에 이르도록 차임을 연체한 사실이 있는 경우
2. 임차인이 거짓이나 그 밖의 부정한 방법으로 임차한 경우
3. 서로 합의하여 임대인이 임차인에게 상당한 보상을 제공한 경우
4. 임차인이 임대인의 동의 없이 목적 건물의 전부 또는 일부를 전대(전대)한 경우
5. 임차인이 임차한 건물의 전부 또는 일부를 고의나 중대한 과실로 파손한 경우
6. 임차한 건물의 전부 또는 일부가 멸실되어 임대차의 목적을 달성하지 못할 경우
7. 임대인이 다음 각 목의 어느 하나에 해당하는 사유로 목적 건물의 전부 또는 대부분을 철거하거나 재건축하기 위하여 목적 건물의 점유를 회복할 필요가 있는 경우

　가. 임대차계약 체결 당시 공사시기 및 소요기간 등을 포함한 철거 또는 재건축 계획을 임차인에게 구체적으로 고지하고 그 계획에 따르는 경우

　나. 건물이 노후·훼손 또는 일부 멸실되는 등 안전사고의 우려가 있는 경우

　다. 다른 법령에 따라 철거 또는 재건축이 이루어지는 경우

8. 그 밖에 임차인이 임차인으로서의 의무를 현저히 위반하거나 임대차를 계속하기 어려운 중대한 사유가 있는 경우

② 임차인의 계약갱신요구권은 최초의 임대차기간을 포함한 전체 임대차기간이 10년을 초과하지 아니하는 범위에서만 행사할 수 있다. <개정 2018.10.16>

③ 갱신되는 임대차는 전 임대차와 동일한 조건으로 다시 계약된 것으로 본다. 다만, 차임과 보증금은 제11조에 따른 범위에서 증감할 수 있다.

④ 임대인이 제1항의 기간 이내에 임차인에게 갱신 거절의 통지 또는 조건 변경의 통지를 하지 아니한 경우에는 그 기간이 만료된 때에 전 임대차와 동일한 조건으로 다시 임대차한 것으로 본다. 이 경우에 임대차의 존속기간은 1년으로 본다. <개정 2009.5.8>

⑤ 제4항의 경우 임차인은 언제든지 임대인에게 계약해지의 통고를 할 수 있고, 임대인이 통고를 받은 날부터 3개월이 지나면 효력이 발생한다.

[전문개정 2009.1.30.]

제10조의2(계약갱신의 특례)
제2조제1항 단서에 따른 보증금액을 초과하는 임대차의 계약갱신의 경우에는 당사자는 상가건물에 관한 조세, 공과금, 주변 상가건물의 차임 및 보증금, 그 밖의 부담이나 경제사정의 변동 등을 고려하여 차임과 보증금의 증감을 청구할 수 있다.
[본조신설 2013.8.13.]

제10조의3(권리금의 정의 등)
① 권리금이란 임대차 목적물인 상가건물에서 영업을 하는 자 또는 영업을 하려는 자가 영업시설·비품, 거래처, 신용, 영업상의 노하우, 상가건물의 위치에 따른 영업상의 이점 등 유형·무형의 재산적 가치의 양도 또는 이용대가로서 임대인, 임차인에게 보증금과 차임 이외에 지급하는 금전 등의 대가를 말한다.
② 권리금 계약이란 신규임차인이 되려는 자가 임차인에게 권리금을 지급하기로 하는 계약을 말한다.[본조신설 2015.5.13.]

제10조의4(권리금 회수기회 보호 등)
① 임대인은 임대차기간이 끝나기 6개월 전부터 임대차 종료 시까지 다음 각 호의 어느 하나에 해당하는 행위를 함으로써 권리금 계약에 따라 임차인이 주선한 신규임차인이 되려는 자로부터 권리금을 지급받는 것을 방해하여서는 아니 된다. 다만, 제10조제1항 각 호의 어느 하나에 해당하는 사유가 있는 경우에는 그러하지 아니하다. <개정 2018.10.16.>

 1. 임차인이 주선한 신규임차인이 되려는 자에게 권리금을 요구하거나 임차인이 주선한 신규임차인이 되려는 자로부터 권리금을 수수하는 행위
 2. 임차인이 주선한 신규임차인이 되려는 자로 하여금 임차인에게 권리금을 지급하지 못하게 하는 행위
 3. 임차인이 주선한 신규임차인이 되려는 자에게 상가건물에 관한 조세, 공과금, 주변 상가건물의 차임 및 보증금, 그 밖의 부담에 따른 금액에 비추어 현저히 고액의 차임과 보증금을 요구하는 행위
 4. 그 밖에 정당한 사유 없이 임대인이 임차인이 주선한 신규임차인이 되려는 자와 임대차계약의 체결을 거절하는 행위

② 다음 각 호의 어느 하나에 해당하는 경우에는 제1항제4호의 정당한 사유가 있는 것으로 본다.
 1. 임차인이 주선한 신규임차인이 되려는 자가 보증금 또는 차임을 지급할 자력이 없는 경우
 2. 임차인이 주선한 신규임차인이 되려는 자가 임차인으로서의 의무를 위반할 우려가 있거나 그 밖에 임대차를 유지하기 어려운 상당한 사유가 있는 경우
 3. 임대차 목적물인 상가건물을 1년 6개월 이상 영리목적으로 사용하지 아니한 경우
 4. 임대인이 선택한 신규임차인이 임차인과 권리금 계약을 체결하고 그 권리금을 지급한 경우
③ 임대인이 제1항을 위반하여 임차인에게 손해를 발생하게 한 때에는 그 손해를 배상할 책임이 있다. 이 경우 그 손해배상액은 신규임차인이 임차인에게 지급하기로 한 권리금과 임대차 종료 당시의 권리금 중 낮은 금액을 넘지 못한다.
④ 제3항에 따라 임대인에게 손해배상을 청구할 권리는 임대차가 종료한 날부터 3년 이내에 행사하지 아니하면 시효의 완성으로 소멸한다.
⑤ 임차인은 임대인에게 임차인이 주선한 신규임차인이 되려는 자의 보증금 및 차임을 지급할 자력 또는 그 밖에 임차인으로서의 의무를 이행할 의사 및 능력에 관하여 자신이 알고 있는 정보를 제공하여야 한다.[본조신설 2015.5.13.]

제10조의5(권리금 적용 제외)
제10조의4는 다음 각 호의 어느 하나에 해당하는 상가건물 임대차의 경우에는 적용하지 아니한다. <개정 2018.10.16>
 1. 임대차 목적물인 상가건물이 「유통산업발전법」 제2조에 따른 대규모점포 또는 준대규모점포의 일부인 경우(다만, 「전통시장 및 상점가 육성을 위한 특별법」 제2조제1호에 따른 전통시장은 제외한다)
 2. 임대차 목적물인 상가건물이 「국유재산법」에 따른 국유재산 또는 「공유재산 및 물품 관리법」에 따른 공유재산인 경우
 [본조신설 2015.5.13.]

제10조의6(표준권리금계약서의 작성 등)

국토교통부장관은 법무부장관과 협의를 거쳐 임차인과 신규임차인이 되려는 자의 권리금 계약 체결을 위한 표준권리금계약서를 정하여 그 사용을 권장할 수 있다. <개정 2020.7.31>

[본조신설 2015.5.13.]

제10조의7(권리금 평가기준의 고시)

국토교통부장관은 권리금에 대한 감정평가의 절차와 방법 등에 관한 기준을 고시할 수 있다.[본조신설 2015.5.13.]

제10조의8(차임연체와 해지)

임차인의 차임연체액이 3기의 차임액에 달하는 때에는 임대인은 계약을 해지할 수 있다.

[본조신설 2015.5.13.]

제10조의9(계약 갱신요구 등에 관한 임시 특례)

임차인이 이 법(법률 제17490호 상가건물 임대차보호법 일부개정법률을 말한다) 시행일부터 6개월까지의 기간 동안 연체한 차임액은 제10조제1항제1호, 제10조의4제1항 단서 및 제10조의8의 적용에 있어서는 차임연체액으로 보지 아니한다. 이 경우 연체한 차임액에 대한 임대인의 그 밖의 권리는 영향을 받지 아니한다.

[본조신설 2020.9.29.]

제11조(차임 등의 증감청구권)

① 차임 또는 보증금이 임차건물에 관한 조세, 공과금, 그 밖의 부담의 증감이나 「감염병의 예방 및 관리에 관한 법률」 제2조제2호에 따른 제1급감염병 등에 의한 경제사정의 변동으로 인하여 상당하지 아니하게 된 경우에는 당사자는 장래의 차임 또는 보증금에 대하여 증감을 청구할 수 있다. 그러나 증액의 경우에는 대통령령으로 정하는 기준에 따른 비율을 초과하지 못한다. <개정 2020.9.29>

② 제1항에 따른 증액 청구는 임대차계약 또는 약정한 차임 등의 증액이 있은 후 1년 이내에는 하지 못한다.

③ 「감염병의 예방 및 관리에 관한 법률」 제2조제2호에 따른 제1급감염병에 의한 경제사

정의 변동으로 차임 등이 감액된 후 임대인이 제1항에 따라 증액을 청구하는 경우에는 증액된 차임 등이 감액 전 차임 등의 금액에 달할 때까지는 같은 항 단서를 적용하지 아니한다. <신설 2020.9.29>
[전문개정 2009.1.30.]

제11조의2(폐업으로 인한 임차인의 해지권)
① 임차인은 「감염병의 예방 및 관리에 관한 법률」 제49조제1항제2호에 따른 집합 제한 또는 금지 조치(같은 항 제2호의2에 따라 운영시간을 제한한 조치를 포함한다)를 총 3개월 이상 받음으로써 발생한 경제사정의 중대한 변동으로 폐업한 경우에는 임대차계약을 해지할 수 있다.
② 제1항에 따른 해지는 임대인이 계약해지의 통고를 받은 날부터 3개월이 지나면 효력이 발생한다.[본조신설 2022.1.4.]

제12조(월 차임 전환 시 산정률의 제한)
보증금의 전부 또는 일부를 월 단위의 차임으로 전환하는 경우에는 그 전환되는 금액에 다음 각 호 중 낮은 비율을 곱한 월 차임의 범위를 초과할 수 없다. <개정 2010.5.17, 2013.8.13>
 1.「은행법」에 따른 은행의 대출금리 및 해당 지역의 경제 여건 등을 고려하여 대통령령으로 정하는 비율
 2. 한국은행에서 공시한 기준금리에 대통령령으로 정하는 배수를 곱한 비율
[전문개정 2009.1.30.]

제13조(전대차관계에 대한 적용 등)
① 제10조, 제10조의2, 제10조의8, 제10조의9(제10조 및 제10조의8에 관한 부분으로 한정한다), 제11조 및 제12조는 전대인(전대인)과 전차인(전차인)의 전대차관계에 적용한다. <개정 2015.5.13, 2020.9.29>
② 임대인의 동의를 받고 전대차계약을 체결한 전차인은 임차인의 계약갱신요구권 행사기간 이내에 임차인을 대위(대위)하여 임대인에게 계약갱신요구권을 행사할 수 있다.[전문개정 2009.1.30.]

제14조(보증금 중 일정액의 보호)
① 임차인은 보증금 중 일정액을 다른 담보물권자보다 우선하여 변제받을 권리가 있다. 이 경우 임차인은 건물에 대한 경매신청의 등기 전에 제3조제1항의 요건을 갖추어야 한다.
② 제1항의 경우에 제5조제4항부터 제6항까지의 규정을 준용한다.
③ 제1항에 따라 우선변제를 받을 임차인 및 보증금 중 일정액의 범위와 기준은 임대건물가액(임대인 소유의 대지가액을 포함한다)의 2분의 1 범위에서 해당 지역의 경제 여건, 보증금 및 차임 등을 고려하여 제14조의2에 따른 상가건물임대차위원회의 심의를 거쳐 대통령령으로 정한다.
<개정 2013.8.13., 2020.7.31.>[전문개정 2009.1.30.]

제15조(강행규정)
이 법의 규정에 위반된 약정으로서 임차인에게 불리한 것은 효력이 없다.

제16조(일시사용을 위한 임대차)
이 법은 일시사용을 위한 임대차임이 명백한 경우에는 적용하지 아니한다.
[전문개정 2009.1.30.]

제17조(미등기전세에의 준용)
목적건물을 등기하지 아니한 전세계약에 관하여 이 법을 준용한다. 이 경우 "전세금"은 "임대차의 보증금"으로 본다.[전문개정 2009.1.30.]

상가건물 임대차보호법 시행령

타법개정 2020. 12. 8. [대통령령 제31243호, 시행 2020. 12. 10.] 법무부

제1조(목적)
이 영은 「상가건물 임대차보호법」에서 위임된 사항과 그 시행에 관하여 필요한 사항을 정하는 것을 목적으로 한다. <개정 2008.8.21., 2010.7.21>

제2조(적용범위)
① 「상가건물 임대차보호법」(이하 "법"이라 한다) 제2조제1항 단서에서 "대통령령으로 정하는 보증금액"이란 다음 각 호의 구분에 의한 금액을 말한다. <개정 2008.8.21, 2010.7.21, 2013.12.30, 2018.1.26, 2019.4.2>
 1. 서울특별시 : 9억원
 2. 「수도권정비계획법」에 따른 과밀억제권역(서울특별시는 제외한다) 및 부산광역시: 6억9천만원
 3. 광역시(「수도권정비계획법」에 따른 과밀억제권역에 포함된 지역과 군지역, 부산광역시는 제외한다), 세종특별자치시, 파주시, 화성시, 안산시, 용인시, 김포시 및 광주시: 5억4천만원
 4. 그 밖의 지역 : 3억7천만원
② 법 제2조제2항의 규정에 의하여 보증금외에 차임이 있는 경우의 차임액은 월 단위의 차임액으로 한다.
③ 법 제2조제2항에서 "대통령령으로 정하는 비율"이라 함은 1분의 100을 말한다.
<개정 2010.7.21.>

제3조(확정일자부 기재사항 등)
① 상가건물 임대차 계약증서 원본을 소지한 임차인은 법 제4조제1항에 따라 상가건물의 소재지 관할 세무서장에게 확정일자 부여를 신청할 수 있다. 다만, 「부가가치세법」 제8조제3항에 따라 사업자 단위 과세가 적용되는 사업자의 경우 해당 사업자의 본점 또는 주사무소 관할 세무서장에게 확정일자 부여를 신청할 수 있다.

② 확정일자는 제1항에 따라 확정일자 부여의 신청을 받은 세무서장(이하 "관할 세무서장"이라 한다)이 확정일자 번호, 확정일자 부여일 및 관할 세무서장을 상가건물 임대차 계약증서 원본에 표시하고 관인을 찍는 방법으로 부여한다.

③ 관할 세무서장은 임대차계약이 변경되거나 갱신된 경우 임차인의 신청에 따라 새로운 확정일자를 부여한다.

④ 관할 세무서장이 법 제4조제2항에 따라 작성하는 확정일자부에 기재하여야 할 사항은 다음 각 호와 같다.
 1. 확정일자 번호 2. 확정일자 부여일
 3. 임대인·임차인의 인적사항
  가. 자연인인 경우: 성명, 주민등록번호(외국인은 외국인등록번호)
  나. 법인인 경우: 법인명, 대표자 성명, 법인등록번호
  다. 법인 아닌 단체인 경우: 단체명, 대표자 성명, 사업자등록번호·고유번호
 4. 임차인의 상호 및 법 제3조제1항에 따른 사업자등록 번호
 5. 상가건물의 소재지, 임대차 목적물 및 면적 6. 임대차기간 7. 보증금·차임

⑤ 제1항부터 제4항까지에서 규정한 사항 외에 확정일자 부여 사무에 관하여 필요한 사항은 법무부령으로 정한다.[전문개정 2015.11.13.]

제3조의2(이해관계인의 범위)

법 제4조제3항에 따라 정보의 제공을 요청할 수 있는 상가건물의 임대차에 이해관계가 있는 자(이하 "이해관계인"이라 한다)는 다음 각 호의 어느 하나에 해당하는 자로 한다.
 1. 해당 상가건물 임대차계약의 임대인·임차인
 2. 해당 상가건물의 소유자
 3. 해당 상가건물 또는 그 대지의 등기부에 기록된 권리자 중 법무부령으로 정하는 자
 4. 법 제5조제7항에 따라 우선변제권을 승계한 금융기관 등
 5. 제1호부터 제4호까지에서 규정한 자에 준하는 지위 또는 권리를 가지는 자로서 임대차 정보의 제공에 관하여 법원의 판결을 받은 자[본조신설 2015.11.13.]

제3조의3(이해관계인 등이 요청할 수 있는 정보의 범위)

① 제3조의2제1호에 따른 임대차계약의 당사자는 관할 세무서장에게 다음 각 호의 사항이

기재된 서면의 열람 또는 교부를 요청할 수 있다.
 1. 임대인·임차인의 인적사항(제3조제4항제3호에 따른 정보를 말한다. 다만, 주민등록번호 및 외국인등록번호의 경우에는 앞 6자리에 한정한다)
 2. 상가건물의 소재지, 임대차 목적물 및 면적
 3. 사업자등록 신청일
 4. 보증금·차임 및 임대차기간
 5. 확정일자 부여일
 6. 임대차계약이 변경되거나 갱신된 경우에는 변경·갱신된 날짜, 새로운 확정일자 부여일, 변경된 보증금·차임 및 임대차기간
 7. 그 밖에 법무부령으로 정하는 사항
② 임대차계약의 당사자가 아닌 이해관계인 또는 임대차계약을 체결하려는 자는 관할 세무서장에게 다음 각 호의 사항이 기재된 서면의 열람 또는 교부를 요청할 수 있다.
 1. 상가건물의 소재지, 임대차 목적물 및 면적
 2. 사업자등록 신청일
 3. 보증금 및 차임, 임대차기간 4. 확정일자 부여일
 5. 임대차계약이 변경되거나 갱신된 경우에는 변경·갱신된 날짜, 새로운 확정일자 부여일, 변경된 보증금·차임 및 임대차기간
 6. 그 밖에 법무부령으로 정하는 사항
③ 제1항 및 제2항에서 규정한 사항 외에 임대차 정보의 제공 등에 필요한 사항은 법무부령으로 정한다.[본조신설 2015.11.13.]

제4조(차임 등 증액청구의 기준)
법 제11조제1항의 규정에 의한 차임 또는 보증금의 증액청구는 청구당시의 차임 또는 보증금의 100분의 5의 금액을 초과하지 못한다. <개정 2008.8.21., 2018.1.26>

제5조(월차임 전환 시 산정률)
① 법 제12조제1호에서 "대통령령으로 정하는 비율"이란 연 1할2푼을 말한다.
② 법 제12조제2호에서 "대통령령으로 정하는 배수"란 4.5배를 말한다.
[전문개정 2013.12.30.]

제6조(우선변제를 받을 임차인의 범위)
법 제14조의 규정에 의하여 우선변제를 받을 임차인은 보증금과 차임이 있는 경우 법 제2조제2항의 규정에 의하여 환산한 금액의 합계가 다음 각호의 구분에 의한 금액 이하인 임차인으로 한다. <개정 2008.8.21, 2010.7.21., 2013.12.30>

1. 서울특별시 : 6천500만원
2. 「수도권정비계획법」에 따른 과밀억제권역(서울특별시는 제외한다): 5천500만원
3. 광역시(「수도권정비계획법」에 따른 과밀억제권역에 포함된 지역과 군지역은 제외한다), 안산시, 용인시, 김포시 및 광주시: 3천8백만원
4. 그 밖의 지역 : 3천만원

제7조(우선변제를 받을 보증금의 범위 등)
① 법 제14조의 규정에 의하여 우선변제를 받을 보증금중 일정액의 범위는 다음 각호의 구분에 의한 금액 이하로 한다. <개정 2008.8.21, 2010.7.21., 2013.12.30>

1. 서울특별시 : 2천200만원
2. 「수도권정비계획법」에 따른 과밀억제권역(서울특별시는 제외한다): 1천900만원
3. 광역시(「수도권정비계획법」에 따른 과밀억제권역에 포함된 지역과 군지역은 제외한다), 안산시, 용인시, 김포시 및 광주시: 1천300만원
4. 그 밖의 지역 : 1천만원

② 임차인의 보증금중 일정액이 상가건물의 가액의 2분의 1을 초과하는 경우에는 상가건물의 가액의 2분의 1에 해당하는 금액에 한하여 우선변제권이 있다. <개정 2013.12.30>
③ 하나의 상가건물에 임차인이 2인 이상이고, 그 각 보증금중 일정액의 합산액이 상가건물의 가액의 2분의 1을 초과하는 경우에는 그 각 보증금중 일정액의 합산액에 대한 각 임차인의 보증금중 일정액의 비율로 그 상가건물의 가액의 2분의 1에 해당하는 금액을 분할한 금액을 각 임차인의 보증금중 일정액으로 본다.
<개정 2013.12.30.>

편/저/자/약/력

이 석균

학원장/공인중개사/자산관리사/ 중앙대97(석) 0338

- 현) 블루문경매학원 원장 및 강사
- 현) 의정부 중장년 행복캠퍼스 경민센터
  부동산경매재테크 강사
- 현) ㈜블루문경인센터 대표
- 전) 서울경매학원 강사
- 전) 인천 거문경매학원 강사
- 전) 경매뱅크 대표 전)
- 전) NCS 050101 민사집행실무과정 강사

경매아재가 알려주는
촘촘한 실전경매 권리분석 노하우

2023년 4월 20일   1판 1쇄 인쇄·발행

편저자	이석균
발행인	염명숙
발행처	베스트에듀
등 록	제 2014-000013호
주 소	서울시 동작구 만양로 14길 43 (노량진동)
T E L	(02) 812-0532
F A X	(02) 812-0516
이메일	ksdbdhl@nate.com

ISBN 979-11-88651-55-9 (13320)   정가 18,000원

이 책의 무단 전재 또는 복제 행위는 저작권법 제136조에 의거 5년 이하의 징역 또는 5,000만원 이하의 벌금에 처하거나 이를 병과할 수 있습니다.